U0520403

乡村振兴的九个维度

XIANGCUN ZHENXING DE JIUGE WEIDU

◎ 孔祥智 等著

SPM
南方出版传媒
广东人民出版社
·广州·

图书在版编目（CIP）数据

乡村振兴的九个维度 / 孔祥智等著. —广州：广东人民出版社，2018.10（2022.1 重印）

ISBN 978-7-218-13188-7

Ⅰ. ①乡⋯ Ⅱ. ①孔⋯ Ⅲ. ①农村—社会主义建设—研究—中国 Ⅳ. ①F320.3

中国版本图书馆 CIP 数据核字（2018）第 218944 号

XIANG CUN ZHEN XING DE JIU GE WEI DU
乡村振兴的九个维度

孔祥智 等著

版权所有 翻印必究

出 版 人：肖风华

责任编辑：卢雪华　廖智聪
装帧设计：@静坐等水
责任技编：吴彦斌　周星奎

出版发行：广东人民出版社
地　　址：广州市越秀区大沙头四马路10号（邮政编码：510199）
电　　话：（020）85716809（总编室）
传　　真：（020）83289585
网　　址：http://www.gdpph.com
印　　刷：广州市豪威彩色印务有限公司
开　　本：787mm×1092mm　1/16
印　　张：19.25　字　数：200 千
版　　次：2018 年 10 月第 1 版
印　　次：2022 年 1 月第 6 次印刷
定　　价：45.00 元

如发现印装质量问题，影响阅读，请与出版社（020-85716849）联系调换。
售书热线：（020）87716172

目 录

第一章　乡村振兴战略：背景、内涵及其实施 …………… 001
　一、乡村振兴战略提出的背景 ………………… 002
　二、乡村振兴战略的内涵 ……………………… 023
　三、如何实施乡村振兴战略 …………………… 032
　四、关于几个乡村振兴战略认识问题的讨论 … 042

第二章　产业兴旺：乡村振兴的重点 ………………… 047
　一、构建强农业体系 …………………………… 048
　二、延展农业产业链 …………………………… 053
　三、实现小农户与现代农业发展有机衔接 …… 057
　四、发展农业农村服务业 ……………………… 063
　五、聚焦：问题·思考·对策 ………………… 067

第三章　生态宜居：乡村振兴的关键 ………………… 073
　一、自然资本和绿色发展 ……………………… 075
　二、统筹山水林田湖草系统治理 ……………… 079
　三、农村突出环境问题综合治理 ……………… 083
　四、生态补偿与生态产品供给 ………………… 087

五、加快美丽乡村建设 ……………………………………… 091
　　六、聚焦：问题·思考·对策 ………………………………… 094

第四章　乡风文明：乡村振兴的保障 …………………………… 099
　　一、乡风、家风、民风与乡风文明 ………………………… 100
　　二、道德建设、公共文化建设与乡风文明 ………………… 109
　　三、优秀传统文化传承与乡风文明 ………………………… 116
　　四、建立促进乡风文明的体制机制 ………………………… 122
　　五、聚焦：问题·思考·对策 ………………………………… 127

第五章　治理有效：乡村振兴的基础 …………………………… 135
　　一、建设现代乡村社会治理体制 …………………………… 137
　　二、"三治"视角下的乡村治理 ……………………………… 142
　　三、基层党组织建设与乡村治理 …………………………… 148
　　四、聚焦：问题·思考·对策 ………………………………… 156

第六章　生活富裕：乡村振兴的根本 …………………………… 159
　　一、拓宽农民增收渠道 ……………………………………… 160
　　二、加快农村社会保障体系建设 …………………………… 165
　　三、推动农村基础设施建设提档升级 ……………………… 168
　　四、优先发展农村教育事业 ………………………………… 171
　　五、推进健康乡村建设 ……………………………………… 175
　　六、聚焦：问题·思考·对策 ………………………………… 180

第七章　脱贫攻坚：乡村振兴的前提 …………………………… 185
　　一、脱贫攻坚面临的挑战 …………………………………… 186
　　二、精准扶贫经验与策略 …………………………………… 189
　　三、扶贫与扶智 ……………………………………………… 204
　　四、聚焦：问题·思考·对策 ………………………………… 210

第八章　通过体制机制创新推进乡村振兴 ……………… 213
一、巩固和完善农村基本经营制度 ……………………… 214
二、深化农村土地制度改革 ……………………………… 219
三、深入推进农村集体产权制度改革 …………………… 224
四、完善农业支持保护制度 ……………………………… 228
五、聚焦：问题·思考·对策 …………………………… 232

第九章　人才支撑与乡村振兴 …………………………… 239
一、新型职业农民与乡村振兴 …………………………… 241
二、加强农村专业人才队伍建设 ………………………… 246
三、发挥科技人才支撑作用 ……………………………… 250
四、鼓励社会各界投身乡村建设 ………………………… 255
五、聚焦：问题·思考·对策 …………………………… 260

第十章　乡村振兴：钱从哪里来 ………………………… 265
一、财政资金：四两拨千斤 ……………………………… 267
二、拓宽资金筹集渠道 …………………………………… 271
三、金融如何支撑乡村振兴 ……………………………… 282
四、聚焦：问题·思考·对策 …………………………… 286

主要参考文献 …………………………………………… 295

后　记 …………………………………………………… 300

第一章 乡村振兴战略：背景、内涵及其实施

执笔人：孔祥智　张效榕　刘同山

2017年10月18日，中国共产党第十九次全国代表大会在北京召开，习近平总书记作了题为《决胜全面建成小康社会 夺取新时代中国特色社会主义伟大胜利》的报告，提出了乡村振兴战略。这次代表大会通过的党章还将这一战略写入其中。2018年中央一号文件又对这一战略的具体实施作了详尽的部署。

2018年9月21日，习近平总书记在主持十九届中央政治局第八次集体学习时强调，乡村振兴战略是党的十九大提出的一项重大战略，是关系全面建设社会主义现代化国家的全局性、历史性任务，是新时代"三农"工作总抓手。

2017年10月18日，中国共产党第十九次全国代表大会（简称"十九大"）在北京召开，习近平总书记作了题为《决胜全面建成小康社会　夺取新时代中国特色社会主义伟大胜利》的报告，提出了乡村振兴战略。这次代表大会通过的党章还将这一战略写入其中。2018年中央一号文件又对这一战略的具体实施作了详尽的部署。本章首先回顾乡村振兴战略出台的背景，然后讨论这一战略的内涵和实施重点。

一、乡村振兴战略提出的背景

（一）2002—2007年：以城带乡积极惠农

2002年11月8—14日，中国共产党第十六次全国代表大会（简称"十六大"）通过了题为《全面建设小康社会，开创中国特色社会主义事业新局面》的报告。在部署农业农村工作时，报告使用了"全面繁荣农村经济，加快城镇化进程"的标题①，首次

---

① 由于所引用的中央文件都是公开的，可以通过各种途径查询，因此本书不注明文件出处。

把"全面繁荣农村经济"和"加快城镇化进程"并列，并要求"消除不利于城镇化发展的体制和政策障碍，引导农村劳动力合理有序流动"。从中可以看出，此时中共中央的战略思路是优先发展城镇，进而以城镇带动乡村。

中国的城乡关系之所以以2002年召开的中共十六大为转折点，演变的方向发生了根本性变化，是具有一系列深层次原因的。具体来说，就是中国的工业化到了中期阶段。工业化是对一个国家或地区经济发展水平或现代化水平的总体评价，主要表现为随着工业化、现代化水平的提高而带来的人均收入的增长和经济结构的转换，并不是单纯的工业发展。具体表现为五大方面：一是国民收入中制造业所占比重上升，并逐渐占主导地位；二是制造业就业人数增加，占劳动力总量的比重不断上升；三是制造业的技术水平不断提高，产业结构不断升级；四是城镇规模不断扩大，城镇化率不断提升；五是人均收入不断增加。[1] 根据上述指标数值的不同，工业化可以划分为不同阶段。不同发展阶段的城乡关系呈现出不同的特点，当一个国家或地区处于工业化初期阶段的时候，工业基础薄弱，主要依靠农业为其提供发展资金；进入中期阶段，工业体系基本形成，开始反哺农业；进入后期阶段，农业的自我积累能力逐渐形成，工农两大产业的差距逐渐缩小。很多学者研究了20世纪90年代后期和21世纪初期中国工业化所处的阶段。如马晓河、兰海涛认为，1997年中国基本进入工业化中期阶段[2]；任保平认为，进入新世纪以后，中国总体上进入工业化中

---

[1] 陈佳贵：《中国工业化进程报告：1995—2005年中国省域工业化水平评价与研究》，社会科学文献出版社2007年版，第19—20页。

[2] 马晓河、兰海涛：《工业化中期阶段的农业发展政策研究：国际经验与中国的选择》，《农业经济问题》1999年第8期。

期阶段[1];陈佳贵等通过对上述几方面指标的综合评价,认为在1995—2000年整个"九五"期间,中国处于工业化初期的后半阶段,2002年进入中期阶段,是工业化进程的转折之年[2]。2002年,中国国内生产总值(GDP)总量达到12.2万亿元,人均9506元,财政收入总额1.89万亿元,其中农业各税比例降到4%左右。恰恰在这一年,十六大召开,提出了"统筹城乡经济社会发展"的理念和政策趋向。可见,中国共产党为了适应经济社会发展的需要,及时地提出了发展理念并转变了发展战略。在2004年9月召开的中国共产党第十六届中央委员会第四次全体会议上,胡锦涛总书记首次提出了"两个趋向"的论断,即:在工业化初始阶段,农业支持工业、为工业提供积累是带有普遍性的趋向;工业化达到相当程度以后,工业反哺农业、城市支持农村,实现工业与农业、城市与农村协调发展,也是带有普遍性的趋向。这一论断和我们前面分析的工业化不同阶段的工农关系是一致的。2004年12月召开的中央经济工作会议指出:"必须坚持把解决好'三农'问题作为全党工作的重中之重,任何时候都不能放松。"并作出"我国现在总体上已到了以工促农、以城带乡的发展阶段"的判断,同时提出"我们应当顺应这一趋势,更加自觉地调整国民收入分配格局,更加积极地支持'三农'发展。要站在全局的高度重视发展农业,动员全党全社会都来关心和支持农业"。"两个趋向"重要论断的提出,为中国在新阶段形成"工业反哺农业、城市支持农村"和"多予少取放活"的政策框架定下了基调,标志着国家发展的基本方略开始发生根本性转变。从2004年起,每年

---

[1] 任保平:《工业反哺农业:我国工业化中期阶段的发展战略转型及其政策取向》,《西北大学学报》(哲学社会科学版)2005年第4期。

[2] 陈佳贵:《中国工业化进程报告:1995—2005年中国省域工业化水平评价与研究》,社会科学文献出版社2007年版,第43页。

的中央一号文件都聚焦在"三农"（即农村、农业和农民）领域，实施了一系列具有"真金白银"的惠农政策。

中央财政实施的农业补贴政策从良种补贴起步。2002年，中央财政在东北地区推广高油大豆良种补贴项目，示范面积1000万亩（1亩≈666.67平方米，后同）；2003年，中央财政继续实施高油大豆良种推广补贴项目，同时实施优质专用小麦良种补贴政策；2004年，中央一号文件要求良种补贴进一步扩大到小麦、大豆、水稻、玉米四个品种，此后，补贴资金和补贴范围不断扩大，目前已经实现水稻、小麦、玉米、棉花等主要作物品种的全覆盖，同时扩大到油菜、马铃薯、青稞、花生等作物品种。

实施种粮农民直接补贴政策，是推进粮食流通体制改革、提高种粮农民收入水平和保障粮食产出的重要举措。2004年中央一号文件提出了粮食主产区种粮农民直接补贴政策（简称"种粮直补"），资金来源主要是中央和地方的粮食风险基金。2005年要求有条件的地方进一步加大补贴力度；2006年明确提出粮食主产区要将种粮农民直接补贴的资金规模提高到粮食风险基金的50%以上；2007年则进一步将这一比例要求延伸至全国各地。种粮直补政策成为中央财政支持"三农"的基本政策之一。

2004年中央一号文件提出："提高农业机械化水平，对农民个人、农场职工、农机专业户和直接从事农业生产的农机服务组织购置和更新大型农机具给予一定补贴。"即农机购置补贴政策。当年中央财政投入补贴资金3295万元，在全国66个县实施试点。此后，实施区域和补贴数额不断扩大，到2008年覆盖全国所有的农牧业县。2004—2014年十年间，仅中央财政投入补贴资金就达到千亿元以上。从比例补贴到定额补贴，补贴的额度一直保持在农机价格的20%—30%，对于新世纪以来中国农业机械化水平的提高起到了巨大的推动作用。①

2006年，由于国际石油价格上扬而带动国内柴油、化肥等生产资料价格快速上涨，由此对农业生产造成了不利影响。为此，国家财政紧急拨付120亿元资金，用于对农民生产成本快速上升的补贴，这项补贴政策在当年取得了良好的效果。因此，2007年及以后几年的中央一号文件均要求进一步加大农业生产资料综合补贴力度。后来又提出完善农业生产资料综合补贴动态调整机制，即根据农资价格上涨幅度和农作物实际播种面积，及时增加补贴力度。

上述四大补贴对于促进粮食生产和农民增收、推动农业农村发展发挥了积极的作用。值得一提的是，随着经济发展和财政收入水平的提高，2005年12月29日，第十届全国人民代表大会常务委员会第十九次会议作出决定，自2006年1月1日起废止《中华人民共和国农业税条例》。这就意味着，在中国历史上有文字记载的延续了2600余年之久的"皇粮国税"从此退出历史舞台，这是中国历史上一件划时代的大事，具有深远的历史影响和重大的现实意义。

除了四大补贴外，十六大以后还实施了其他一系列惠及"三农"的政策和补贴，如2005年中央一号文件提出的测土配方施肥补贴项目，对各地进行的土壤成分检测和配方施肥推广工作予以经费补贴；2005年开始组织实施的"科技入户工程"，对科技示范户进行扶持和补贴；2005年设立了小型农田水利设施建设补助专项资金，对农户投工投劳开展小型农田水利设施建设予以支持；等等。除了上述补助和补贴外，2004年，国家对市场供求偏紧的稻谷首先实行了最低收购价格政策；2006年，把小麦纳入最低收

---

① 孔祥智等：《中国农机购置补贴政策评估与优化研究》，中国农业出版社2016年版，第33—125页。

购价格范围；2007年，国家在吉林、内蒙古、新疆等六省区实施农业保险试点，费用由中央财政给予补贴，当年补贴资金为21.5亿元，补贴品种包括小麦、水稻、玉米、大豆、棉花、能繁母猪。

2005年10月11日，中国共产党第十六届中央委员会第五次全体会议（简称"十六届五中全会"）通过了《中共中央关于制定国民经济和社会发展第十一个五年规划的建议》，提出："建设社会主义新农村是我国现代化进程中的重大历史任务。要按照生产发展、生活宽裕、乡风文明、村容整洁、管理民主的要求，坚持从各地实际出发，尊重农民意愿，扎实稳步推进新农村建设。……建立以工促农、以城带乡的长效机制。……通过农民辛勤劳动和国家政策扶持，明显改善广大农村的生产生活条件和整体面貌。"2016年中央一号文件对社会主义新农村建设工作予以具体部署。新农村建设的要求包括了农村工作的方方面面，但在执行中，各地大多侧重于"村容整洁"，即侧重于农村道路、房屋、改水、改厕等工作，农村面貌得到了一定程度的改善。近年来的农业农村工作都与十六届五中全会精神密切相关。

2006年10月11日，中国共产党第十六届中央委员会第六次全体会议通过了《中共中央关于构建社会主义和谐社会若干重大问题的决定》，提出："完善公共财政制度，逐步实现基本公共服务均等化。"确立了到2020年基本建成"覆盖城乡居民的社会保障体系"的目标。

在农村公共事业投入方面，2006年中央一号文件提出对西部农村义务教育学生全部免除学杂费，2007年则进一步提出对全国农村义务教育学生全部免除学杂费，极大地促进了农村义务教育的发展。2007年7月，国务院下发了《关于在全国建立农村最低生活保障制度的通知》，决定自2007年起在全国建立农村最低生活保障制度，对符合最低生活保障标准的农村人口给予保障，将符合条件的农村贫困人口全部纳入保障范围,稳定、持久、有效地解决全国农村贫困人口的温饱问题。当年发放的标准是每月70元/人(此后逐年有所调整),受益人数3566.3万人。在社会保障体系中,最低生活保障归属于社会救助,处于社会保障的最低层级,是社会保障的"保底政策",也是建设农村社会保障体系的基石,具有十分重要的意义。

新型农村合作医疗政策的实施是这期间值得大书特书的重大事件之一。20世纪90年代开始的医院市场化改革严重摧毁了自60年代建立的农村合作医疗体系,1998年第二次国家卫生服务调查资料显示,农村合作医疗覆盖率下降到6.6%,农民完全依靠自费医疗的比重达到87.32%。1998年农村居民中因伤病而致贫的家庭占贫困家庭总数的21.62%,因劳动力减少而致贫的占23.13%,而劳动力减少又主要为疾病所致;农民两周患病未就诊率达到33.2%,应住院而未住院比例为35.54%,其中有65.25%是由于经济困难而未能住院。2000年6月,世界卫生组织对全球191个成员卫生系统的业绩进行量化评估,中国排名倒数第四,是卫生系统"财务负担"最不公平的国家之一。为此,中共中央、国务院于2002年10月发布了《关于进一步加强农村卫生工作的决定》,要求建立和完善农村合作医疗制度和医疗救助制度,提出的具体措施是:"从2003年起,中央财政对中西部地区除市区以外的参加新型合作医疗的农民补助每年不低于人均10元,具体补助标准由省级人民政府确定。"从此,农村合作医疗制度转变为由国家资助的新型合作医疗制度。2003年1月23日,国务院办公厅转发了卫生部、财政部和农业部联合发布的《关于建立新型农村合作医疗制度的意见》,提出了2010年在全国建立基本覆盖农村居民的新型农村合作医疗制度的目标,并从当年开始试点。2006年,卫生部等部门联合发布《关于加快推进新型农村合作医疗试点工作的通知》，要求至 2006 年底试点县（市、区）数量达到全国县（市、区）总数的 40% 左右。当年试点县覆盖范围超过了总数的一半（50.7%）。

这一时期，随着一系列政策补贴、补助政策的出台，国家支农惠农政策体系基本形成（见表 1-1）。经过这个时期的努力，农民收入和粮食产量都扭转了 1999—2001 年的低位徘徊局面，进入了稳定增长期，形成了"连增"的局面；农村居民家庭恩格尔系数五年间降低了 3.1 个百分点，但农民收入持续低于城镇居民收入，城乡居民收入差距呈扩大状态（见表 1-2），这说明"三农"状况的改变需要经过长时期的努力。

表 1-1 2002—2007 年国家支农惠农政策梳理

发布时间	文件名称	内容摘要
2002 年 4 月 2 日	《关于大豆良种推广资金管理的若干规定（试行）》	大豆良种推广资金按每亩 10 元的标准给予补助
2003 年 6 月 2 日	《优质专用小麦良种推广项目资金管理规定》	项目资金的补贴标准为每亩 10 元
2004 年 3 月 29 日	《农作物良种推广项目资金管理暂行办法》	省级财政部门和农业（农垦）部门联合申报本省（垦区）良种补贴面积和资金，制定良种推广项目实施方案，对项目实施、产销衔接等进行组织协调和监管
2004 年 4 月 5 日	《水稻良种推广补贴资金管理暂行办法》	项目资金的补贴标准，早稻每亩补贴 10 元，收割后再种晚稻的每亩补贴标准另行通知。湖北、湖南、江西、安徽省一季稻每亩补贴 15 元；黑龙江、吉林、辽宁省粳稻每亩补贴 15 元

(续表)

发布时间	文件名称	内容摘要
2005年2月3日	《关于进一步完善对种粮农民直接补贴政策的意见的通知》	2004年补贴标准过低、农民意见较大的地区，2005年要新增一部分补贴资金专项解决这个问题
2005年10月11日	《中共中央关于制定国民经济和社会发展第十一个五年规划的建议》	要按照生产发展、生活宽裕、乡风文明、村容整洁、管理民主的要求，坚持从各地实际出发，尊重农民意愿，扎实稳步推进新农村建设。……通过农民辛勤劳动和国家政策扶持，明显改善广大农村的生产生活条件和整体面貌
2005年12月29日	《全国人民代表大会常务委员会关于废止〈中华人民共和国农业税条例〉的决定》	《中华人民共和国农业税条例》自2006年1月1日起废止
2006年中央一号文件	《中共中央　国务院关于推进社会主义新农村建设的若干意见》	我国总体上已进入以工促农、以城带乡的发展阶段，初步具备了加大力度扶持"三农"的能力和条件。加快建立以工促农、以城带乡的长效机制

资料来源：根据有关文件整理。

表 1-2　2002—2007年中国农村居民收入的几个重要指标

年份	农民人均纯收入/元	粮食总产量/万吨	农村居民家庭恩格尔系数/%	城乡居民收入之比
2002	2475.6	45705.8	46.2	3.11
2003	2622.2	43069.5	45.6	3.23
2004	2936.4	46946.9	47.2	3.21
2005	3254.9	48402.2	45.5	3.22
2006	3587.0	49804.2	43.0	3.28
2007	4140.4	50160.3	43.1	3.33

数据来源：历年《中国统计年鉴》。

（二）2007—2017 年：城乡一体促农发展

如前所述，从 2002—2007 年，中央层面的支农惠农政策密集出台，一些财政能力较强的地方政府也出台配套措施，有效改变了"三农"状况下滑的局面，使得十六大提出的统筹城乡经济社会发展的任务基本完成。2007 年 10 月，中国共产党第十七次全国代表大会（简称"十七大"）报告尽管仍以"统筹城乡发展，推进社会主义新农村建设"为题部署农业农村工作，但同时提出："要加强农业基础地位，走中国特色农业现代化道路，建立以工促农、以城带乡长效机制，形成城乡经济社会发展一体化新格局。"说明城乡统筹到了新的阶段，即城乡一体化阶段。从十七大到十九大，经过十年的努力，中国城乡关系发生了重大转变。

1. 农业：从保护到提高竞争力

2007 年十七大以后，前一个阶段实施的农业补贴政策继续实施，有的地方加大了补贴力度，如农机具购置补贴、农业生产资料综合补贴等；有的地方扩大了补贴范围，如良种补贴，不仅在种植业领域不断扩大补贴范围（如从最初的大豆、小麦扩大到水稻、马铃薯、青稞、花生等作物），还扩大到畜牧业良种的繁育和采用（如生猪冻精补贴、奶牛冻精补贴等）。详细的脉络见表 1-3。截至 2017 年 10 月十九大召开前，中央层面上的农业补贴项目大约有 50 种，由相关部门执行，分散甚至重复。而且，四大补贴中的良种补贴、种粮直补、农业生产资料综合补贴由于难以解决生产面积精准化的难题，已经演化为收入补贴，对生产的激励很小，与早期设计的政策目标差距越来越大，政策效能降低，政策效应减弱。这种情况决定了对农业补贴的政策改革势在必行。2015 年 5 月，财政部、农业部联合发布了《关于调整完善农业三项补贴政策的指导意见》，实行"三补合一"，20% 的农业生产资料综合补贴存量资金,加上种粮大户补贴试点资金和农业"三项补贴"增量资金,统筹用于支持粮食适度规模经营,重点支持建立完善农业信贷担保体系;剩下的80%加上种粮直补和良种补贴资金则用于耕地地力保护。2015年,财政部、农业部选择安徽、山东、湖南、四川和浙江等五省,由省里选择一部分县市开展农业"三项补贴"改革试点。2016年在全国范围内实施。2016年6月,财政部、农业部印发了《农业支持保护补贴资金管理办法》,从而使这一补贴项目的实施有了制度保障。

表1-3 2007—2017年农业补贴政策演变过程

发布时间	文件名称	内容摘要
2008年1月30日	《中共中央 国务院关于切实加强农业基础建设进一步促进农业发展农民增收的若干意见》	扩大良种补贴范围。增加农机具购置补贴种类,提高补贴标准,将农机具购置补贴覆盖到所有农业县
2008年10月12日	《中共中央关于推进农村改革发展若干重大问题的决定》	农业基础仍然薄弱,最需要加强;农村发展仍然滞后,最需要扶持;农民增收仍然困难,最需要加快。保证各级财政对农业投入增长幅度高于经常性收入增长幅度,大幅度增加国家对农村基础设施建设和社会事业发展的投入,大幅度提高政府土地出让收益、耕地占用税新增收入用于农业的比例,大幅度增加对中西部地区农村公益性建设项目的投入

（续表）

发布时间	文件名称	内容摘要
2008年12月31日	《中共中央 国务院关于2009年促进农业稳定发展农民持续增收的若干意见》	2009年要在上年较大幅度增加补贴的基础上，进一步增加补贴资金。增加对种粮农民直接补贴。加大良种补贴力度，提高补贴标准，实现水稻、小麦、玉米、棉花全覆盖，扩大油菜和大豆良种补贴范围
2009年12月14日	《关于印发〈中央财政农作物良种补贴资金管理办法〉的通知》	良种补贴标准由财政部、农业部根据国家政策确定。补贴标准是：早稻10元/亩，中稻、晚稻15元/亩，小麦10元/亩，玉米10元/亩，大豆10元/亩，油菜10元/亩，棉花15元/亩
2009年12月31日	《中共中央 国务院关于加大统筹城乡发展力度进一步夯实农业农村发展基础的若干意见》	坚持对种粮农民实行直接补贴。增加良种补贴，扩大马铃薯补贴范围，启动青稞良种补贴，实施花生良种补贴试点。进一步增加农机具购置补贴，扩大补贴种类，把牧业、林业和抗旱、节水机械设备纳入补贴范围
2010年3月3日	《关于印发〈2010年中央财政农作物良种补贴项目实施指导意见〉的通知》	水稻、小麦、玉米、棉花良种补贴在全国31个省（区、市）实行全覆盖。早稻、小麦、大豆、油菜、青稞10元/亩；中稻（一季稻）、晚稻、棉花15元/亩
2010年12月31日	《中共中央 国务院关于加快水利改革发展的决定》	健全农田水利建设新机制，中央和省级财政要大幅增加专项补助资金，市、县两级政府也要切实增加农田水利建设投入，引导农民自愿投工投劳

（续表）

发布时间	文件名称	内容摘要
2011年9月8日	《关于印发〈特大防汛抗旱补助费管理办法〉的通知》	在遭受严重水旱灾害时，地方各级财政部门要采取有力措施，切实落实责任，调整财政支出结构，增加防汛抗旱资金投入。新疆生产建设兵团、农业部直属垦区、水利部直属流域机构要积极调整部门预算支出结构筹集防汛抗旱资金。确有困难的，可向中央财政申请补助费
2012年2月1日	《关于加快推进农业科技创新持续增强农产品供给保障能力的若干意见》	持续加大财政用于"三农"的支出，持续加大国家固定资产投资对农业农村的投入，持续加大农业科技投入，确保增量和比例均有提高
2012年8月5日	《2012年农产品产地初加工补助项目实施指导意见》	意见明确，2012年，中央财政安排资金5亿元，按照不超过单个设施平均建设造价30%的定额补助标准，采取"先建后补"的方式，扶持农户和农民专业合作社建设农产品储藏、保鲜、制干等设施
2013年1月31日	《中共中央 国务院关于加快发展现代农业进一步增强农村发展活力的若干意见》	不断强化农业补贴政策，完善主产区利益补偿、耕地保护补偿、生态补偿办法，加快让农业获得合理利润，让主产区财力逐步达到全国或全省平均水平。继续增加农业补贴资金规模，新增补贴向主产区和优势产区集中，向新型生产经营主体倾斜。落实好对种粮农民直接补贴、良种补贴政策，扩大农机具购置补贴规模，推进农机具以旧换新试点。完善农业生产资料综合补贴动态调整机制，逐步扩大种粮大户补贴试点范围

（续表）

发布时间	文件名称	内容摘要
2013年3月1日	《2013年农产品产地初加工补助项目实施指导意见》	中央财政将继续安排转移支付资金，采取以奖代补方式扶持农户和专业合作社建设农产品产地初加工设施
2014年1月19日	《关于全面深化农村改革加快推进农业现代化的若干意见》	完善财政支农政策，增加"三农"支出。公共财政要坚持把"三农"作为支出重点，中央基建投资继续向"三农"倾斜，优先保证"三农"投入稳定增长。继续实行种粮农民直接补贴、良种补贴、农业生产资料资综合补贴等政策，新增补贴向粮食等重要农产品、新型农业经营主体、主产区倾斜。在有条件的地方开展按实际粮食播种面积或产量对生产者补贴试点，提高补贴精准性、指向性。加大农机具购置补贴力度，完善补贴办法，继续推进农机具报废更新补贴试点。强化农业防灾减灾、稳产增产关键技术补助。继续实施畜牧良种补贴政策
2015年5月22日	《关于调整完善农业三项补贴政策的指导意见》	将80%的农业生产资料综合补贴存量资金，加上种粮农民直接补贴和农作物良种补贴资金，用于耕地地力保护；20%的农业生产资料综合补贴存量资金，加上种粮大户补贴试点资金和农业"三项补贴"增量资金，按照全国统一调整完善政策的要求，支持粮食适度规模经营金用于支持粮食适度规模经营

（续表）

发布时间	文件名称	内容摘要
2016年6月23日	《农业支持保护补贴资金管理办法》	农业支持保护补贴用于耕地地力保护的资金，补贴对象原则上为拥有耕地承包权的种地农民；农业支持保护补贴以绿色生态为导向

资料来源：根据有关文件整理。

2007—2015年，小麦、稻谷的最低收购价格政策继续实施，并逐年提高价格。2008年，全球金融危机导致大豆、棉花等农产品价格暴跌，为保护农民利益，国家分别对玉米（黑龙江省、吉林省、辽宁省、内蒙古自治区等"三省一区"）、棉花（新疆）、大豆、糖料和油菜籽实行临时收储政策，稳定了各产业的收入水平，保护了农民利益，极大地调动了广大农民的生产积极性。

总的来看，经过这一时期的努力，中国农业的支持保护体系基本形成。从结构上看，目前中国已经初步建立了以保障粮食安全、促进农民增收和农业可持续发展为主要目标，由农民直接补贴、生产支持、价格支持、流通储备、灾害救济、基础设施、资源与环境保护以及政府间转移支付等各类支出组成，涵盖了农业产前、产中、产后各个环节和主要利益主体的农民支持保护政策体系。[①] 如果仅从"黄箱"补贴的角度来看，中国的补贴总量已经超过了同期的日本、美国及欧盟等发达国家和地区。但这些国家和地区的关税水平一般较高，而且大量采用较为复杂的关税形式。如日本、美国、欧盟的农产品平均关税水平分别为41.8%、11.3%和22.8%，还可以分别对其12%、9%和31%的农产品税

---

① 汤敏：《中国农业补贴政策优化问题研究》，《农业经济问题》2017年第12期。

目使用以数量和价格自动触发为特征的特殊保护机制，而中国农产品平均关税只有15.2%。在这样的国际环境下，中国以价格保护为重要内容的农业支持保护政策必然会抬高国内主要农产品价格，降低国际市场竞争力。事实上，21世纪以来，农产品成本上升的压力越来越大。加入世界贸易组织时，中国主要农产品成本普遍低于美国，到了2014年，中国每公斤稻谷、小麦、玉米、大豆的生产成本分别比美国高40%、16%、112%和104%，其中人工成本高6—25倍，土地成本高10%—130%。① 成本上升必然推动价格上涨，国家的最低收购价格是在核算成本和必要盈利后确定的，当然也要上涨。事实上，稻谷的最低收购价格自2007年后连续8年上涨，小麦的最低收购价格自2008年开始连续7年上涨，其他属于临时收储的农产品价格也呈刚性上涨趋势。这样，中国在刚开始实行价格保护的2005年前后，主要农产品价格均低于国际市场价格，表现出明显的竞争力；而到了2015年前后，仅过了十年时间，小麦、稻谷、玉米、肉类等主要农产品价格均全面高于国际市场价格。② 玉米、稻谷等主要农产品还出现了产量、进口量、储备量"三量齐增"的奇怪局面。因此，必须改革农产品价格形成机制，逐步提高主要农产品的国际市场竞争力。为此，2015年，国家对东北三省一区玉米的临时收储价格每50千克降低12元，同时保持各个品种的小麦、稻谷最低收购价格维持不变，这就给农民发出了中央政府要进行主要农产品价格改革的强烈信号。2016年，国家取消了玉米临时收储制度，按照"市场定价、

---

① 倪洪兴、吕向东：《国际农产品市场走势与我国主要农产品国际竞争力现状研究》，载陈锡文、韩俊主编：《农业转型发展与制度创新研究》，清华大学出版社2018年版，第43页。

② 孔祥智、张效榕：《新一轮粮食价格改革：背景与方向》，《价格理论与实践》2017年第1期。

价补分离"的原则,将以往的玉米临时收储政策调整为"市场化收购"加"定向补贴"的新机制。从结果看,国内玉米价格已经接近于国外玉米的到岸价格,进口量大幅度下降,同时国内玉米加工、储运等各类市场主体纷纷入市,改革效果十分明显。2016年,国家降低了早籼稻的最低收购价格;2017年,全面降低了各类稻谷品种的最低收购价格,表现出明显的以价格引导生产的改革意向。从2014年起,国家发改委会同有关部门启动了为期三年的新疆棉花、东北和内蒙古大豆目标价格改革试点,改革的目的就是要充分发挥市场在资源配置中的决定性作用,以促进产业上下游协调发展。2017年11月,国家发改委发布了《关于全面深化价格机制改革的意见》,强调要"完善稻谷、小麦最低收购价政策","深化棉花目标价格改革","探索开展'保险+期货'试点,促进新疆棉花优质稳定发展"。显然,改革的方向就是市场化,改革的目标就是提高产业竞争力。

2. 农村:从接续到整合

十七大以后,中央侧重于从体制上解决城乡农村社会保障的差距问题。2008年召开的中国共产党十七届中央委员会第三次全体会议(简称"十七届三中全会")提出了2020年中国农村改革发展基本目标任务,包括"城乡基本公共服务均等化明显推进,农村文化进一步繁荣,农民基本文化权益得到更好落实,农村人人享有接受良好教育的机会,农村基本生活保障、基本医疗卫生制度更加健全,农村社会管理体系进一步完善"。因此,要"扩大公共财政覆盖农村范围,发展农村公共事业,使广大农民学有所教、劳有所得、病有所医、老有所养、住有所居"。

2009年9月,国务院颁布了《关于开展新型农村社会养老保险试点的指导意见》,明确建立新型农村社会养老保险(简称"新农保")制度,并提出2009年新型农村社会养老保险制度试点覆盖面为全国10%的县（市、区、旗），以后逐步扩大试点直至在全国普遍实施，2020年之前基本实现对农村适龄居民的全覆盖等目标。这个文件的发布，标志着中国农村社会养老保险制度的建立。

2010年10月28日，第十一届全国人民代表大会常务委员会第十七次会议通过了《中华人民共和国社会保险法》，规定"国家建立和完善新型农村社会养老保险制度"，"新型农村社会养老保险制度实行个人缴费、集体补助和政府补贴相结合"，确认了新农保的法律地位和政府对新农保的法律责任。

2011年，全国人大通过的《中华人民共和国国民经济和社会发展第十二个五年规划纲要》提出："推进基本公共服务均等化。把基本公共服务制度作为公共产品向全民提供，完善公共财政制度，提高政府保障能力，建立健全符合国情、比较完整、覆盖城乡、可持续的基本公共服务体系，逐步缩小城乡区域间人民生活水平和公共服务差距。"

2014年，国务院颁布了《国务院关于建立统一的城乡居民基本养老保险制度的意见》，提出将新农保与城镇居民社会养老保险（简称"城居保"）制度合并实施，并与职工基本养老保险制度相衔接。至此，中国覆盖城乡居民的社会养老保障体系基本建立，中国农村社会养老保险也从"老农保"到"新农保"，最后进入"城乡居民养老保险"阶段，在政策层面上基本完成了养老保险的城乡统筹发展。2008—2016年新农保（城乡居民养老保险）制度推进情况如表1-4所示。

表1-4　2008—2016年新农保（城乡居民养老保险）制度推进情况

年份	参保人数/万人	领取待遇人数/万人	基金收入/亿元	其中：个人账户/亿元	基金支出/亿元	基金结余/亿元
2008	5595	512	—	—	56.8	499

（续表）

年份	参保人数/万人	领取待遇人数/万人	基金收入/亿元	其中：个人账户/亿元	基金支出/亿元	基金结余/亿元
2009	8691	1556	—	—	76	681
2010	10277	2863	453	225	200	423
2011	32643	8525	1070	415	588	1199
2012	48370	13075	1829	594	1150	2302
2013	49750	13768	2052	636	1348	3006
2014	50107	14313	2310	666	1571	3845
2015	50472	14800	2855	700	2117	4592
2016	50847	15270	2933	732	2150	5385

注：2012年以后数据为城乡居民社会养老保险数据。

数据来源：《人力资源和社会保障事业发展统计公报（2008—2016）》，人力资源与社会保障部，http://www.mohrss.gov.cn/SYrlzyhshbzb/zwgk/szrs/ndtjsj/tjgb/。

这一阶段，城乡居民在医疗保险水平的接续、统筹方面取得了实质性进展。2012年，国家发改委、卫生部等六部委发布了《关于开展城乡居民大病保险工作的指导意见》，提出大病保险的保障范围要与城镇居民基本医疗保险、新型农村合作医疗（简称"新农合"）相衔接，大病保险主要在参保（合）人患大病发生高额医疗费用的情况下，对城镇居民基本医疗保险、新农合补偿后需个人负担的合规医疗费用给予保障。这一制度的实施，大大降低了城乡居民因患大病而致贫、返贫的概率。2015年，国务院办公厅发布了《关于全面实施城乡居民大病保险的意见》，提出2015年底前大病保险覆盖所有城镇居民基本医疗保险、新农合参保人群，2017年建立起比较完善的大病保险制度的目标。2016年，国务院发布了《关于整合城乡居民基本医疗保险制度的意见》，提出要在全国范围内建立起统一的城乡居民基本医疗保险制度,统一覆盖范围、统一筹资政策、统一保障待遇、统一医保目录、统一定点管理、统一基金管理。至此,城乡居民在医疗保险方面实现了完全接续。

3. 效果评价

总的来看,这一时期中国城乡关系调整以及在此大背景之下的农业农村发展都取得了明显效果。限于篇幅,本文仅就表1-2中列举的几个重要指标进行简单评价(见表1-5)。

表1-5 2008—2017年中国农村居民收入的几个重要指标

年份	农民人均纯收入/元	粮食总产量/万吨	农村居民家庭恩格尔系数/%	城乡居民收入之比
2008	4760.6	52870.9	43.7	3.31∶1
2009	5153.2	53082.1	40.0	3.33∶1
2010	5919.0	54647.7	41.1	3.23∶1
2011	6977.3	57120.9	40.4	3.13∶1
2012	7916.6	58958.0	39.3	3.10∶1
2013	8895.9	60193.8	37.7	3.03∶1
2014	10489.0	60702.6	37.9	2.75∶1
2015	11422.0	62143.9	37.1	2.73∶1
2016	12363.0	61625.1	32.2	2.72∶1
2017	13432.0	61791.0	31.2	2.71∶1

注:2014年以后的农民收入为可支配收入。
数据来源:历年《中国统计年鉴》。

从表1-5可以看出:第一,农民收入呈快速增长态势。从2008—2017年,年均增长12.2%。尤其可喜的是,城乡居民收入之比自2009年以后呈下降趋势。说明十七大以来,各级政府采取的增加农民收入的举措取得了良好的效果,农民收入增长速度高于城镇居民收入增长速度,实际上除了少数年份,也高于GDP增长速度。第二,粮食产量是反映农业产出的重要指标,也是确保国民经济进入新常态后稳定增长的"定海神针"。2008 年以来，除了 2016 年略有下降外，其余年份均呈增长态势。实际上，自 2004 年以来，粮食产量呈"连丰"态势，其中 2004—2015 年"十二连增"，这在 1949 年以来的历史上是从来没有过的。图 1-1 更能够清晰地反映这一趋势。第三，农村居民家庭恩格尔系数下降明显。2017 年，农村居民家庭恩格尔系数降至 31.2%，即将进入小于 30% 的富足阶段。① 而同年城镇居民家庭恩格尔系数已经

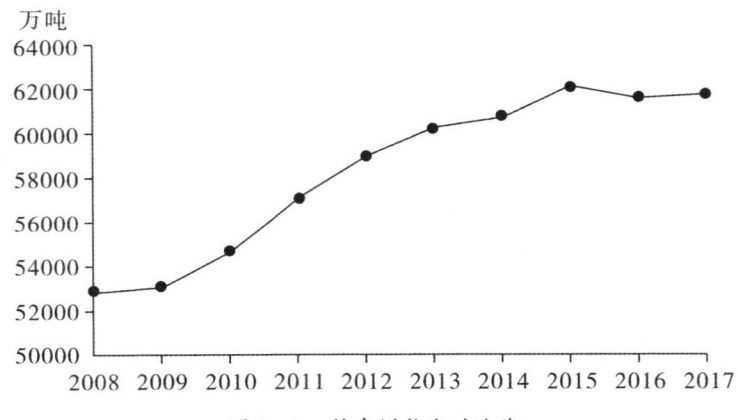

图 1-1　粮食增长变动曲线

数据来源：历年《中国统计年鉴》。

降至 28.6%，城乡居民平均为 29.3%。这就使中国近 14 亿居民的整体消费更加关注质量和安全性，更加关注文化、教育、休闲、娱乐等食品以外的消费，对农业农村的要求也更高了，这也是十九大提出乡村振兴战略的重要原因之一。

---

① 按照国际通用的标准，恩格尔系数 59% 以上为贫困阶段，50%—59% 为温饱阶段，40%—50% 为小康阶段，30%—40% 为富裕阶段，低于 30% 为富足阶段。

二、乡村振兴战略的内涵

（一）城乡统筹、城乡一体化和城乡融合发展是递进的关系

从上面的分析可以看出，从 2002—2017 年，党从城乡统筹开始，推动城乡一体化不断深化。在此基础上，十九大报告提出了在乡村振兴战略下实现城乡融合的新理念。具体表述为："要坚持农业农村优先发展，按照产业兴旺、生态宜居、乡风文明、治理有效、生活富裕的总要求，建立健全城乡融合发展体制机制和政策体系，加快推进农业农村现代化。"我们认为，这是在新的形势下执政党对于城乡关系的新定位，是对以往城乡发展战略的重大调整，标志着中国城乡发展进入新时代，有重要的理论和政策价值。

我们认为，城乡统筹、城乡一体化、城乡融合在城乡关系上是层层递进的关系。十六大提出"统筹城乡经济社会发展"，对策有三大方面：一是加强农业基础地位，积极推进农业产业化经营，开拓农村市场；二是用逐步提高城镇化水平的方法促进农村富余劳动力向非农产业和城镇转移，通过减少农业人口提高农业现代化水平和农民收入水平；三是坚持党在农村的基本政策，包括加大对农业的投入和支持，通过政策支撑调整城乡关系。应该说，在城乡统筹的政策框架下，城乡关系的调整是初步的。在这里，"统筹"是手段，重心在城，但采取"以工补农、以城带乡"的方式推动农业农村发展，缩小城乡差距，体现了这一时期的政策取向。尽管十七大在部署农业农村工作时仍然以"统筹城乡发展，

推进社会主义新农村建设"为题，但提出了"要加强农业基础地位，走中国特色农业现代化道路，建立以工促农、以城带乡长效机制，形成城乡经济社会发展一体化新格局"。说明了城乡统筹和城乡经济社会化发展一体化之间的关系，即后者是前者的阶段性目标，后者是高级阶段。中国共产党第十八次全国代表大会（以下简称"十八大"）把"推动城乡发展一体化"作为推动农业农村工作的总方针，指出"城乡发展一体化是解决'三农'问题的根本途径"，具体措施是"要加大统筹城乡发展力度，增强农村发展活力，逐步缩小城乡差距，促进城乡共同繁荣"。进一步说明了二者之间目标和手段的关系，也是发展阶段的递进关系。正是在前15年城乡统筹发展、城乡一体化发展的基础上，十九大提出"建立健全城乡融合发展体制机制和政策体系"，即通过体制机制的建立和政策体系的构建，促进城乡之间水乳交融，互为发展条件。可见，城乡融合是更高的发展阶段。

城乡融合包括以下几方面内容：一是要素融合，即城镇要素和农村要素融合，包括劳动力、资金、土地等要素。在城乡利益趋同的条件下，上述要素既可以从农村向城镇流动，也可以从城镇向农村流动。二是区域融合。城市是农村的前厅，农村是城市的后花园，城在村中，村中有城，城中有农（花园城市），二者之间的边界越来越模糊，但功能清晰，发展互补。三是生活方式融合。由于农村基础设施日益健全，农村人的生活水平、生活方式和城市社区日益趋同。在电商越来越普及的情况下，城市居民也能吃到当天采摘的瓜果蔬菜；在社区支持农业模式下，城市居民在周末也可以到郊区享受一下田间劳动的乐趣。生活方式的融合极大地提高了城乡居民的生活质量，是新时代的重要特征之一。

（二）城乡融合必然要求振兴乡村

十九大报告指出，中国特色社会主义进入新时代，这是中国发展新的历史方位。在新时代新形势下，乡村振兴战略应运而生。

第一，乡村振兴战略的提出，是城乡融合的必然结果。如前面所分析，十六大以来，党在城乡关系的处理上从统筹城乡发展到城乡一体化发展，再到城乡融合发展，经历了三大阶段。目前，尽管农业的竞争力有所提高，农村的面貌有所改变，但城乡差距依然明显，深层次融合的条件尚不具备，必须加快农业农村发展，在此基础上促进城乡融合。

第二，截至2016年底，常住人口城镇化率达到了57.35%，到2020年可望超过60%，住在城镇的人口越来越多，对农业农村的需求越来越大，农业农村已经变成了稀缺资源。发达的城市需要发达的农业农村与之相配合和衔接，否则，城市失去支撑则难以持久。可见，在城乡融合语境下，乡村振兴不仅是农业农村发展的必然结果，也是城市向更高级阶段发展的必然要求。

第三，截至2016年底，全国居民人均可支配收入23821元。按常住地分，城镇居民人均可支配收入33616元，农村居民人均可支配收入12363元；城镇居民的恩格尔系数为29.3%，农村为32.2%，二者平均为30.75%。2017年，全国居民平均的恩格尔系数已经达到29.3%，根据国际通用的标准，中国居民生活在整体上进入了"富足"阶段，从而对于食品的质量、安全性和品牌有了更高的要求；闲暇的时间更多了，旅游需求转化为休闲观光；住在城镇的人口增加后，对于"乡愁"这种看不见、摸不着的要素有了更高的需求，其实是文化需求；等等。在新时代，人民日益增长的对农业农村的美好生活需要和农业农村发展不平衡不充分之间的矛盾更加尖锐，并且呈复杂化、多样化的特点。这就要求乡村振兴实现农业农村现代化，不能让农业农村滞后的现代化拖了整个国家现代化的后腿。所以，尽管农业增加值占GDP的比重已经下降到9%以下，但农业农村的地位却越来越重要。

（三）对乡村振兴战略目标的认识

2018年中央一号文件部署了乡村振兴战略的具体落实措施。尽管以年度中央文件的形式下发，但具有三个显著特点：一是管全局。过去14年的中央一号文件主要是对农业农村政策的实施进行部署（其中2011年中央一号文件专门部署了水利工作），而2018年中央一号文件强调了党对农业农村工作的领导，提出了要研究制定《中国共产党农村工作条例》，目的是要调动全党的力量推进乡村振兴。二是管长远。一号文件提出了乡村振兴战略的近期（2020年）、中期（2035年）、远期（2050年）的奋斗目标，其具体内容也同样适用于三个时期，因而不仅仅是年度工作的部署，也是长期工作的部署。三是管全面。乡村振兴战略的实施，涉及各个领域、各个部门，是一项全面的工作。

2018年中央一号文件按照十九大提出的决胜全面建成小康社会、分两个阶段实现第二个百年奋斗目标的战略安排，提出了三个阶段的奋斗目标。

第一，到2020年，乡村振兴取得重要进展，制度框架和政策体系基本形成。2020年是一个重要的时间节点，中国共产党即将迎来建党100年。2008年10月12日，十七届三中全会通过的《中共中央关于推进农村改革发展若干重大问题的决定》就提出到2020年，中国农村改革和发展的基本目标任务，即"农村经济体制更加健全，城乡经济社会发展一体化体制机制基本建立；现代农业建设取得显著进展，农业综合生产能力明显提高，国家粮食安全和主要农产品供给得到有效保障；农民人均纯收入比二〇〇八年翻一番，消费水平大幅提升，绝对贫困现象基本消除；农村基层组织建设进一步加强，村民自治制度更加完善，农民民主权利得到切实保障；城乡基本公共服务均等化明显推进，农村文化进一步繁荣，农民基本文化权益得到更好落实，农村人人享有接受良好教育的机会，农村基本生活保障、基本医疗卫生制度更加健全，农村社会管理体系进一步完善；资源节约型、环境友好型农业生产体系基本形成，农村人居和生态环境明显改善，可持续发展能力不断增强"。2012年11月8日，十八大报告提出2020年实现全面建成小康社会宏伟目标，再次把实现目标的时间节点聚焦在2020年。十九大报告指出："从现在到二〇二〇年，是全面建成小康社会决胜期。"2015年12月7日，中共中央授权新华社发布《中共中央 国务院关于打赢脱贫攻坚战的决定》，提出："确保到2020年农村贫困人口实现脱贫，是全面建成小康社会最艰巨的任务。"在上述目标的约束下，一号文件提出的乡村振兴目标必然包括上述目标。具体来说，可以概括为四大方面：一是农业综合生产能力提升目标，即"农业综合生产能力稳步提升，农业供给体系质量明显提高，农村一二三产业融合发展水平进一步提升"；二是农民收入和城乡关系目标，包括缩小城乡居民收入差距、农村贫困人口全面实现脱贫、城乡基本公共服务均等化等；三是农村生态宜居目标，包括农村人居环境明显改善、农村生态环境明显好转等；四是党的建设目标，包括以党组织为核心的农村基层组织建设进一步加强、党的农村工作领导体制机制进一步健全等。

第二，2035年也是一个重要时间节点。十九大报告把从2020年到21世纪中叶按照两个阶段来安排，"第一个阶段，从二〇二〇年到二〇三五年，在全面建成小康社会的基础上，再奋斗十五年，基本实现社会主义现代化"。对此，一号文件规划的目标是："到2035年，乡村振兴取得决定性进展，农业农村现代化基本实现。"并把这一大目标细分为四个具体目标，即"农业结构得到根本性改善，农民就业质量显著提高，相对贫困进一步缓解，共同富裕迈出坚实步伐；城乡基本公共服务均等化基本实现，城乡融合发展体制机制更加完善；乡风文明达到新高度，乡村治理体系更加完善；农村生态环境根本好转，美丽宜居乡村基本实现"。

第三，2050年是"两个一百年"的第二个100年，即中华人民共和国成立刚好超过100年。十九大报告的规划是："第二个阶段，从二〇三五年到本世纪中叶，在基本实现现代化的基础上，再奋斗十五年，把我国建成富强民主文明和谐美丽的社会主义现代化强国。"由于这是长期发展目标，一号文件只用了一句话进行概括，即"到2050年，乡村全面振兴，农业强、农村美、农民富全面实现"。

可见，2018年中央一号文件在对三个时间节点目标的处理上，近期目标具体、中期目标原则、远期目标展望，三个目标是一个有机整体。

（四）产业兴旺要以农业为中心拓展多种产业

乡村振兴的基础是产业兴旺。那么，怎么理解产业兴旺呢？21世纪以来，中国粮食等主要农产品产量连年增加（少数年份除外），加上适当进口，完全能够满足13.8亿人口的需要，但在质量和安全上，在产业延伸上，在休闲、娱乐等方面还远远不能满足城乡消费者的需求。因此，实现乡村振兴战略的总要求中的"产业兴旺"，首先，要做强农业，提高中国农业竞争力；其次，充分挖掘农业多功能性，围绕农业发展关联产业；再次，延长农业产业链，以农业为中心发展农产品加工业；最后，发展农业农村服务产业，包括生产服务、生活服务、环保服务等。

1. 做强农业，提高中国农业竞争力

毋庸置疑，中国是一个农业大国，稻谷、小麦、肉类、蛋类、水果等农产品的生产量均居全球第一位。但自加入世界贸易组织、

全面参与国际市场竞争以来，中国主要农产品进口量连年增加。2017 年 1—11 月，农产品贸易逆差 464.5 亿美元，同比增加 35.3%，其中谷物净进口 2221.7 万吨，同比增加 11.2%；棉花（含棉纱）进口 304.8 万吨，同比增加 7.6%；大豆进口 8599.0 万吨，同比增加 15.8%。就连一度具有较强国际竞争力的肉类，也自 21 世纪第二个 10 年以来一直呈净进口状态。这种状况与中国农业大国的地位极不相称。实施乡村振兴战略，首先要振兴农业，实现农业由大到强的转变。这就要按照 2017 年中央农业工作会议精神，大力构建现代农业产业体系、生产体系、经营体系，通过新主体、新产业、新业态的发展提升农业素质；加快推进农业由增产导向向提质导向转变，加快推进农业转型升级，坚持质量第一，推进质量兴农、品牌强农，大力推进农业标准化，坚持效益优先，促进农业竞争力提升和农民收入增长；坚持绿色发展理念，不断提高农业可持续发展水平，持续推进农业投入品减量，加快推进农业废弃物资源化利用，加强农业资源养护；创新完善农业支持保护制度，实现农业补贴政策由"黄"向"绿"的转变。

2. 充分挖掘农业多功能性

农业多功能性的概念，最初来自 1999 年日本通过的《粮食·农业·农村基本法》，该法第 3 条对农业多功能性进行了概括："农村的农业生产活动在粮食农产品供给以外产生的其他功能：国土保全、水源涵养、自然环境保护、良好景观形成和文化传承。"中国是在 2007 年中央一号文件中首次提到农业多功能性的，该文件指出："农业不仅具有食品保障功能，而且具有原料供给、就业增收、生态保护、观光休闲、文化传承等功能。建设现代农业，必须注重开发农业的多种功能，向农业的广度和深度进军，促进农业结构不断优化升级。"从现实看，挖掘农业的多功能性，主要从三个方面下功夫：一是打造良好的生态环境，使广大农村地区变得青山绿水、环境宜人，把农田变成四季有景观的马赛克图案，城市农村遥相呼应，城市为农村提供发展的动力，农村为城市提供新鲜空气并过滤杂质，即城市的"肺"和"肾"，真正实现城乡融合。二是彰显文化教育功能。中华民族的传统文化都来自农耕文明，如传统节日、二十四节气等都与农耕传统密切相关，要充分挖掘文化与农耕、农业之间的关联性，对青少年进行教育，这是文化自信的重要方面。三是休闲观光。有了优美的生态环境和田园风光，加上文化教育功能的彰显，久居城市的人们到农村休闲观光就会成为常态，未来的旅游不再是看文物、看景点，而主要是休闲娱乐，或者把看文物、看景点和休闲娱乐结合在一起。城市人到农村休闲娱乐的多了，城市的资金、物质、人才就会流向农村，农产品就不仅仅可供食用，还可以观赏、体验、收藏，农业的价值、农民的收入就会大幅度提高。

3. 延长农业产业链，发展农产品加工业，促进一二三产业融合发展

农业产业链是指农业产前、产中、产后各个部门之间的技术经济联系。农业产业链的上游（产前部门），即农业生产资料的生产和销售部门，包括种子、化肥、农药、农业机械等产品的生产和销售；中游（产中部门），即种植和养殖部门，包括种植业、畜牧业、渔业等部门；下游（产后部门），即农产品加工部门，包括农产品仓储、运输、加工、贸易等。延长农业产业链，使农产品增值，在分配制度合理的前提下，农民就能够从中获取更多的收益。一般来说，延长农业产业链，主要指农产品生产出来以后产业链的延长，实践中主要有发展农产品加工业和一二三产业融合发展两大策略。

20世纪90年代后期，农业产业化作为一项支持农业发展的核心政策在全国范围内推行；2006年，农业部组织实施"农业产业

化和农产品加工推进行动";2011 年,农业部发布《关于创建国家农业产业化示范基地的意见》;21 世纪以来的 14 个中央一号文件,大多对该年度的农业产业化和农产品加工业发展进行了部署。这些政策在近年来取得了较为明显的成效。2016 年,全国规模以上农产品加工企业 8 万家,全年完成主营业务收入 20.3 万亿元,连续 4 年增长率超过 10%,农民合作社中有 53% 发展加工流通,农产品加工业与农业产值之比由 2010 年的 1.7:1 提高到 2016 年的 2.2:1[①],农产品加工率达到 65%。尽管取得了较大的进展,但与发达国家 3:1—4:1 的水平相比仍然有很大差距。大力发展农产品加工业,是实现"四化同步"下农业产业升级的现实需要,也是实施乡村振兴战略、实现城乡融合的需要。

一二三产业融合发展是发达国家的普遍做法,日本于 90 年代后期提出了"六次产业"的概念,目的是"通过鼓励农户从事多种经营,以获得更多的增值价值,为农业增效、农民增收开辟新的空间"[②]。这里的多种经营指在第一产业的基础上,鼓励农民从事农产品加工(第二产业),以及农产品销售业和农产品加工产品或服务业(第三产业)。"1+2+3"等于 6,"1×2×3"也等于 6,日本学者称之为"六次产业"或"第六产业"。2015 年,中共中央发布《关于加大改革创新力度 加快农业现代化建设的若干意见》(一号文件),指出"推进农村一二三产业融合发展",全面推进产业融合。截至 2015 年底,全国休闲农业各类经营主体超过 180 万家,年接待人数达 22 亿人次,经营收入 4400 亿元,均保持 10% 以上的增长速度。从业人员 790 万人,其中农民就业人员

---

① 宗锦耀主编:《农村一二三产业融合发展理论与实践》,中国农业出版社 2017 年版,第 27 页。

② 孔祥智、周振:《发展第六产业的现实意义及其政策选择》,《经济与管理评论》2015 年第 1 期。

630万人，带动550万农户受益，全国有3300万农户从事与休闲农业相关的产业。[①] 实践证明，三产融合是提高农民收入、推动农业转型升级的重要手段。

4. 大力发展农业农村服务产业

农业农村服务产业，包括为农业服务和为农村服务两大部分。前者又被称为农业社会化服务业，是近年来逐渐兴起的新兴产业，潜力巨大，据笔者估计仅种植业方面总产值就有1万亿元。目前，全国经营性专业服务组织超过100万个，巨大的"蛋糕"正吸引着来自各行各业的投资者，未来会成为支撑中国乡村振兴的支柱产业之一。从目前来看，主要包括物资供应、生产服务、技术服务、信息服务、金融服务、保险服务以及农产品运输、加工、储藏、销售等各个方面。后者主要是为农民生活服务的产业。随着生活水平的提高和老龄化的加剧，广大农民对生活服务的需求越来越大，尤其是随着医疗条件的改善，环境优美的农村逐渐会成为不少城市老人养老目的地的选择。因此，农村生活服务业必然会成为一个内涵丰富、利润潜力无限的产业。

三、如何实施乡村振兴战略

（一）实施乡村振兴战略的四大关键点

实施乡村振兴战略，促进城乡融合发展，2018年中央一号文件已经给予明确而细致的部署。应该说，十九大对实施乡村振兴战略提出的"产业兴旺、生态宜居、乡风文明、治理有效、生活

[①] 宗锦耀主编：《农村一二三产业融合发展理论与实践》，中国农业出版社2017年版，第27页。

富裕"总要求具有同等重要地位,任何一项要求都不可偏废。总体而言,解决以下四大问题是至关重要的。

1. 进一步推进城乡公共服务均等化

调研发现,农村基础设施落后是制约产业兴旺的重要因素。《中华人民共和国国民经济和社会发展第十三个五年规划纲要》提出了2020年实现"基本公共服务均等化水平稳步提高"的目标,包括就业、教育、文化体育、社保、医疗、住房、农村道路等基础设施。应该说,自2006年中央一号文件部署社会主义新农村建设以来,农村公共服务供给取得了明显进展,但仍然存在着水平低、城乡接续难和城乡不均衡等问题,要按照国家"十三五"规划纲要的要求,"坚持普惠性、保基本、均等化、可持续方向",围绕"标准化、均等化、法制化",尽快建立国家基本公共服务清单,列出哪些服务应该由政府供给、哪些应该由市场供给,分清政府和市场的职责,促进城乡基本公共服务项目和标准的有机衔接。要借鉴国外经验,推动多元化供给方式,广泛吸引社会资本参与,引入竞争机制,推行特许经营、定向委托、战略合作、竞争性评审等方式。对于一些具有一定盈利性的公共服务项目,建议采取政府和社会资本合作(PPP)模式,政府用少量资金以补贴的方式推动项目的开展,由企业负责运行,减轻政府的财政压力,确保公共服务项目的可持续性。公共服务均衡化,财政实力很重要,但关键在于政府的施政理念。笔者在云南调研时,一位县委书记说过:"在县城修1公里道路的资金,可以修20公里农村道路,关键看执政理念和投入方向。"可见,实现城乡基本服务均等化,既需要中央的大政方针,更需要一批有能力、对"三农"有感情的基层干部队伍。

2. 强化农村金融支持政策

产业兴旺的外在表现形式就是各类经营主体大发展,这就需要强有力的金融政策支持。首先,正规金融机构要加大对农业产业化、农村中小企业的支持力度,有针对性地支持一批竞争能力强、带动农户面广、经济效益好的龙头企业和较大型农民专业合作社,稳步增加贷款投放规模,不断创新金融产品和服务,强化对"三农"和县域小微企业的服务能力。其次,支持符合条件的农民专业合作社从事信用合作。要按照2014年中央一号文件的要求,"在管理民主、运行规范、带动力强的农民合作社和供销合作社基础上,培育发展农村合作金融,不断丰富农村地区金融机构类型"。坚持社员制、封闭性原则,不对外吸储放贷、不支付固定回报,推动社区性农村资金互助组织发展。在目前相关法律法规不健全的情况下,要不断完善地方农村金融管理体制,加强对农村合作金融的监管,有效防范金融风险。再次,加大对农业保险产品的供给。农业农村产业风险大、利润薄,必须有一个完善的保险体系承担托底功能。政策性保险机构、商业保险机构要改革当前的保险制度,提供更多的保险产品,满足农业农村产业发展的需要。2017年修订的《中华人民共和国农民专业合作社法》第六十六条规定,"鼓励农民专业合作社依法开展互助保险",有利于小规模农户和家庭农场等新型经营主体在保险领域开展合作,也有利于商业保险机构在农民合作的基础上推广保险产品。

3. 继续向改革要红利

改革是乡村振兴、产业兴旺的最重要推动力。首先,按照2016年《中共中央 国务院关于稳步推进农村集体产权制度改革的意见》的要求,稳步推进农村集体产权制度改革,重点在于清产核资、量化到人和有序推进经营性资产股份合作制改革,要通过产权制度改革激发农业农村各类经营主体的活力和创造性。其次,继续推进农村土地所有权、承包权、经营权分置("三权分置")改革,这是农业农村现代化的基础,也是农业农村产业兴旺的基础。要按照 2016 年中共中央办公厅、国务院办公厅发布的《关于完善农村土地所有权承包权经营权分置办法的意见》，扎实做好农村土地确权登记颁证工作，建立健全土地流转规范管理制度，构建新型经营主体政策扶持体系，农村土地二轮承包到期后再延长 30 年，给农业发展提供长期而稳定的预期。完善"三权分置"法律法规，确保"三权分置"有序实施。再次，探索宅基地所有权、资格权、使用权"三权分置"，落实宅基地集体所有权，保障宅基地农户资格权和农民房屋财产权，适度放活宅基地和农民房屋使用权。最后，稳步推进农业支持政策改革。按照"黄改绿"的思路，逐步推进农机购置补贴政策、棉花大豆等农产品的目标价格政策改革，把握时机推进小麦、稻谷的最低收购价格改革，通过改革提高主要农产品市场竞争力，提高农业农村自我发展、自我积累能力，为实现乡村振兴、产业兴旺打下坚实的基础。

4. 有效解决乡村振兴的人才和资金短缺问题

乡村振兴包括乡村治理和产业发展两大方面，都需要人才和资金支撑，而当今农村最短缺的就是这两大要素。要借鉴发达国家的经验，全面建立职业农民制度，实施新型职业农民培育工程，加强农村专业人才队伍建设，建立有效激励机制，以乡情乡愁为纽带，吸引支持企业家、党政干部、专家学者、医生教师、规划师、建筑师、律师、技能人才等投身于乡村振兴事业。要确保财政投入持续增长，利用财政资金四两拨千斤的作用，引导社会资本投资于乡村振兴领域。进一步推进金融制度改革，把更多金融资源配置到农村经济社会发展的重点领域和薄弱环节，更好地满足乡村振兴多样化金融需求。坚持社员制、封闭性原则，不对外吸储放贷、不支付固定回报，推动社区性农村资金互助组织发展。

（二）"五个振兴"与乡村振兴战略的路径

2018 年 3 月 8 日，习近平总书记参加第十三届全国人民代表大会第一次会议山东代表团审议时发表重要讲话，就实施乡村振兴战略提出了"五个振兴"，即"乡村产业振兴、人才振兴、文化振兴、生态振兴、组织振兴"。五个方面构成一个整体，也是实施乡村振兴战略的路径和主攻方向。

具体来说，产业振兴就是发展农业农村的各项产业，包括做大做强农业产业，满足人民日益增长的对农业农村美好生活的需要和农业农村发展不平衡不充分之间的矛盾，不仅农产品及其延伸的功能性产品要越来越丰富，对质量和安全性也提出了更高的要求，要强化质量兴农，走绿色发展之路；农产品加工业的发展水平较低，与发达国家还有较大的差距，要制定有效政策推进农产品加工业发展，并使农民在发展的过程中获得相应的利益；加快一二三产业融合发展的步伐，推进农业的二产化、三产化，提高农业产业的整体盈利水平；统筹兼顾培育新型农业经营主体和扶持小农户，采取有针对性的措施，促进小农户和现代农业发展有机衔接。

人才振兴就是要开发乡村人力资本，畅通智力、技术、管理下乡通道，造就更多乡土人才；全面建立职业农民制度，完善配套政策体系，大力培育新型职业农民；创新人才培养模式，扶持培养一批农业职业经理人、经纪人、乡村工匠、文化能人、非物质文化遗产传承人等；发挥科技人才支撑作用，建立有效激励机制，并如前所述的，以乡情乡愁为纽带，吸引支持企业家、党政干部、专家学者、医生教师、规划师、建筑师、律师、技能人才等投身乡村建设。

文化振兴就是要加强农村思想道德建设，传承发展提升农村优秀传统文化，加强农村公共文化建设，广泛开展移风易俗行动。

生态振兴就是要建设一个生态宜居的魅力乡村，实现百姓富和生态美的统一。要统筹乡村山水林田湖草系统治理；加强农业面源污染等农村突出环境问题的综合治理，开展农业绿色发展行动；正确处理开发与保护的关系，将乡村生态优势转化为发展生态经济的优势，提供更多更好的绿色生态产品和服务，促进生态和经济良性循环。

组织振兴就是要充分发挥农村党支部的核心作用和村委会的战斗堡垒作用，通过发展农民专业合作社等合作经济组织团结农民、服务农民，鼓励兴办农村老人协会、婚丧嫁娶协会等民间组织，引导广大农民移风易俗、爱家爱村爱国，实现经济发展和社会和谐的高度统一。

（三）村"两委"是实施乡村振兴战略的关键

乡村振兴的落脚点在乡村，村"两委"（村中国共产党支部委员会和村民自治委员会）是实施这一战略的关键，因此要充分发挥村"两委"的作用。在新时代，村"两委"的工作重点，就是要按照十九大报告提出的实施乡村振兴战略"产业兴旺、生态宜居、乡风文明、治理有效、生活富裕"的总要求把农村工作做好。

首先，要开展乡村文明建设，实现乡村有效治理。改革开放以来，由于市场经济的冲击，很多地方舍弃了维系乡村凝聚力的传统文化，导致人心涣散，有的地方甚至犯罪率上升，更谈不上经济发展。在新的历史时期，要把全体村民凝聚到十九大精神上来，就要重新找回传统文化中精华的东西，在现代村民自治加法治的框架内植入中国传统文化的德治的内容，实现"自治、法治、德治"有机结合，用中国传统文化中"德"这一要素来沁润、感化、引导村民，使其自觉遵纪守法，不断提高村民自治水平，这是实现十九大提出的"农业农村现代化"和"乡村振兴战略"的先决条件。乡村治理中实施"三治"相结合，党员干部必须带头孝敬老人，遵纪守法，团结友爱，树立新风尚、新气象；对于村中出现的好人好事要及时予以表彰，对于失德现象要及时予以批评教育；要形成乡村抑恶扬善的机制，使想恶者不敢恶、不能恶，并逐渐戒掉恶习，养成善习。

其次，要按照中央的部署，抓紧开展农村集体产权制度改革。从试点村来看，这项工作对村集体经济收入和经济发展起到了十分明显的推动作用。村"两委"的同志要按照中央的要求，积极推进集体产权制度改革，并在改革中找到进一步发展农村集体经济的途径。尤其是对于那些集体经济家底比较薄弱的村，要充分挖掘现有资源、资金、资产的潜力，该入股的入股，该变现的变现，该出租的出租，通过各种途径增加集体收入，提升村"两委"为人民服务的能力。

再次，大力发展农民专业合作社。十九大报告指出："培育新型农业经营主体，健全农业社会化服务体系，实现小农户和现代农业发展有机衔接。"其中，农民专业合作社是最重要的经营主体，并且在整个农业经营体系中居于中坚环节。实践证明，无论是新办还是加入合作社，村"两委"的带头示范都会起到意想不到的作用。对于已有合作社的村，可以尝试用集体资产（如房屋、设备等）和资源（如仍由集体统一经营的水面、池塘、果园、荒山黄坡等）入股，一方面有利于合作社的经营活动，另一方面也可以为农村集体获取一部分收益。此外，村"两委"还要指导合作社的规范发展，即按照修改后的《农民专业合作社法》的要求，定期召开成员大会或成员代表大会，在决策中贯彻以基本表决权为主、附加表决权为辅的原则，在盈余分配中贯彻以按交易量（额）分配为主的原则。实践证明，只有规范的合作社才能调动广大成员的积极性，确保可持续发展。

中国农村自古以来就是精英治理，村"两委"是当今中国农村中的精英分子的代表，只要他们切实肩负起党和时代赋予的重任，不畏艰辛，砥砺前行，我们必将迎来中国农村现代化的美好明天。

（四）用"三治"理念创新乡村治理体系

十九大报告指出："加强农村基层基础工作，健全自治、法治、德治相结合的乡村治理体系。"这是党中央首次提出把德治纳入乡村治理范畴。用"三治"相结合的理念创新乡村治理体系，具有重要的理论和现实意义。

早在2001年，党中央就提出了"以德治国"的理念，强调法治和德治相结合，这是新时期党的治国方略的新辅助，是在深刻总结国内外治国经验的基础上作出的科学论断。1998年通过的《村民委员会自治法》确定了村民自治的大框架，在依法治国的大背景下实现了自治和法治的有机结合。但农村是熟人社会，大多数村是以家族为纽带构成的，因此乡村治理有其特殊性。历史上，中国农村治理是以德为核心的家族式治理模式，虽然有其糟粕或不适应现代社会的一部分，但仍然有其值得传承的精华部分，比如孝敬父母、邻里和睦等，尤其是在熟人社会里，德治的作用非常显著。因此，十九大报告提出自治、法治、德治相结合的"三治"乡村治理体系非常及时，具有时代价值。

改革开放以来，中国市场经济体系取得了突出成就。2017年，城乡居民的恩格尔系数总体上降到30%以下，即整体上进入了生活富足阶段，物质供给得到了较大的满足。但市场经济观念对传统文化的冲击也是不容忽视的。在这样的背景下，在乡村治理体系中植入"德治"理念，用传统文化中"德"这一要素来沁润、感化、引导村民，使其自觉接受传统文化的约束，自觉遵纪守法，从而在更高的层次上实现自治，这是实现十九大提出的"农业农村现代化"和"乡村振兴战略"的先决条件。2013年11月,习近平总书记在山东曲阜市孔府和孔子研究院参观考察时强调,一个国家、一个民族的强盛,总是以文化兴盛为支撑的,中华民族伟大复兴需要以中华文化发展繁荣为条件。对于历史文化特别是先人传承下来的道德规范,要坚持古为今用、推陈出新,有鉴别地加以对待,有扬弃地予以继承。习近平总书记还指出,国无德不兴,人无德不立。必须加强全社会的思想道德建设,激发人们形成善良的道德意愿、道德情感,培育正确的道德判断和道德责任,提高道德实践能力尤其是自觉践行能力,引导人们向往和追求讲道德、尊道德、守道德的生活,形成向上的力量、向善的力量。只要中华民族一代接着一代追求美好崇高的道德境界,我们的民族就永远充满希望。习近平总书记的讲话,是在乡村治理中实施"德治"理念的重要指导思想。

我们很高兴看到,近年来,很多乡村已经自觉地践行习近平总书记的讲话精神,并取得了十分明显的效果。例如,陕西旬阳县动员2.5万名机关干部深入乡村,和广大农民紧密结合,用自己的"德"来感化、教育、激励群众。党员干部主动"亮身份",表明自己的党员身份,同时亮岗位、亮职责、亮承诺,自觉接受群众监督,群众也会主动找党员干部解决问题,这就密切了党员干部和农民之间的关系。由于有了直接监督,党员干部的行为也更加符合党章的要求,德化的基础就产生了。在此基础上,为了解决贫困农户"等、靠、要"的思想,在社区专门成立了道德评议委员会,从道德角度对每一个贫困户进行评议。通过评议,找到了差距和贫困原因,激发了贫困户自主脱贫的积极性,使扶贫工作更有针对性、更有效率。该县还出台了《关于在全县深入开展"群众说 乡贤论 榜上亮"道德评议的实施意见》,在全县范围内深入开展"群众说 乡贤论 榜上亮"道德评议活动,用

"德"来搭建村民自治平台。"群众说"就是召开道德评议会，群众自己找出生活中的好人好事和道德失范的事，找准需要解决的问题；"乡贤论"就是通过乡贤精英论理劝教，明辨是非曲直，进行道德教育和感化；"榜上亮"就是设立"善行义举榜"和"曝光台"，表彰善举，曝光不道德行为，使群众自觉明辨是非，扬善抑恶，提高道德水平。通过上述活动，旬阳县广大农村的道德水平大为提高，为实施法治和村民自治打下了坚实的基础。十九大对实施乡村振兴战略提出了"产业兴旺、生态宜居、乡风文明、治理有效、生活富裕"的总体要求，在这五项具体要求中，"乡风文明"是基础，而习近平总书记所说的"讲道德、尊道德、守道德"则是"乡风文明"的核心。只有乡风文明了，乡村自治、法治才能有效，进而才有可能实现生态宜居、产业兴旺、生活富裕。旬阳县的经验充分说明了这一点。

旬阳县的经验同时也说明了，在广大农村实施"讲道德、尊道德、守道德"教育活动不是一件困难的事情。首先，中国农村有着数千年德治的历史。在封建社会，"皇权不下县"，乡村治理主要依靠宗族势力进行以"村规民约"为主要内容的治理活动，其中主要是体现传统文化的"德"，即德治。中华人民共和国成立以来，尽管原来的治理机制被打破，逐渐形成村级党支部和以自治为特征的村民委员会，但家族影响依然客观存在，讲道德、守道德传统并没有完全消失。因此，新时期在乡村实施德治是有深厚的文化基础的。其次，中华人民共和国成立以后，乡村中族长的影响力逐渐消失，但乡贤的影响力依然存在，他们是乡村道德的楷模，也是乡村实施德治的中坚力量。最后，党员干部是乡村实施自治、法治的领导力量，他们的道德水平是实施德治的关键因素。旬阳县的经验也说明，在乡村实施德治，首先要对广大党员干部进行教育，提高他们的道德水平和执政水平，用他们较高的道德水平来感化、教育农民群众，带动乡村整体道德水平的提高。

四、关于几个乡村振兴战略认识问题的讨论

中共十九大提出乡村振兴战略后，学术界自觉地展开了热烈的讨论，有的学者把乡村振兴战略和乡村建设运动进行比较，有的和十六届五中全会提出的社会主义新农村建设相比较，这些讨论深化了公众对乡村振兴战略的认识，有利于这一战略的实施。限于篇幅，本书从以下三个方面谈谈我们对这一问题的认识。

（一）乡村振兴战略与社会主义新农村建设

2005年10月11日，十六届五中全会通过了《中共中央关于制定国民经济和社会发展第十一个五年规划的建议》，提出："要按照生产发展、生活宽裕、乡风文明、村容整洁、管理民主的要求，坚持从各地实际出发，尊重农民意愿，扎实稳步推进新农村建设。"2016年中央一号文件部署了该年度以及此后五年内以社会主义新农村建设为中心的农业农村工作。社会主义新农村建设的提出，标志着中国工农关系、城乡关系的调整进入了一个新的阶段。

时隔12年，十九大提出了乡村振兴战略，也提出了5句话20个字的总要求，即"产业兴旺、生态宜居、乡风文明、治理有效、生活富裕"。叶敬忠认为，前后两个"五句话"分别可按物质基础、设施条件、精神要求、政治保证和中心目标五个方面进行分类（见表1-6）。

表1-6　社会主义新农村建设和乡村振兴战略总要求的对比

类别	社会主义新农村建设	乡村振兴战略
物质基础	生产发展	产业兴旺
设施条件	村容整洁	生态宜居
精神要求	乡风文明	乡风文明
政治保证	管理民主	治理有效
中心目标	生活宽裕	生活富裕

资料来源：叶敬忠，《乡村振兴战略：历史沿循、总体布局与路径省思》，《华南师范大学学报》（社会科学版）2018年第2期。

从表1-6可以看出，在两个"五句话"中，完全一样的只有"乡风文明"，看来这四个字概括了农村精神文明建设的实质，既是当前的要求，又是未来要达到的目标，不存在由于发展阶段不同而产生内容升级的问题。"生产发展"升级为"产业兴旺"，前者主要指农业生产的发展，是农业结构调整、农业发展方式转变、农业有机构成提高的高度概括；而后者则不限于农业产业的发展，主要侧重于充分挖掘农业的多功能性，发展与农业相关的产业体系。"村容整洁"侧重于对村容村貌的要求；而"生态宜居"则是在村容整洁的基础上强调对农村生态环境的保护和利用，强调农村生活环境的宜人和舒适，进而隐含着农村的生态环境是城市所不具备的，是农村能够吸引城市居民前来短期乃至长期居住的原因之一。"管理民主"是农村村民自治的要求之一，自治就是要在民主的大前提下实现，没有民主，村民自治就失去了意义，和国家的国体、政体不符；而"治理有效"是对民主基础治理效果的要求，要"自治、德治、法治"相结合，实现农村治理的有效和可持续性。"生活宽裕"和"生活富裕"都是对农民生活水平的要求，前者是对小康阶段生活水平的概括，后者是对富足阶段生活水平的概括。

因此，从总要求来看，乡村振兴战略无疑是社会主义新农村建设的升级版，前者是在城乡统筹背景下的农业农村发展战略，后者则是城乡融合背景下的农业农村发展战略。

（二）乡村振兴战略与城镇化

早在2005年十六届五中全会提出社会主义新农村建设的时候，就有人指出这是与城镇化相矛盾的决策。事实上，2005年至今，中国的城镇化一直处于高速发展阶段。2005年，城镇化率为42.99%，2017年达到58.52%，年均增长1.3个百分点。根据《中华人民共和国国民经济和社会发展第十三个五年规划纲要》，2020年底要达到60%，实际上必然超过这个目标。按照这个速度，2030年会达到70%以上。城镇化是经济社会发展的大趋势，不会因为乡村振兴战略的实施而改变。当然，即使2030年之后，城镇化率达到70%以上，中国仍然会有约5亿人生活在农村，仍然需要有一个美丽而舒适的乡村。因此，乡村振兴战略的实施，必须要和城镇化这个大趋势相协调，最主要的就是要把握城镇化进程中乡村变迁的规律。

（三）乡村振兴战略与乡村变迁

根据国家第二次（截至2006年底）、第三次（截至2016年底）农业普查数据，2006年底，全国共有村637011个（含在农村的居委会）；2016年底，全国共有村596450个（含在农村的居委会），10年减少了40561个村，平均每年减少4000个以上。可见，在城镇化大背景下，随着农村人口的减少，乡村的减少是一个不可阻挡的大趋势。这就要求在实施乡村振兴战略过程中，要根据不同乡村的类型和发展条件，制定具有前瞻性、可操作性的村庄发展规划，做到分类指导、精准施策。

第一类是对于城市近郊区，按照规划要纳入城市范围的村庄，就要按照城市规划对村庄进行改造，该改居的改居，该撤并的撤并，不可保留原来的村容村貌，否则会造成资源的巨大浪费，也会给城镇化推进造成不必要的阻力。

第二类是对于那些自然环境恶劣、不适宜居住、地处偏远的村庄，要以改造为主，撤销那些不宜居的村庄，合并到中心村甚至乡镇驻地，加快城镇化进程。

第三类是对于那些自然资源条件优越的村庄，要加大对基础设施和生活条件改善的力度，建成环境优美、生态宜居的农村聚居地，使其中一些成为农村产业的集聚点，一些成为乡村旅游目的地。

第四类是对于那些历史文化名村，以及自然遗产、文化遗产资源丰富的村庄，要以保护为第一要务，尽可能维持其原汁原味，为子孙后代留下值得回忆的东西。

第二章 产业兴旺：乡村振兴的重点

执笔人：刘同山

为了加快乡村的产业振兴，在基层方面需要加快制定乡村振兴规划，并在此基础上积极出台优惠政策，加强有关部门协作，引导工商资本去乡村发展现代化种养殖和生态旅游等产业；在顶层设计方面需要加快出台相应政策，提高农村资源资产的市场流动性，提升农户对接现代产业发展的能力，让农民分享更多产业兴旺、乡村振兴的成果。

一、构建强农业体系

农业竞争力或农业体系的强弱可以从国际和国内两个方面来衡量。在开放经济体中，农业的国际竞争力是指一国在国际市场上出售其农产品的能力，即保持农产品的贸易顺差或贸易平衡的能力[1]；农业的国内竞争力是指农业作为第一产业，在与第二产业、第三产业竞争时保持自身地位的能力，这种能力可以通过不同产业部门的劳动生产率来反映。如果一国或地区的农业在国际、国内处于较为有利的地位，就可以说该国或地区的农业有竞争优势，相应的农业体系也比较强大。

众所周知，无论是从国际上看，还是和国内的二三产业相比较，中国农业的竞争力都偏弱。从国际上看，近年来，中国的大米、小麦的生产者价格快速上升，不仅明显高于国际市场价格，还背离了国际市场的价格走向，而玉米价格虽然近年来随着国家

---

[1] 全世文、于晓华：《中国农业政策体系及其国际竞争力》，《改革》2016年第11期。

临时收储政策的调整，导致价格回调，但依然高于国际市场价格（见图2-1）。农产品尤其是粮食国际竞争力弱，导致大量国外农产品涌入中国，出现了"洋粮入市、国粮入库"的尴尬局面。早在几年前，由于国际市场的冲击，大豆已经全面沦陷。不仅如此，猪肉、牛肉等农产品生产，中国也因缺乏竞争优势而不得不大量进口。从国内来看，利用产业增加值和不同产业就业人口数据，可以算出第一产业的劳动生产率增长了不到10倍，而二三产业的劳动生产率在过去50多年增长了20多倍，是农业部门劳动生产率提高的2倍多。而且进入21世纪以后，城镇居民人均可支配收入一直是农村居民人均纯收入的3倍左右。考虑工资性收入在纯收入中的占比已经超过40%，是农民最主要的收入来源，而且"纯收入"的统计口径又比"可支配收入"大，这表明从事农业产生的回报远远低于二三产业。

农业竞争力弱的另外一个表现是经营成本高、收益低。近年来，农业生产成本快速走高，严重损害了农业生产稳定性和农业

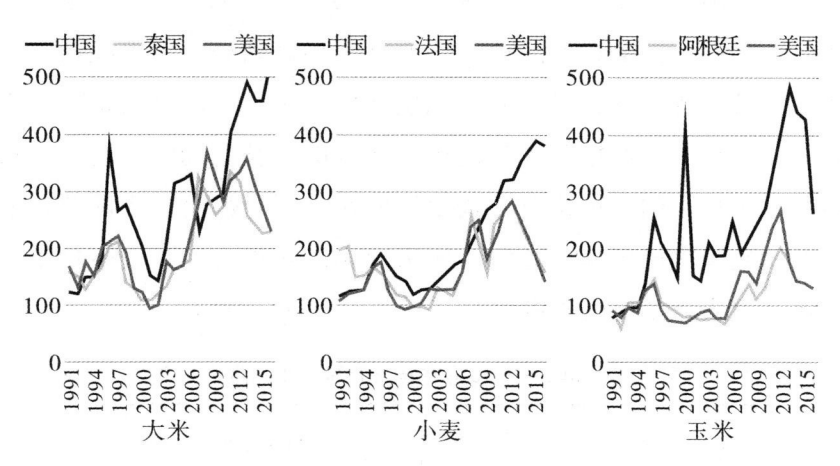

图2-1 三大粮食作物的生产者价格的国际比较（1991—2016）

数据来源：根据联合国粮农组织（FAO）价格数据库整理。由于各国的农产品在国际上的影响不同，故在大米、小麦和玉米比较时，分别选择了泰国、法国和阿根廷。

经营效益。国家发展改革委员会编制的《全国农产品成本收益资料汇编》（2004—2017）数据显示，自2004年以来，稻谷、小麦、玉米三种粮食生产成本持续快速增加，甚至出现了"三级跳"，每亩平均总成本在2011年、2012年和2013年分别突破700元、900元和1000元大关。至2016年，三种粮食每亩总成本平均已经达到1093.62元，是2004年的2.77倍（见表2-1）。其中，人工成本和土地成本是造成粮食生产成本快速上涨的重要因素。2003—2016年，三种粮食每亩总成本平均每年上涨13.58%，均远高于同期农林牧渔业增加值年均增长率和谷物生产者价格指数年均上涨率。这意味着，农业经营利润在被不断攀高的生产成本所蚕食。实际上，三种粮食每亩平均净利润在2011年达到250元的高点后持续下滑，至2016年，每亩平均净利润已经为-80.28元。21世纪以来，首次出现"种地赔钱"的现象。除三大主粮外，在列入《全国农产品成本收益资料汇编》（2004—2017）的15个主要农产品中，2016年小麦、玉米、大豆、油菜籽、棉花、烤烟、桑蚕茧都是负利润，其中有的品种还是连续多年负利润。由于经营农业不赚钱甚至要赔钱，耕地抛荒现象开始增多，并且有从山区向平原蔓延、从季节性抛荒向长期抛荒演进的趋势。同时，高生产成本推高了粮食的市场价格，致使国内粮价逼近甚至高于国际粮食的进口到岸完税价格，导致一度出现农民卖粮难，进一步打击了农民从事农业生产的积极性。

表2-1　2003—2016年中国三种粮食平均生产成本

年份	每亩总成本/元	每亩净利润/元	年份	每亩总成本/元	每亩净利润/元
2003	377.03	34.21	2010	672.67	227.17
2004	395.45	196.5	2011	791.16	250.76

(续表)

年份	每亩总成本/元	每亩净利润/元	年份	每亩总成本/元	每亩净利润/元
2005	425.02	122.58	2012	936.42	168.40
2006	444.90	154.96	2013	1026.19	72.94
2007	481.06	185.18	2014	1068.57	124.78
2008	562.42	186.39	2015	1090.04	19.55
2009	600.41	192.35	2016	1093.62	−80.28

数据来源：根据《全国农产品成本收益资料汇编》（2004—2017）整理。

当然，农业经营收益低，尤其是种植经济作物的农民获得的收益低，也和经营规模小、组织化程度低、流通环节多和产后损耗大有关系。我们曾做过一项调查，将白萝卜从四川运至北京，经过菜农销售—收购商（经纪人）收购—批发市场经销商收购、批发—社区摊点零售—消费者购买等5个环节后，一斤白萝卜的价格从地头的0.2元/斤，增加至消费者购买的1.0元/斤。短短几天时间，收购商（经纪人）和批发市场经销商分别获利0.1元/斤，而农户投入人力、土地和农资等，生产几个月时间，每斤的净利润也未必能达到0.1元。

为了扭转农业发展相对滞后的局面，十九大报告把"构建现代农业产业体系、生产体系、经营体系"作为实现乡村振兴战略的一个重要方面和主要措施。实现乡村振兴，提高农民的农业经营收入，增强农业在国际上和国内不同部门间的竞争力，离不开强有力的农业体系。这要求以现代农业产业体系、生产体系建设来提升农业生产力水平和生产效率，以经营体系建设来创新农业资源组织方式和经营模式。构建强农业体系，需要在协调推进现代农业产业体系、生产体系、经营体系建设的同时，进一步完善农业支持保护制度，大力培育专业大户、家庭农场、农民合作社、农业企业等新型农业经营主体，积极发展多种形式的适度规模经营，逐步健全农业社会化服务体系，加快实现小农户和现代农业的有机衔接。

李含琳分析了农业产业体系、生产体系和经营体系"三大体系"的内涵和关系。他认为，首先，现代农业产业体系是集食物保障、原料供给、资源开发、生态保护、经济发展、文化传承、市场服务等于一体的综合系统，是多层次、复合型的产业体系。现代农业产业体系是衡量现代农业整体素质和竞争力的主要标志，解决的是农业资源的市场配置和农产品的有效供给问题。构建现代农业产业体系，就是要以市场需求为导向，充分发挥各区域的资源比较优势，以粮经饲统筹、农牧渔结合、种养加一体为手段，通过对农业结构的优化调整，提高农业资源在空间和时间上的配置效率。其次，现代农业生产体系是先进科学技术与生产过程的有机结合，是衡量现代农业生产力发展水平的主要标志。主要是通过实施良种化、延长产业链、储藏包装、流通和销售等环节的有机结合，提升产业的价值链，发展高层次农产品，壮大农业新产业和新业态，提高农业质量效益和整体竞争力。构建现代农业生产体系，就是要转变农业要素投入方式，用现代物质装备武装农业，用现代科学技术服务农业，用现代生产方式改造农业，提高农业良种化、机械化、科技化、信息化、标准化水平。再次，现代农业经营体系是新型农业经营主体、新型职业农民与农业社会化服务体系的有机组合，是衡量现代农业组织化、社会化、市场化程度的重要标志。[1] 目前来看，现代农业经营体系主要涉及专

---

① 李含琳：《加快构建现代农业三大体系》，《经济日报》2017年12月22日。

业大户、家庭农场（牧场）、农民合作社、农业企业等，是其在政府支持保护政策下，与小农户一起搭建的立体型、复合式经营体系。构建现代农业经营体系要着力解决好一些重要问题，如引导小农户和现代农业有机衔接、培育新型职业农民、坚持适度规模经营、建立农户社会化服务体系等。

农业是弱势产业，农民是弱势群体，对农业农村进行补贴是世界上通行的做法。因此，现代农业体系的组成，除了农业产业体系、生产体系和经营体系"三大体系"外，还有支持保护体系、支撑服务体系等。前者包括农业基础设施建设、农业经营财政支持等；后者则包括金融服务、信息服务、智力支撑等。

二、延展农业产业链

产业兴旺是乡村振兴的物质基础。乡村振兴的落脚点是农民生活富裕，而生活富裕的关键是农业增效、农民增收。农民增收离不开农业增效，离不开产业发展。只有产业兴旺，农民才能富裕，乡村才能真正振兴。正因如此，党中央在十九大报告中将"产业兴旺"作为乡村振兴五个总要求的第一个。

长期来看，农业的进步主要靠生产力水平的提高。但生产关系的调整也会释放农业发展的潜能，从而为下一次生产力的提升做好准备。这从中国家庭联产承包责任制的实行，释放了绝大部分的经济发展潜能，并支撑了后续的城市和工业改革中可见一斑。而且以农业科技反映的农业生产力水平，是一个长期积累的从量变到质变的过程，短时间内难以取得重大突破，对产业兴旺和乡村振兴主要是潜移默化的长期影响。因此，从生产关系上着手，调整农业的经营模式，拓展其功能，是一个可行的方向。农业是一个具有很强特性的产业，要想快速发展，形成兴旺局面，主要有三种方式：一是在单位产值不变的情况下，扩大单个主体的经营规模，从而做大经营收益，美国农业主要是这种模式；二是在不扩大经营规模的情况下，通过改种经济价值更高的作物甚至改变耕地用途，或者创新农产品销售渠道，提高单位经营面积的市场价值，荷兰农业是这种模式的代表；三是既不扩大经营规模，又不改种作物类型，主要通过充分挖掘和借助农业的多功能性，促进农业产业链条延长以及向二三产业尤其是文化旅游产业等方面拓展，中国大陆大城市周边的生态采摘观光和台湾地区的民宿主要是这种模式。

近年来，由于农业生产成本不断攀升，而农产品价格稳中走低，农业经营利润持续大幅降低，甚至在2016年出现了亏损（见表2-1）。"种地赔钱"让土地流转明显降温。2016年全国土地流转面积为4.71亿亩，占家庭承包耕地面积的比重为35.1%，仅比2015年提高1.8个百分点，远低于2012—2014年4个百分点以上的年均增速，一些农民想出租土地却没人承接。据我们2018年1—3月在黄淮海农区20个县1019户农户的问卷调查发现，有375户农户（占比36.8%）想把正在种的一部分承包地租出去，却由于没人租（占比70.1%）或租金太低（占比19.5%）而只能继续耕种。另外，愿意种更多地的农户只有329户，占总样本的32.3%。即使务农能与外出务工经商挣的钱一样多，也只有499户（占比49.2%）农户愿意长期从事农业。上述数据表明，现在土地流转市场是买方市场——有众多的想出租土地的农户，但是愿意租地开展规模经营的农户较少，要么就是给的租金太低，相当多的农户不愿意长期从事农业。这意味着，想通过方式一，即扩大单个主体的经营规模来发展农业、提高农民的收入，目前看来已经陷入了困境。此外，农业结构性供给侧改革，虽然为通过方式二推动农业发展提供了政策契机，但由于农产品品种毕竟有限，而且很多农产品只能在某些地区种植，再加上全国耕地可以用来种植经济作物的只能是很少一部分，因此想通过种植结构调整或者改变土地用途来提高单位经营面积的市场价值，难以覆盖更大范围、更多作物，可能只能在个别地区、少数品种之间实现。

由于扩大规模受阻、调整结构受限，那么以延长农业产业链的方式，实现产业兴旺和农民增收，就值得重视。农业产业链，也就是农业产品产业链，是指农产品从原料、加工、生产到销售等各个环节的关联。延长农业产业链，是把原本农业从侧重农产品生产，一方面向上游的原料供应、科技服务等拓展，另一方面向农产品加工、销售等环节迈进。随着市场化意识的提高，有不少村庄或农民合作社积极延长农业产业链。黑龙江克山县仁发农机合作社以提供农机作业服务起步，后来借助自有农业机械的优势，以租赁或入股的方式，统一经营 5 万多亩耕地，其生产的优质马铃薯，以订单农业的方式供应给麦肯食品（哈尔滨）有限公司。在此基础上，2015 年仁发农机合作社建设了玉米烘干塔，为自己和周边农户提供烘干服务，并联合当地 7 家合作社，注册了哈克仁发农业公司，负责把合作社生产的优质大豆、马铃薯进行初加工后销售。2016 年 5 月，仁发农机合作社又与荷兰夸特纳斯集团签署了《中荷马铃薯全产业链战略合作框架协议书》和《中荷马铃薯合作培训协议书》，启动了哈克仁发农业公司的马铃薯全产业链项目，从最初的马铃薯种植、销售，向集繁育、加工、种植、销售于一体的综合性生产企业演进。再如辽宁调兵山市施荒地村，在通过土地入股实现水稻规模种植后，又在 2014 年购置了设备，建设了稻米加工厂，并注册了"兵山大米"商标，向周边地区和农户销售优质大米，从单纯的规模化稻米生产，向可以分享更多产业链收益的加工、销售环节延伸。

受产业盈利能力和发展空间的影响，延长农业产业链带来的收益容易遭受市场价格"天花板"的限制，潜力有限。为了充分发挥农村资源资产的特殊优势，实现农村产业兴旺，除延长农业产业链外，不少地方还基于农业的多功能性，借鉴产业融合、产业集聚的思路，多种方式拓展农业产业链。山东东平县南堂子村是电视剧《新水浒传》的主要取景地。为了发展乡村旅游业，2014年以来，南堂子村采取"固定土地股、变动户口股"的模式，成立了土地股份合作社，利用银行贷款对村庄进行旅游开发。为了激发各方的积极性，南堂子村设计出了兼顾土地、户口和劳动贡献的收益分配机制：土地股每年1000元/亩的保底收益加上年终分红；户口股随人口变动而变化，并仅参与年终分红；管理人员的收益，直接与当年合作社盈余情况挂钩。合作社优先安排本村村民就业。至2017年底，南堂子村的门票和鲜果采摘收入已经从几年前的10万元快速增长至500万元，合作社的年盈余达到了50万元，带动了本村及周边4000多人就业。

当然，延长农业产业链和拓展农业产业链，是相互融合而不是相互分割的。不少乡村一边积极延长农业产业链，一边大力发展和农业相关的其他产业，通过多样化、跨领域经营实现产业兴旺和农民增收。比如山东平度县杨家顶子村，自2007年在村主任杨某的带领下订单种植大葱起步，截至2017年，该合作社已发展蔬菜种苗繁育及种植基地2000余亩，并发展成为葱苗设施化栽培基地、葱苗及有关农资提供、大葱规模化种植、大葱种植技术指导、大葱统一销售的全产业链综合服务平台。不仅如此，杨家顶子村还注册成立农民合作社，承接政府扶贫项目资金及各类涉农项目。有了现代设施农业，再加上秀美的田园风景、大片水面，目前杨家顶子村已经成为平度县现代农业展示窗口和乡村休闲旅游基地，有多家培训机构和餐饮服务公司入驻园区，成为当地以产业推动乡村振兴的样本。此外，还有不少地方借助自身的优美生态环境，招商引资发展乡村休闲旅游业，比如浙江安吉县鲁家村，已成为全国乡村振兴的一个典范。

三、实现小农户与现代农业发展有机衔接

"实现小农户和现代农业发展有机衔接"是十九大提出的重大战略部署。贯彻落实党中央的要求，加快小农户和现代农业发展对接，需要对中国小农户的特点有清晰的认识。当前，中国小农户有两方面的突出特点。一方面是农户数量多且经营规模小。普通农户之所以被称为小农户，根本原因是其经营很小规模的土地。原农业部数据显示，至2016年底，在全国2.68亿农户中，有2.11亿户经营耕地面积不足10亩（不含未经营耕地的0.19亿农户）。小农户分散生产仍然是中国农业的一个基本特征。世界银行在2008年世界发展报告中将经营土地面积小于2公顷（30亩）的农户界定为小农户。如果按照这一标准，中国小农户的比例高达89.1%。即便21世纪中叶城镇化率达到75%，中国仍有近亿农户户均经营耕地面积仅20余亩，农业经营主体依旧是小农户。

另一方面是农户兼业程度高且分层分化明显。由于土地规模小，加上农业经营效益低，在20世纪末城乡壁垒打破后，农户兼业成为常态。国家统计局数据显示，2017年全国农民工数量为2.86亿人，基本上每个农民家庭都有人外出打工。从职业及收入来源看，小农户也呈现出明显的阶层差异。据原农业部固定观察点对全国31个省355个县2万多农户的监测数据，2016年仅有12.8%的农户的农业收入多于非农收入，比2003年降低21.5个百分点；非农收入占比超过八成的农户比例高达64.0%，比2003年

提高 30.7 个百分点。这意味着，对大部分小农户来讲，农业收入不再重要，农业也不再是其"安身立命之所在"。从小农户的现状出发，一些地方围绕农业转型升级，创新小农户和现代农业发展的衔接机制，把传统小农生产引入了现代农业发展的轨道。

（一）基于收益共享、风险共担原则，加快小农户的横向联合

发展现代农业一般需要较大规模的土地、资金，而这些要素现阶段主要由小农户分散承包经营或占有。对此，一些试验区在推进农村集体产权制度改革、培育新型农业经营主体时，按照收益共享、风险共担的原则，引导小农户们联合起来，组成股份经济合作社或专业合作社，形成紧密的利益共同体。

一是引导小农户以土地、资金入股，组建股份经济合作社。山东枣庄市北池村在政府的帮扶下，成立股份经济合作社，将全村的资源性资产折股量化给全村 401 户 1486 人，并说服成员每人出资 500 元，加上 45.7 万元扶持资金，共投资 120 万元建设了占地 5 亩的农业设施、工业厂房等，设施、厂房出租收益按持股比例进行分配，股东年分红 100 元，实现了农村改革和农户增收的联动。内蒙古阿荣旗猎民村成立了土地股份合作社，将全村 103 户村民的 1.1 万亩土地量化入股，进行连片耕作和统一管理（出租），农户按股分红，既为大型农机具使用和农业规模经营提供了便利，也促进了土地流转并提高了农户的租金收入。

二是支持小农户真正联合、紧密协作，成立农民专业合作社。不少农村改革试验区都把培育农民专业合作社、促进其规范化运行作为加强小农户利益联结、推动现代农业发展的重要举措。安徽宿州市大力支持从事种植、养殖的农户联合起来，通过"集体行动"，提高其在市场中的竞争力。目前该市已培育农民专业合作

社 1 万余家，并加快推进示范社建设，有效改变了农业生产经营"一家一户、单打独斗"的传统局面，初步实现了小农户抱团闯市场。虽然农民专业合作社与外围成员（被带动农户）的利益联结比较松散，但是一些农业经营收入占家庭总收入比重较大的种植、养殖农户，通过向合作社出资、参与合作社管理等方式，与其他核心成员已然形成了紧密的协作关系。

三是实行经营收益二次分红，强化小农户与其他各方的利益联结。四川崇州市有 226 个土地股份合作社，经营全县耕地面积的 61%。其中，大部分土地股份合作社都按照政府的指导意见，在盈余分配时采取"保底收益+二次分红"的方式，如崇州市集贤乡涌泉土地股份合作社除了每年向入社农户支付 720 元/亩的保底租金外，还把合作社盈余的 30% 分红按入社土地比例分给农户。江苏常州市武进区跃进村 5 个村民小组将 1300 多亩土地经营权入股到村里的花木种植专业合作社，农户以土地入股每年可以获得 1500 元/亩的保底收益，并可以根据合作社盈利情况获得二次分红，2016 年每亩地的二次分红达 300 元。

（二）基于风险—收益相匹配原则，促进各类经营主体与小农户纵向合作

在推进农村改革过程中，为调动各种资源要素的积极性、降低生产的监督管理成本，各试验区基于市场经济中风险和收益相匹配的原则，积极创新农业生产经营的组织形式，形成了超额奖励、统种分管、农业共营等制度安排，有效加强了小农户和其他经营主体的利益联结。

一是通过"超额奖励制"，构建对劳动、资本均有效的激励机制，调动劳动和资本两个方面的积极性。四川内江市市中区洪家寺村拥有技术、资金和销售渠道的 6 位村民联合出资 200 万元，

注册成立的"蓬瑞种植合作社"，在村集体支持下，带动168户农民将329亩土地连同地上的柑橘树入股到该合作社，由合作社统一经营管理。农户每年向合作社缴纳200元/亩的柑橘树管理费，合作社盈余按7∶2∶1的比例在土地和柑橘树入股农户、出资股东和村集体之间分配。农户农闲时在合作社务工，并可以从合作社承包一块土地在柑橘树下套种生姜。承包农户每年向合作社交3500斤生姜，超产的生姜由合作社以市价收购并将盈余的70%分配给承包农户。同时，合作社还向承包土地种姜的农户支付1050元/亩的人工费，并免费提供翻土、农资、技术等服务，一举实现农业规模经营、集体经济壮大和农户勤劳致富。

二是通过"统种分管制"，发挥农户的劳动力优势和农业企业的加工销售优势，各得其所、美美与共。宁夏平罗县目前已有7家新型主体在7300多亩耕地实行了"统种分管"模式。以2016年率先开展"统种分管"的平罗宁禾谷米业公司为例，其具体做法如下：首先，公司要求有关农户按照协议在某一地块种植指定的水稻品种，并以低于市价10%左右的价格为农户统一采购农资、购买农机服务；其次，农户承担自家承包地上水稻种植过程中需要人工较多的环节，如田间水管理、病虫害防治等；最后，公司以高于市场价8%的价格收购该地块达到特定标准的稻谷，并按耕地面积扣除生产环节为农户垫付的农资、农机作业费用。如此一来，企业有了稳定的生产基地，农户降低了水稻种植的成本和辛苦程度，而且优质农产品不愁销路。各方都能够发挥自己的优势，且付出能够得到回报，合作的积极性大幅提高。

三是通过"农业共营制"，把抱团经营带来的增量收益，在小农户、专业大户、农业企业等主体之间合理分配。四川崇州市白头镇610户农户以1740亩承包地经营权（成立土地股份合作社）作为优先股，四川润地远大生态农业公司以技术、生产投入（每亩地每年约 1200 元）占股 60%，联合组建新的农业公司。公司经营纯收入在向农户支付每年 500 斤/亩稻谷折价（约 650 元/亩）的土地优先股收益后，剩余部分按 2∶8 的比例在土地股份合作社和润地远大生态农业公司中二次分红。土地股份合作社收到的二次分红，再按照 2∶3∶5 的比例，提取公积金、发放给土地入社农户和给予合作社职业经理人（专业大户）奖励。

（三）基于互惠互利、共生共融理念，推动各类服务主体与小农户紧密协作

为加快现代农业发展，让技术、资金、市场信息等更有效地流向农业农村，农村改革试验区注重发挥各类组织的中介桥梁作用，积极引导各种经营性或公益性服务主体创新"为农服务"方式，改善小农业与农业社会化服务主体之间的利益关联，形成现代农业发展的合力。

一是推动组织模式创新，强化盈利性服务主体与小农户的利益联结。山东枣庄市借助农业生产托管，既实现了区域农业的规模化、集约化经营，又兼顾了盈利性服务主体与小农户双方的收益。其主要做法是：外出务工但不愿把土地流转出去的小农户，将农作物的耕、种、管、收中的一个或几个环节交给专门的服务主体并支付服务费用，得到约定的产量后，再与该服务主体分享超产部分的收益。山西朔州市通过"套餐式、增益型"农业生产托管和粮食银行，把分散经营的小农户和农资供应、农机服务、粮食销售加工企业等产业链上下游市场主体整合起来，一方面可以借助供货渠道优势降低 10%—20% 的农业生产成本；另一方面种植优质品种、减少粮食流通环节，可以让小农户粮食销售价格比市场价格高 1—5 分钱。借助"降本"和"提价"，保障了包括小农户在内的产业链上下游各类主体的农业经营收益。安徽宿州

市在金融机构和投资企业的支持下，采取土地信托的方式，对农户承包的土地进行整治并调整种植结构。小农户将土地流转给信托项目后，可以获得"不少于1000斤小麦折价的固定地租+70%土地增值收益中的相应比例（由农户参与信托的土地面积决定）"，并可以优先在项目中务工。如此，增加了土地价值、农业效益和农民收益，有效强化了小农户和农业企业的利益联结。

二是借助农民专业合作社、土地股份合作社等农民合作组织，加强公益性服务主体对小农户的支持。黑龙江克山县开展了农业科技推广的"一带三"工程，即全县农技农艺人员每人联系3个合作社、每个合作社联系300个示范户、每个示范户联系3个普通户。借助"科技包保"（农技农艺人员将作物产量提高一定比例，便可以获得奖励，否则要补偿合作社和农户）的方式，以点带面普及推广农业适用新技术，确保主栽作物、主推技术入户率和到位率达到95%以上，力保小农户依靠现代科技实现丰产增收。四川崇州市建立了农业培训导师制度，对全市土地股份合作社的职业经理人开展一对一指导，再由职业经理人对在合作社务工的普通农户进行示范指导，让普通农户在"干中学、学中干"，提高其现代农业的生产技能。同时，还由政府、供销社和农业企业联合出资，按片区建成了10个"农业服务超市"，为小农户提供农资、农机等服务，并免费为全市的土地股份合作社、农业职业经理人（专业大户）和普通小农户提供农业技术咨询服务。四川成都市针对一些规模经营主体中途毁约"跑路"的情况，设计出政府、保险公司、规模经营主体（承租方）和小农户四方参与、土地流转双方自愿购买的"农村土地流转履约保证保险"。保费按土地流转交易额的3%缴纳，政府补贴50%，规模经营主体和出租农户分别承担40%和10%。一旦规模经营主体中途违约，保险公司将向农户支付相应的赔偿，避免小农户遭受土地租金损失。

四、发展农业农村服务业

一边是市场化浪潮从工业渗透到农业、从城镇蔓延到乡村，市场所倡导的专业分工理念为社会各界广泛接受；另一边是集体经济组织日益涣散、职能弱化，农民组织化程度依然很低，而且大量农民外出务工，农业副业化、老龄化和农村空心化严重。时代的变化，让小农户的生产生活正在经历重要转型。谁来为大量兼业的小农户提供生产生活服务，成为一个亟待解决的问题。大力发展农业农村服务业，以服务的专业化解决小农户一家一户干不了、干不好、干起来不划算的事，推动农业农村的现代化和乡村振兴，成为很多地方的选择。

（一）农业生产性服务业

国际经验表明，农业的根本出路在于发展农业生产性服务业，发展农业生产性服务业是解决农业劳动力非农化、老龄化的重要手段，也是推进农业现代化的重要抓手。农业生产性服务业也称农业服务业、面向农业的生产性服务业，作为现代农业产业体系的重要组成部分，其主要通过提供农业生产性服务为农业提供中间投入，为科技、信息、资金、人才等有效植入农业产业链提供途径，为提高农业作业效率和农业产业链的协调性、促进农产品供求衔接、提升农业价值提供支撑。

发展农业生产性服务业是加快农业发展方式转变的重要途径。因此，2014年印发的《国务院关于加快发展生产性服务业促进产业结构调整升级的指导意见》明确要求："搭建各类农业生产服务平台，加强政策法律咨询、市场信息、病虫害防治、测土配方施肥、种养过程监控等服务。健全农业生产资料配送网络，鼓励开展农机跨区作业、承包作业、机具租赁和维修服务。"2009—2018年的中央一号文件，多次强调要从财政（补贴）、金融等多方面扶持农民合作社发展，支持农业机械的应用和新型农业服务主体开展代耕代种、联耕联种、土地托管等专业化规模化服务。2017年8月，农业部、国家发展改革委员会、财政部联合印发了《关于加快发展农业生产性服务业的指导意见》，是中国第一个定位支持农业生产性服务业发展的专门文件。

实践的需要和国家的重视，让农业生产性服务业取得了快速发展。以专门从事农业生产服务的农机合作社为例，从2007年的不足0.5万个，增长到2017年底的7万个，其为小农户提供现代化农机作业服务的能力大大增强，已经成为农业专业化、社会化服务的主力军，农业适度规模经营的推进器，在实现小农户与现代农业发展有机衔接中起到不可替代的作用。来自农业部的资料表明，一方面，农机合作社的服务领域与服务能力不断拓展，农机作业服务从耕、种、收为主，向专业化植保、秸秆处理、产地烘干等农业生产全过程延伸，一些有较强实力的农机合作社升级为综合农事服务中心，为周边农户提供机具维修、农资统购、培训咨询、销售对接等"一站式"综合农事服务；另一方面，农机合作社通过土地入股、土地托管、承包经营、联耕联种等方式，推进机械化与多种形式的适度规模经营融合，经营规模与经营效益显著增加，对农民的带动能力明显增强。

在农业机械化的带动下，农业生产托管作为农业生产性服务的一个核心领域，近年来实现了快速发展。农业生产托管，在一些地方也被称为"土地托管"，是指服务主体通过提供全方位、高标准的农业生产服务，让农户在保有承包经营权的前提下，把耕、种、管、收等环节的农田作业交由其统一管理的一种服务带动型农业规模化经营方式。与土地集中型规模经营相比，服务带动型规模经营有三个突出优点：一是经营者（服务提供方）不需支付土地租金，反而可以向农户收取作业服务费；二是规模经营的自然风险和市场风险仍然由众多小农户分散承担，可以避免农业风险过度集中，规模经营的稳定性得到提升；三是农户仍然保有承包经营权，迎合了部分农民的"恋土情结"，同时能够保留农村土地的"劳动力蓄水池"作用，避免产生因经济波动而形成失地、失业的流民。据农业部经管司统计，2016年，全国活跃着22.7万个农业生产托管组织，其中农村集体经济组织6.1万个、农民合作社9.5万个、农业企业2.0万个。农业生产托管服务的土地面积达2.3亿亩，接受服务的农户数量达3655.8万户，农业生产托管率达12.2%。除开展经营性生产服务以外，不少农机合作社还积极承担农村扶贫、绿色生产技术示范推广等公益性服务，为困难农户提供优先、优惠、免费等"两优一免"农机作业服务，部分合作社主动吸收贫困户参股入社，带动村民共同脱贫致富。

无论是农产品销售还是农资采购，小农户分散经营都难以和社会化大市场对接。为了让小农户专心生产，专门负责农产品入市和农资下乡的农村经纪人应运而生。据工商部门统计，目前大概有几百万名农村经纪人，分布在农、林、牧、渔、运、批、销等行业，在小农户的农产品销售和农资采购中发挥着重要作用。按照农业部《农村实用人才和农业科技人才队伍建设中长期规划（2010—2020年）》，计划用10年时间培训3万名农村经纪人，打造一支农村经纪人骨干队伍。除了供应农资、销售农产品外，近几年，一些地方出现了专门协调小农户和规模经营主体土地流转事务的农村土地流转服务平台（中心）和土地流转经纪人。目前，全国有几万个土地流转服务平台（中心）和近10万名土地流转经纪人。这些平台（中心）和经纪人的存在，一定程度上解决了农民与租田大户之间的信任问题，降低了土地连片流转的难度，提高了土地流转契约的稳定性，激活了农村土地的跨区域流转。

此外，在农业生产的科技保障方面，农技推广队伍、科技特派员、农业专家大院等都发挥着重要作用，此处不再一一赘述。而且随着规模化养殖、种植农户增多，农村还出现了抓鸭队、植保队、茶叶棉花采摘队等专业化的农业服务组织，也促进了现代农业发展和产业兴旺。

（二）农村生活性服务业

随着农民收入水平的提高和农村人口日益老龄化，包括农村休闲养老、农村婚丧嫁娶、农村快递等在内的针对农村居民的农村生活性服务业日益繁荣。比如，宁夏平罗县结合农村承包地、宅基地和房屋有偿退出和改革，在村里建起了养老院，搞起了养老产业。老年农民可以凭借土地退出补偿、土地流转收益等支付养老费用，入住农村养老院。目前，平罗县灵沙乡胜利村的养老院已经入住74人。这一做法不仅缓解了小农户的后顾之忧，增强了老年农民的获得感，还活跃了村庄经济发展。山东东平县也在推行集体资源资产股份合作制的同时，利用集体资源资产出租、入股收益和政府扶贫专项资金，通过年轻的帮年老的这种"互助养老"模式，在农村发展养老产业。在很多地方，农村的婚丧嫁娶已经交由专门的红白喜事服务队来完成，农户只需要按标准付费，摆酒席、出殡等事务都不需要花费心思。在浙江、安徽、河南等地，还出现了专门用于供放骨灰的安息堂，在缴纳一定费用后，亲属骨灰可以长期存放其中。

农产品进城和工业品下乡是乡村产业兴旺的内在要求。目前，一些电商正在积极建设县、乡、村三级线下运营体系。例如，阿里巴巴集团2014年提出"农村淘宝计划"，打算以电商平台为基础，带动工业品下乡和农产品进城，并提出"千县万村"计划，要在 3—5 年内投资 100 亿元，建立 1000 个县级运营中心和 10 万个村级服务站。至 2015 年底，已建成县级服务中心 202 个、村级服务站 9278 个。此外，京东、苏宁、汇通达等企业也在积极布局农村电商产业。以汇通达为例，目前已经覆盖全国 18 个省份、1.5 万多个乡镇，累计发展并服务 8 万多家乡镇夫妻店（汇通达会员店），服务网络覆盖至 6700 万户农民家庭，涉及 2 亿农村人口。

在一些山清水秀、自然风光秀美的农村，还出现了一些针对城镇居民的休闲旅游产业形态。比如，河南济源市花石村在 2015 年 8 月完成集体资产股份改革后，利用村庄生态环境好、交通便利的特点，采取"村干部带头、村民自愿入股、收益按股分红"的方式筹资 220 万元（其中村干部占 60%，其他每户可以投资 1 万—3 万元，最终 38 户农户入股），组建了股份经济合作社，合作社租赁村里的土地，投资建设了"南山森林公园滑雪场"。由于地理区位好、生态环境优美且选择的项目合适，2015 年单月的经营收入最高达 115 万元。2016 年 4 月合作社决定筹建"水上乐园"，看到滑雪场项目赚钱的村民纷纷要求入股，最终全村有 97 户农户成为第二个项目的股东。冬季滑雪、夏季玩水，合作社旺季的日均营业收入超过 2 万元，入股万元分红超过 1000 元。

五、聚焦：问题·思考·对策

总体来看，中国到了优先乡村发展的新阶段，很多地方已经形成了较好的产业基础。但是在以产业兴旺促进乡村振兴的过程中，有以下三个方面的问题需要重点关注。

一是谁来推动乡村的产业兴旺,如何实现?

与城镇的快速发展相比,农业农村的衰败,很大程度上是由于乡村资源要素连续几十年单方向流入城镇所导致的。农村最优秀的人才,以升学、招工和外出务工经商等方式流向了城镇,农村土地、资金等也通过各种渠道从农村流失。不改变资源要素从乡到城的单向流动,仅依靠小农户自身实现产业兴旺和乡村振兴,在资金、人才上都存在严重不足。因此,2018年中央一号文件提出:"研究制定管理办法,允许符合要求的公职人员回乡任职。吸引更多人才投身现代农业,培养造就新农民。加快制定鼓励引导工商资本参与乡村振兴的指导意见。"落实中央精神,推动乡村产业兴旺,需要加快城镇人才、资金回流,具体来看,主要可以从以下两个方面着手。

一方面,探索集体成员身份多样化,消除人才回流乡村、发展合适产业的制度壁垒。可以在农村集体资源资产股份制改革的基础上,从农村社区的封闭性将会逐渐打破的大趋势出发,按照"政经分离"的思路,将农村社区居民分为有集体土地股份的成员和无集体土地股份的成员,打通城乡户籍壁垒,为更多人才投身现代农业、带动小农户发展提供制度安排。可以借鉴山东东平县等地的做法,将成员分为"土地股成员"和"户口股成员",二者具有不同的经济权利。户口股成员在满足一定条件后,可以通过受让、赠予、继承等方式获得集体土地股,从而获得土地股成员的经济权利。

另一方面,引导工商资本到乡村发展合适的产业,强化其与小农户的利益联接。工商资本尤其是农业企业,一头对接市场,一头直接带动小农户或通过合作社等中介组织联结小农户,是帮助小农户对接大市场、引领小农户发展现代农业的重要力量。可以总结借鉴一些试验区和试点的做法,在符合政策的条件下,鼓励引导工商资本和相关企业以设备、资金、技术等入股，小农户和村集体以土地资源等入股，在保证小农户基本收益的前提下，联合成立股份公司，发展现代化的种养殖、乡村生态观光旅游等。

当然，考虑到农业具有很强的正外部性，政府在乡村振兴和有关产业发展中给予政策和资金扶持，是非常必要和重要的。

二是为什么小农户难以在产业兴旺中获得更多收益，如何改善？

小农户之所以难以在产业兴旺中获得更多收益，是由市场经济的基本逻辑决定的。乡村的产业兴旺需要整合各种资源要素，不仅需要土地、劳动力，还需要资金、技术、市场以及企业家支持。各种资源要素必须获得合理报酬，才会愿意到乡村发展产业。然而在乡村，土地和劳动力资源相对丰富，资金、技术、市场和企业家却十分稀缺，导致小农户的可替代性强、市场谈判能力弱，在与资本和企业家合作时，难以保证自己的利益。这是由市场势力所决定的。在农村发展的各种产业一般都涉农，与工业、服务业相比，具有风险高、盈利低、投资回报期长等劣势。因此，拥有资金、技术和企业家才能的人，去乡村发展产业受到的激励较弱。即使去了，按照市场经济的逻辑，也必须要求获得相应的回报。相关主体之所以愿意与小农户形成紧密的利益联结，皆是由于可以从中获得更高的收益。否则在"零和博弈"困境下，新型农业经营主体和服务主体会尽量压低小农户的收益，以保证自身利益不受损。但是相关产业的利润是既定的，资本和企业家又会追逐尽可能多的收益，小农户的市场势力和谈判能力都比较弱，其利益当然难以保证。

而且应当认识到，农业的利润较低，导致不少农业经营主体和服务主体自身也面临生存压力。只有在与小农户联合与合作中可以获得更多收益——这种收益可以来自成本降低、售价提高或种植结构升级，各类经营主体和服务主体才有动力与小农户形成紧密的利益联结。宁夏平罗县的"统种分管"和山西朔州市的"套餐式、增益型"农业生产托管，是降低生产成本、提高产品售价的典型；安徽宿州市的土地信托则是通过放弃收益较低的粮食作物，改种蔬菜，获得了足够多的收益才引发其他各方与小农户形成紧密的合作关系。为了在发展产业和资本、企业家获利的同时，保障小农户的利益，一方面需要加强小农户的组织化程度。不难想象，以几百人的合作社的名义与企业主谈判，显然比单个农户去找企业主更为有利。另一方面，对于扶持农业发展的各级财政资金，在支持乡村产业发展时，要求其直接带动一定数量的小农户尤其是贫困农户。

三是当前乡村的产业兴旺存在哪些挑战和障碍，如何应对和消除？

农业是弱质产业，农民是弱势群体。乡村产业振兴，不仅要发挥政府"有形之手"和市场"无形之手"对资源要素的引导作用，还必须立足于当前农业农村的实际，结合农民的需求，分层考虑、分类推进。具体来看，要想实现乡村的产业兴旺，需要面对以下问题和挑战。

首先，避免无序的、撒胡椒面式的产业下乡和乡村振兴。显然，乡村振兴不是所有乡村同步振兴，产业兴旺也不是所有乡村都达到同样的产业水平。现代农业产业发展路径可能是土地规模型、资本密集型或劳动力密集型。这是由各地资源禀赋、产业类型和发展阶段等客观条件所决定的。在一些山区从事果蔬种植一般需要较多的劳动力，而在东北等地规模化的粮食生产主要表现为大型农机具对传统农村劳动力的替代。乡村振兴需要统筹考虑各地的区情民意，根据不同类型发展村庄的资源优势、产业基础、发展潜力等，分层考虑、分类推进，合理编制乡村振兴及产业发展规划。

其次，认清异质性小农户的差别化产业发展需求。当前，农户已经严重分层分化，相当多的外出务工经商的小农户把土地流转出去，不再从事农业生产，也不在意农业产出。而且有不少小农户已经在城镇定居，只有老人留守在农村。这部分人不太在意乡村产业发展。真正期待农村产业兴旺的，主要是兼业程度不深、非农就业不稳定不充分因而家庭有劳动力闲置的农户，以及有意愿、有能力长期在农村从事农业的农户。这部分人需要乡村的产业兴旺给自己带来更多的就业机会或者更好的市场环境，从而挣得更多的收入。因此，在发展产业时，应当优先考虑能够给小农户带来更多就业机会、能够引导小农户直接发展现代化种养殖的那些产业。

最后，消除工商资本下乡和产业发展的体制机制和政策障碍。从认识方面上讲，目前，很多人对工商资本下乡持有敌意，认为是去抢农民的资源，实际上农业是个很难赚钱的产业——全国有超过40%的农村人口，第一产业的增加值只有不足8%，而且农业经营市场风险和自然风险都比较高、投资回报周期长，想在农业上赚钱是很不容易的。而且，没有工商资本，单纯依靠来自农业部门的积累，很难实现产业兴旺、乡村振兴。从政策方面上讲，目前对于人才下乡、乡村产业用地仍然存在不少政策限制，比如农村户籍制度限制城镇人口流向农村、农村宅基地和承包地难以市场化处置、农村资源资产股份难以交易等。这些政策不仅限制了人才和资金下乡，还束缚了农户以各种资源资产发展现代化产业的能力。从体制机制方面上讲，当前农村事务管理和工作推进条块分割，政出多门，彼此之间的协调性不强，难以形成改革合力，而且存在相互推诿的现象。

总之，为了加快乡村的产业振兴，在基层方面需要加快制定乡村振兴规划，并在此基础上积极出台优惠政策，加强有关部门协作，引导工商资本去乡村发展现代化种养殖和生态旅游等产业；在顶层设计方面需要加快出台相应政策，提高农村资源资产的市场流动性，提升农户对接现代产业发展的能力，让农民分享更多产业兴旺、乡村振兴的成果。

第三章 生态宜居：乡村振兴的关键

执笔人：张 琛

乡村振兴战略总要求中"生态宜居"的实现，能够让城里人"愿意来、留得下、过得好"，让美丽乡村"看得见青山绿水、记得住乡愁"。实现生态宜居，是对习近平总书记提出"绿水青山就是金山银山"关系重要论断的现实部署，充分体现出以人为本，全面、协调、可持续的发展理念，最终实现人与自然和谐相处的目标。

美丽中国的建设离不开美丽乡村，美丽乡村建设是乡村振兴的发展目标。建设美丽乡村，实现生态宜居，一方面是适应中国农业农村发展过程中由增产导向转向提质导向的新要求，另一方面也是解决人民日益增长的美好生活需要和不平衡不充分的发展之间的矛盾的重要举措。乡村振兴战略总要求中"生态宜居"的实现，能够让城里人"愿意来、留得下、过得好"，让美丽乡村"看得见青山绿水、记得住乡愁"。实现生态宜居，是对习近平总书记提出"绿水青山就是金山银山"关系重要论断的现实部署，充分体现出以人为本，全面、协调、可持续的发展理念，最终实现人与自然和谐相处的目标。2015年，中共中央、国务院颁布出台《关于加快推进生态文明建设的意见》，系统地勾勒出生态文明建设的宏伟蓝图，生态宜居的实现正是大力推进生态文明建设的表现形式。生态宜居是乡村振兴的关键。那么，如何实现生态宜居呢？生态宜居的抓手包括哪些方面呢？具体来说，包括以下五个方面：一是树立自然资本理念实现绿色发展，二是统筹山水林田湖草系统治理，三是农村突出环境问题综合治理，四是生态补偿和生态产品供给，五是加快美丽乡村建设。

一、自然资本和绿色发展

推进农业绿色发展是实现农业可持续发展的必然选择，是中国特色新型农业现代化道路的内在要求。按照党中央、国务院关于推行农业绿色发展的决策部署，深入推进农业供给侧结构性改革，牢固树立自然资本的理念，实现农业的绿色发展。

（一）绿色发展的内涵及基本状况

随着生态环境的日趋恶化，解决粗放式农业发展所带来的弊病，实现农业绿色发展受到了政策和学术层面上的广泛关注。十八大以来，中国在政策层面出台的一系列报告均对农业绿色发展提出了要求。如2012年，十八大报告中指出："坚持节约资源和保护环境的基本国策，坚持节约优先、保护优先、自然恢复为主的方针，着力推进绿色发展、循环发展、低碳发展，形成节约资源和保护环境的空间格局、产业结构、生产方式、生活方式。"这是中国在政策层面上首次提出"绿色发展"这一重大内涵。中国共产党第十八届中央委员会第五次全体会议（简称"十八届五中全会"）通过《中共中央关于制定国民经济和社会发展第十三个五年规划的建议》，史无前例地将"绿色"与"创新、协调、开放、共享"一起定位为新时期的发展理念，绿色发展正式成为新时期发展理念。农业作为国民经济的基础产业，响应绿色发展理念，实现农业绿色发展，亟须在政策层面得到肯定与共识。2016年中央一号文件提出，推动农业可持续发展，必须确立发展绿色农业就是保护生态的观念，加快形成资源利用高效、生态系统稳定、产地环境良好、产品质量安全的农业发展新格局。2017年中央一号文件进一步指出，要推行绿色生产方式，增强农业可持续发展能力。2018年中央一号文件明确要求，要牢固树立和践行"绿水青山就是金山银山"理念，落实节约优先、保护优先、自然恢复为主的方针，以绿色发展引领乡村振兴。

早在1798年，英国经济学家马尔萨斯在其著作《人口原理》[①]中就提出"资源绝对稀缺论"，认为未来人类社会的主要矛盾是人口、土地和粮食之间的矛盾，这说明实现人与自然和谐相处是人类社会健康发展的重要问题。1972年，罗马俱乐部在其发表的《增长的极限——罗马俱乐部关于人类困境的报告》[②] 一文中，首次提出"持续增长"和"均衡发展"的口号，认为盲目的经济快速增长，将导致人类达到危机水平。1989年，英国的大卫·皮尔斯等在《绿色经济的蓝图》[③] 一书中提出"绿色经济"的概念，主张建立一种"可承受的经济"，并提出将有害环境和耗竭资源的活动代价纳入国家经济平衡表，认为经济发展应该充分考虑自然生态环境的承受能力。2007年，联合国环境规划署（UNEP）首次将"绿色经济"定义为"重视人与自然、能创造体面高薪工作的经济"。绿色经济框架下的绿色发展已经得到学术界越来越多学者的认同。所谓农业绿色发展，是指在生态环境容量和农业资源承载能力的约束下，实现农业可持续发展的新型农业发展模式。具体来说，实现农业的绿色发展，即遵循"科学、安全、高效、和谐"的农业发展理念，倡导资源节约型、环境友好型社会建设，追求农业清洁生产，合理使用化学物质，走现代化农业的发展道路。

---

① 参见马尔萨斯：《人口原理》，商务印书馆1992年版。
② 参见德内拉·梅多斯、乔根·兰德斯、丹尼斯·梅多斯：《增长的极限——罗马俱乐部关于人类困境的报告》，四川人民出版社1983年版。
③ 参见大卫·皮尔斯等：《绿色经济的蓝图》，北京师范大学出版社1996年版。

绿色是农业的本色，绿色发展是新形势下的发展理念，实现农业绿色发展是农业供给侧结构性改革的基本要求。现代化农业的真谛就是用现代科学技术让农业返璞归真，回归本色，逐步偿还工业发展对农业造成的环境欠债。

十八大以来，中国绿色发展也取得了显著成效。一方面，生态环境保护稳步推进。一是生态文明建设已上升到国家战略，习近平总书记曾强调："像保护眼睛一样保护生态环境，像对待生命一样对待生态环境。"二是生态环境得到逐步改善，大江大河干流水质明显改善。截至2015年，首批开展监测的74个城市细颗粒物年均浓度比2013年下降23.6%，全国森林覆盖率提高至21.66%，森林蓄积量达到151.4亿立方米。三是生态保护建设成效突出。天然林资源保护、退耕还林还草、防护林体系建设、河湖与湿地保护修复、防沙治沙、水土保持、野生动植物保护及自然保护区建设等一批重大生态保护与修复工程稳步实施。重点国有林区天然林全部停止商业性采伐。全国受保护的湿地面积增加525.94万公顷，自然湿地保护率提高至46.8%。另一方面，政策体系日臻完善。党和政府出台了一系列关于农业绿色发展的政策文件，如十八大报告、十八届五中全会公报以及2016—2017年出台的中央一号文件，均对农业绿色发展有所提及。国务院印发了"十三五"生态环境保护规划的通知，原农业部发布了《到2020年化肥使用量零增长行动方案》和《到2020年农药使用量零增长行动方案》的通知及《全国农业可持续发展规划（2015—2030）》《全国种植业结构调整规划（2016—2020）》等政策文件。

（二）树立自然资本理念实现绿色发展

当前中国农业生产中仍存在诸多现实问题，亟须通过绿色发展转变生产模式。一是当前中国农业生产过程中，化肥、农药和农膜投入量呈现出快速上升的趋势。改革开放以来,中国化肥用量由1978年的884万吨增加到2015年的6022.6万吨,化肥过量施用、盲目施用等问题日益突出,带来了农业生产成本的增加和环境的污染。亟须改进施肥方式,提高肥料利用率,减少不合理投入,保障粮食等主要农产品有效供给,促进农业可持续发展。同时,中国农药用量由1991年的76.5万吨增加到2015年的178.30万吨,农膜由1991年的64.2万吨增加到2015年的260.36万吨,农药和农膜污染问题也十分严重。二是农业面源污染日益加重。农业面源污染主要来自农业生产中广泛使用的化肥、农药、农膜等工业产品及农作物秸秆、畜禽尿粪、农村生活污水和生活垃圾等农业或农村废弃物。工业产品投入量快速上升,水体污染以及秸秆焚烧问题仍十分严重。耕地质量退化、华北地下水超采、南方地表水富营养化等问题突出,对农业生产的"硬约束"加剧。

那么,如何解决农业绿色发展的问题?十八届五中全会公报指出:"破解发展难题,厚植发展优势,必须牢固树立并切实贯彻创新、协调、绿色、开放、共享的发展理念。"农业绿色发展,需要树立自然资本的理念。所谓自然资本,既包括人类所利用的资源,如水资源、矿物、木材等,还包括森林、草原、沼泽等生态系统及生物多样性。自然资本的思想涵盖可持续发展和生态学,其目标是系统地实现人口、资源、环境与经济发展相统一。有关自然资本与农业绿色发展,首先需要认清以下两个关系。

一是自然资本是有价值的,是可以增值的。资本本身具有价值增值的属性,自然资本也不例外。充分发挥自然资本的价值,转变以往一味索取、掠夺的利用模式,将自然环境作为农业绿色发展"摇钱树"。实现了绿水青山,便可以源源不断地带来"金山银山"。因此,在农业发展中需要树立自然资本的价值增值观念。

二是自然资本不具有较高的可替代性。自然资本由生态系统的功能和生态系统的服务两个部分组成。在农业发展过程中，自然资本的损失意味着生态系统的部分功能丧失或是生态系统的部分服务功能丧失，难以用其他资本替代。因此，在农业发展中需要树立保护自然资本的观念。

生态宜居的实现，离不开农业绿色发展；农业绿色发展的实现，离不开自然资本的支撑。充分发挥自然资本的功能和服务特性，牢固树立自然资本理念，依托农业绿色发展实现生态宜居，助推乡村振兴战略。

二、统筹山水林田湖草系统治理

十九大报告首次提出"统筹山水林田湖草系统治理"这一理念，具体为"统筹山水林田湖草系统治理，实行最严格的生态环境保护制度"。这一理念的提出具有重大的理论意义和实践意义。此外，习近平总书记多次强调："山水林田湖草是一个生命共同体。生态是统一的自然系统，是各种自然要素相互依存而实现循环的自然链条。人的命脉在田，田的命脉在水，水的命脉在山，山的命脉在土，土的命脉在树和草。要按照自然生态的整体性、系统性及其内在规律，统筹考虑自然生态各要素以及山上山下、地上地下、陆地海洋、流域上下游，进行系统保护、宏观管控、综合治理，增强生态系统循环能力，维护生态平衡。"由此可以得出，山、水、林、田、湖、草等自然资源是一个生命共同体，亟须统筹安排、统一治理，充分发挥生态系统的功能，保证生态平衡。

理论层面上，"统筹山水林田湖草系统治理"具有以下三个方面的意义。

一是"统筹山水林田湖草系统治理"是习近平生态文明思想的重要体现，是顺应历史发展的理论创新。在历史发展进程中，自改革开放以来，中国经济水平得到了快速发展，但也伴随着自然环境的不断恶化，各种自然资源均出现了不同程度的问题。实现山、水、林、田、湖、草等自然资源统筹治理，顺应历史的发展需要。

二是"统筹山水林田湖草系统治理"是生态学思想的重要结晶。"人的命脉在田，田的命脉在水，水的命脉在山，山的命脉在土，土的命脉在树和草"的论述，是生态学思想的结晶。生态学是研究生物与环境相互关系、作用机理及其发展变化规律的一门学科，研究对象是生态系统。山、水、林、田、湖、草等自然资源是生态系统的组成单元。生态系统中的各组成单元之间相互联系、相互影响、相互促进，又相互制约。生态系统中各组成单元的情况，决定了生态系统的最终功能。山、水、林、田、湖、草等自然资源的统筹，能够充分发挥各种自然资源的优势，实现优势互补。

三是"统筹山水林田湖草系统治理"是马克思主义生态自然观的理论创新。马克思主义生态自然观是马克思主义自然观的丰富与发展，本质是以现代生态学为基础的系统理论，其强调的是人与自然的协调发展。[1] 从内容上讲，马克思主义生态自然观就是要运用马克思主义的立场、观点和方法，研究和解决中国生态环境的实际问题，丰富和发展马克思主义的理论宝库；从形式上讲，马克思主义生态自然观就是要运用符合时代特征和人民群众的民族语言阐述马克思主义有关生态环境的理论。"统筹山水林田湖草

---

[1] 赵建军：《"绿水青山就是金山银山"的哲学意蕴与时代价值》，《自然辩证法研究》2015 第 12 期。

系统治理"阐述了习近平总书记"山水林田湖草是一个生命共同体"思想，体现了马克思主义实事求是的基本原则。

山、水、林、田、湖、草，每种资源都是组成生态环境不可或缺的部分，是相互交织、相互影响的，并最终作用于生态系统之中。实践层面上，"统筹山水林田湖草系统治理"是解决当前山、水、林、田、湖、草等自然资源生态问题的重要抓手。当前，山、水、林、田、湖、草等自然资源均存在着不同程度的生态问题，亟须通过"统筹山水林田湖草系统治理"解决现存的重大难题。具体来说：

山地植被覆盖率的下降，造成了土壤荒漠化、土地沙化程度的加剧，甚至引发山体滑坡、山泥倾泻、沙尘暴等自然灾害。国家林业局公布的数据显示，2017年中国的荒漠化土地面积超过260万平方公里，沙化土地超过170万平方公里，还有31万平方公里的土地有明显沙化趋势，一些地区的居民被迫离开家园。提高山地植被覆盖率对于保养水土、涵养水源，减少山体滑坡等自然灾害具有重要的现实意义。

水资源作为生命之源、生态之基，保护好水质、防治水污染显得尤为重要。然而，近年来中国水源污染不容乐观，一些地方出现了严重的水污染状况。如河南驻马店、江苏南京、安徽池州等地出现了多起水污染事件，嘉陵江更是于2017年出现了重大水污染事件，不仅破坏了地区生物多样性和生态系统，也对农业农村生产生活产生了严重影响。此外，当前水污染问题十分尖锐，国内七大水系都已经受到不同程度的污染。环境保护部发表的《2016中国环境状况公报》显示，黄河、松花江、淮河和辽河流域的水质处于轻度污染状况，海河流域污染程度最高。治理水源，迫在眉睫。

森林覆盖率的提升对于生态系统恢复起到关键作用。伴随着社会经济的快速发展，森林资源出现了供不应求的情况。中国缺林少绿、生态资源总量不足、生态系统脆弱，导致生态问题突出、生态产品短缺，林业生态既无法满足人民对美好生活的需要，也制约着经济社会可持续发展。森林覆盖率目前只达到21.66%，仍远低于全球的平均水平[1]，森林资源的矛盾仍未从根本上得到解决，林业发展还面临着巨大的挑战。

草地作为中国陆地面积最大的绿色生态系统，是牧区人民群众最为重要的生产生活资料。但当前中国草地资源管理利用水平低下，在利用方式、承载力水平、管理方式等方面距国际先进水平还存在较大差距。具体来说，中国目前草原畜牧业模式仍趋于传统，经济和生态效益都不高，单位草原面积的畜产品产出率也只达到了世界平均水平的三分之一。[2] 此外，草原生态总体仍呈现出恶化的态势，中度和重度退化面积仍占三分之一以上，草原生态十分薄弱。受全球气候变化异常的影响，草原地区极端灾害增多，病虫害发生比率日趋增强，草原地区灾害防控任务艰巨。草地生态问题仍十分严峻，亟须通过综合治理予以有效解决。

农田作为农业生产最重要的基础性资源，为保障国家粮食安全发挥了重要作用。《全国土地利用总体规划纲要（2006—2020年）调整方案》中明确要求，需要坚守18亿亩耕地红线不动摇，保证耕地面积数量不减少、质量达标不下降。但中国农田质量低下，土壤板结、土地肥力以及有机质水平较低，与欧美发达国家水平相比仍存在很大差距，主要原因是农田的不合理使用。随着人们生活水平的提高，对绿色、有机农产品的需求量不断增加，

---

[1] 张建龙：《全面开启新时代林业现代化建设新征程》，《国土绿化》2018年第2期。

[2] 马林：《草原生态保护红线划定的基本思路与政策建议》，《草地学报》2014年第2期。

农田生态系统的保护对于实现农业绿色发展，进而实现生态宜居显得尤为重要。

湖泊具有提供水源、调节气候、保持水土、补充地下水、减轻灾害等方面的功能。当前，湖泊富营养化问题十分突出，主要原因是氮、磷等植物营养物质含量过多。湖泊蓄水容积大幅减少，也导致洪水调蓄功能下降。湖泊的富营养化不仅会降低湖泊的透明度和使湖泊散发出臭味，而且也会降低湖泊溶解氧程度，使湖泊中存在大量有毒物质，对湖泊的生态系统造成严重的影响。资料显示，1980—2010 年间，因围垦而消失的湖泊有 102 个，占消失湖泊总量的 42.0%。如洞庭湖，其面积也因围垦从 20 世纪 50 年代的 4350 平方公里萎缩至 2625 平方公里。[①] 此外，湖泊水质下降也会引起藻类等大量繁殖，对湖泊水生生物产生负面影响。

三、农村突出环境问题综合治理

生态宜居的实现，需要政府加大力度，实现对农村突出环境问题的综合治理，转变对农村环境"脏、乱、差"的传统印象，满足人民对美好生活的诉求。总的来说，当前农村突出环境问题包括农业面源污染问题、土壤污染问题、农村厕所粪污问题以及农村生活污染问题四个方面。加强农村突出环境问题综合治理，是实现生态宜居的一项重要举措。

（一）农业面源污染问题

目前，中国农业面源污染问题较为严重，主要原因是化肥、

[①] 杨桂山等：《中国湖泊现状及面临的重大问题与保护策略》，《湖泊科学》2010 年第 6 期。

农药的大量投入以及畜禽养殖粪便排放。具体来说，当前化肥使用现状不合理，主要包括以下四个方面：一是化肥亩均施用量偏高。2015年，中国农作物每公顷化肥折纯量为361.99公斤，远高于每公顷120公斤的世界平均水平。二是施肥不均衡现象突出。东部经济发达地区、长江下游地区和城市郊区施肥量偏高，蔬菜、果树等附加值较高的经济园艺作物过量施肥比较普遍。三是有机肥资源利用率低。目前，中国有机肥资源总养分约7000万吨，但并没有得到充分利用。农业部的统计数据显示，当前中国畜禽粪便养分还田率为50%左右，农作物秸秆养分还田率为35%左右。四是施肥结构不平衡。化肥与有机肥的施用比例仍存在着较大差异，农业生产中普遍存在着重化肥、轻有机肥，重大量元素肥料、轻中微量元素肥料，重氮肥、轻磷钾肥的问题。此外，农药的过量使用不仅造成生产成本增加，影响农产品质量安全和生态环境安全，也是造成农业面源污染的重要原因。这一方面表现在农药使用强度大幅上升，由1991年的每公顷农药使用量5.12千克，上升到2015年的每公顷农药使用量10.72千克；另一方面表现在农药使用结构不合理，杀虫剂、杀菌剂、除草剂三大农药使用结构比例与国际平均水平相比，中国杀虫剂的使用量偏高，除草剂仍有较大潜力，农药使用结构比例亟待改进。2010年《第一次全国污染源普查公报》数据显示，畜禽养殖业粪便产生量2.43亿吨，畜禽养殖业主要水污染物排放量中化学需氧量1268.26万吨、总氮102.48万吨、总磷16.04万吨、铜2397.23吨、锌4756.94吨，分别占农业源主要水污染物排放的95.78%、37.89%、56.34%、97.76%、97.82%，畜禽养殖污染已经成为农业面源污染的主要来源。

（二）土壤污染问题

土壤污染问题目前也是农村突出环境问题，具体表现为土壤重金属超标、土壤有机质含量下降以及酸碱性趋势加剧。国土资源部中国地质调查局公布的《中国耕地地球化学调查报告（2015年）》资料显示，在调查的9240公顷耕地中，重金属轻度污染面积达到526.6万公顷，中重度污染面积为232.5万公顷，共占调查耕地面积的8.22%，耕地土壤重金属污染状况不容乐观。污染或超标耕地集中连片分布在中国南方地区，主要分布在南方的湘鄂皖赣区、闽粤琼区和西南区。此外，造成土壤重金属污染的原因十分复杂，导致土壤重金属污染的种类以镉、镍、砷等有毒元素复合污染为特征，复合污染态势十分明显，许多污染区域的土壤中重金属污染源在1个以上。《中国耕地地球化学调查报告（2015年）》显示，与20世纪80年代初相比，东北区、闽粤琼区、西北区和青藏区的部分耕地区有机碳显著下降。土壤有机质含量下降的主要原因是土地利用方式变化、水土流失和气候变化。北方土壤碱性趋势和南方土壤酸性趋势加剧是土壤污染的又一大问题。《中国耕地地球化学调查报告（2015年）》同时显示，中国北方碱性地区土壤PH值呈现上升趋势，主要原因是气候变化、地下水开采、水土流失等多种因素，尤其是西北区、东北地区的西部和京津冀鲁等地区土壤碱化趋势增幅明显。南方地区由于酸雨沉降、化肥施用等因素，土壤PH值呈现下降趋势。尤其是重金属污染严重的湘江流域、珠江三角洲等粮食高产区，酸化程度较为严重。

（三）农村厕所粪污问题

提及农村厕所，传统印象便是"一块木板两块砖，三尺栅栏围四边"，臭气熏天、蝇蛆成群是直观感受。国家旅游局发布的《厕所革命推进报告》显示，农村厕所粪便污染是造成农村地区传染病高发的重要原因。具体来说，痢疾、霍乱、肝炎、感染性腹泻等传染病都与农村厕所粪便有关。实现农村厕所改造，推行农村厕所革命迫在眉睫。早在 2014 年 12 月，习近平总书记在江苏镇江市调研时指出，厕所改造是改善农村卫生条件、提高群众生活质量的一项重要工作，在新农村建设中具有标志性意义。2015 年 7 月 16 日，习近平总书记在吉林延边调研时指出，"厕所革命"要推广到广大农村地区，农村也要来场"厕所革命"。正是由于党中央高度关切，并坚持不懈推进"厕所革命"，2016 年中国累计使用卫生厕所已经达到 21460 万户，还有 5264.78 万户没有实现卫生厕所改造，卫生厕所普及率达到 80.3%，与发达国家比仍有一定的差距。参考江苏厕所改造，以每座厕所改造成本 300 元计算，剩余没有实现卫生厕所改造的改造成本还需要投入超过 157 亿元的资金，农村厕所粪污问题在财政扶持的基础上能够得到一定程度的解决。

（四）农村生活污染问题

农村生活污染治理目前也是农村突出环境问题治理的重点难题。农村生活污染问题包括农村生活垃圾和生活污水两个方面。随着经济水平的不断发展，农村居民产生的垃圾数量不断增加。《中国环境报》的资料显示，农村居民平均每人每天产生生活垃圾 0.8 千克，中国每年产生农村生活垃圾超过 1.7 亿吨。而农村生活垃圾处理率水平仍远低于城市，资料显示，2016 年中国农村生活垃圾处理率达到 60%，农村地区仍存在着大量生活垃圾无法得到有效处理，造成了农村环境污染。除此之外，农村生活污水的处理问题仍然十分严峻。农村居民生活用水未经净化处理而无序排放，造成了农村河道水体变黑变臭、鱼虾绝迹、蚊蝇滋生。河道污水中的病菌虫卵引起的传染疾病，已经成为农村环境的重要污染源。资料显示，2016 年中国农村生活污水处理率仅为 22%，生活污水处理能力亟待进一步增强。农村环境保护基础设施建设的滞后、管护机制的不健全，是当前农村生活垃圾和生活污水处理率偏低的重要原因，亟须进一步加大农村基础设施的投入力度，依托科技提高农村生活污染的处理水平，为绿水青山的实现添砖加瓦。

四、生态补偿与生态产品供给

依托生态补偿和生态产品供给的方式，是实现生态宜居的重要形式。生态补偿能够为扩大生态产品的有效供给提供制度性保障。而生态产品的供给关系着人类生存、生产与生活，具有重要意义。失去了生态产品的供给，人类生产生活便失去了生存之本，便是无本之源。因此，乡村振兴中的生态宜居离不开生态补偿制度的安排与生态产品的供给。

（一）生态补偿的概念与基本模式

生态补偿是以保护和可持续利用生态系统服务为目的，以经济手段为主，调节相关者利益关系，促进补偿活动，调动生态保护积极性的各种规则、激励和协调的制度安排。进一步对生态补偿进行划分，可分为狭义生态补偿和广义生态补偿。狭义的生态补偿，是指对由人类的社会经济活动给生态系统和自然资源造成的破坏及对环境造成的污染的补偿、恢复、综合治理等一系列活动的总称；广义的生态补偿，则还应包括对因环境保护而丧失发展机会的区域内的居民进行的资金、技术、实物上的补偿，政策上的优惠，以及为增进环境保护意见，提高环境保护水平而进行的科研、教育费用的支出。生态补偿制度按照"谁受益、谁补偿，谁保护、谁受偿"的原则，目前已经被普遍认为是生态保护的有效手段。具体来说，目前中国生态补偿主要有以下几种模式：

一是政府购买生态服务模式。政府购买生态服务，是政府购买公共服务的一项内容，指的是政府为了更有效地满足社会生态需求，通过建立契约关系的方式，利用财政资金向社会力量（例如营利部门、非营利组织及个人）购买，由承购方具体运作从而向公民提供生态公共服务的一系列活动。这种模式不仅减轻了政府负担、提高了政府工作效率和财政资金的效率，也通过引入社会和市场的力量的方式，为政府管理提供了新机制和新活力。在政府购买生态公共服务中，虽然生态公共服务由社会力量直接提供给公民，但是这种服务仍然是依靠财政资金来提供的，政府在服务的提供中占主导地位。目前，中国的政府购买生态公共服务都还处于局部试点与探索阶段，还存在诸多问题，如认识不够深入、各地发展不平衡、购买的独立性和竞争性还不够强、买方市场不健全、缺少成本核算标准和财政资金的监管机制不够完善等。政府购买生态服务模式亟须解决"买什么""向谁买""怎么买""买了怎么办"的问题。

二是生态环境服务付费模式。生态环境服务付费模式是一种将环境服务非市场的、具有外部性的价值转化为对环境保护者的财政激励方法。生态环境服务付费模式是在特定的地理、经济、社会环境之中依据受益者付费的原则所形成的。形成生态环境服务付费模式，需要对生态保护产生的外部性和提供生态服务的数量和质量建立清晰的因果关系，具体包括以下三个基础：一是定义、测量并量化生态服务；二是确定方案中的参与者，并与之进行沟通；三是建立偿付标准和偿付机制。这种模式除了可以采用现金的形式予以偿付外，也可以采用其他形式的偿付方式，如培训、技术转让、投资社会事业。

三是生态税模式。生态税又称环境税，指的是对污染行业、污染品以及资源的使用征税，对投资防治污染、环境保护或资源节约的纳税人给予税收减免以及对不同产品实行差别税收。生态税主要分为能源税、交通税、污染税和资源税，具体税种包括碳税、进口税、许可证税以及采掘税、排污税和垃圾填埋税等。征收生态税的原因是污染具有负外部性，以实现这种外部成本部分或全部内化的征税目的。生态税的功能包括三种，分别是保护生态的环境保护功能、提高产出的经济效率功能和调节分配的社会公平。

四是绿色金融模式。根据中国人民银行、财政部、国家发展改革委、环境保护部、银监会、证监会、保监会印发的《关于构建绿色金融体系的指导意见》，绿色金融是指为支持环境改善、应对气候变化和资源节约高效利用的经济活动，即对环保、节能、清洁能源、绿色交通、绿色建筑等领域的项目投融资、项目运营、风险管理等所提供的金融服务。就现阶段发展而言，人们对于绿色金融的关注点仍主要集中在银行业，尤其是银行的信贷业务方面，即"绿色信贷"。然而，当前中国绿色金融存在诸多问题，主要体现在以下几个方面：首先，绿色金融发展还缺乏良好的政策和市场环境。中国环保政策、法律体系还不完善，环境经济政策也还处于酝酿和探索阶段。环保信息的不透明、地方保护主义、政策执行不力等现象在环保领域还较为普遍。其次，绿色金融的发展缺乏内部和外部的激励和监督。中国金融机构股东、投资者、员工的环境保护和社会责任意识还不强，金融发展需要约束激励机制。再次，金融主管部门绿色金融发展战略安排和政策配套比较欠缺。目前，金融主管部门的绿色金融政策目标也还主要停留在限制对"两高一资"企业的信贷投放和促进节能减排短期目标的实现上，对绿色金融缺乏完整的战略安排和政策配套。最后，金融机构发展绿色金融的战略准备工作进展还比较缓慢。

上述四种模式是当前较为普遍的生态补偿模式，实现乡村生态宜居的目标，就需要打好生态补偿的"组合拳"，综合四种生态补偿模式，形成合力。通过生态补偿机制的建立，实现乡村的绿水青山。

（二）生态产品的供给内涵与基本状况

伴随着全球温室效应和生态环境恶化加剧，特别是作为发展中国家的中国，在经济增长高速发展的过程中，生态和环境所面临着的压力也在不断增大，虽然中国已经结束了物质短缺的时代，但极有可能又将面临生态短缺时代的到来。经济高速增长与生态极度脆弱的不协调局面已经显现，生态差距成为中国与发达国家的差距之一，并将伴随着生态环境恶化进一步加剧，最终制约经济社会可持续发展。因此，生态产品逐渐成为中国最短缺、最急需大力发展的产品。

物质产品、文化产品和生态产品是支撑现代人类生存与发展的三大类产品。林业作为生产生态产品的主体，提供生态产品主要是通过植树造林，治理山地、湿地和沙地，建设森林生态系统，保护湿地生态系统，改善荒漠生态系统等方式。具体来说，林业有制造氧气、吸收二氧化碳、涵养水源、净化水质、防风固沙、保持水土、净化空气、减少噪声、调节气候等作用。虽然林业是人类生存和社会可持续发展的根基，但是由于中国林地面积不足和森林质量低下等问题的显现，导致生态产品的供给严重短缺，不仅直接影响到生态对人口和经济的承载能力，而且也对人们的生产产生影响。因此，亟须加强人们对生态安全的认识程度，加强对生态安全机构的管理，并加大科技投入力度。基于此，依托林业实现生态产品的有效供给就显得具有重要的现实意义。生态产品供给的实现，是乡村生态宜居的重要保障。继续加大造林绿化、森林植被和湿地保护等方面的支持力度，采取像保护耕地一样的严格措施保护现有林地和湿地。同时，也需要强化现有森林和湿地的经营管理能力，加大营林投入，强化科学营林管理措施，提高森林质量和林地生态产品的生产力，更好地提供生态产品，为最终实现乡村生态宜居的目标贡献力量。

五、加快美丽乡村建设

美丽乡村建设是实现生态宜居的重要表现形式。乡村是中国的根，美丽乡村是美丽中国的根。美丽乡村的建设，关系着广大农民的切身福祉，能让广大农民获得更多的幸福感。美丽乡村建设牵动着党和国家领导人的心，2018年4月24日，习近平总书记作出重要指示："结合实施农村人居环境整治三年行动计划和乡村振兴战略，建设好生态宜居的美丽乡村。"生态宜居与美丽乡村二者是相互联系的，生态宜居是美丽乡村的重要特征，美丽乡村是生态宜居的现实写照。因此，亟须加快美丽乡村建设，久久为功，因地制宜，以达到全面实现乡村生态宜居的目标。

美丽乡村建设需要做到久久为功。"守正笃实，久久为功"，实现美丽乡村建设离不开这八个字。农村环境的改善，一直以来得到广泛重视，但当前农村环境问题十分突出，部分地区的农村环境仍较为恶劣。之所以会出现这样的问题，是因为之前的农村环境整治多是流于形式，希望毕其功于一役解决农村环境问题，没有深刻理解农村环境问题的治理思路，即笃定久久为功。美丽乡村建设离不开大量人力、物力和财力，因此需要做到"四个明确"，以实现久久为功。

第一，明确美丽乡村建设发展模式由"短期"向"长远"发展。美丽乡村建设不是一次性战役，而应该是拉锯战，换句话说，美丽乡村建设发展模式不是"短期"，而应该是向"长远"发展。由于生态环境的恢复本身需要时间，因此生态宜居并不是一朝一夕就能实现的，美丽乡村建设需要笃定久久为功。

第二，明确美丽乡村建设发展模式由"外延式"向"内源式"发展。美丽乡村建设的发展需要激发乡村内生动力，不能一味采用"输血"的方式，而应该以"造血"的方式实现美丽乡村建设。

第三，明确美丽乡村建设发展模式的客观条件。美丽乡村建设的发展模式不能一刀切，不同地区资源禀赋存在差异，不同地区的生态环境也存在差异。因此，在美丽乡村建设过程中需要认清农村地域广阔、村情千差万别的现实情况，通过分类指导、分别规划，因地制宜的方式，明确各个区域的客观条件，做到对症下药，探索出各具特色的美丽乡村建设模式。

第四，明确美丽乡村建设发展模式以人为本。坚持以人为本，遵循农民意愿，是实现美丽乡村建设的基本保障。以人为本的发展理念，通过尊重农民的意愿，树立农民群众对乡村生态宜居的高度负责态度，充分调动农民的积极性，发挥农民的"主人翁"优势，让美丽乡村建设的成果惠及每一位农民，做到"农民参与、农民受益"，增强农民的获得感和幸福感。

当前，美丽乡村的建设面临着三大难题：

一是农民环保意识不强。当前农村居民的环保意识较低，仍有待进一步提高。农村居民的环保意识不强，一方面是客观环境因素，如当前农村生产力水平较为低下，农村居民收入水平不高，农民群众精神文化需求得不到有效满足；另一方面是农民主观因素，如部分农民的个人素质较低，缺乏环境保护意识，粗放式经营农业，造成空气、水、农田等自然资源不同程度的污染。

二是农村基础设施薄弱。作为农村公共物品的重要组成部分，农村基础设施薄弱制约了农村经济社会的发展，也掣肘美丽乡村的建设。因此，美丽乡村建设离不开基础设施的修建。具体来说，首先是美丽乡村的建设离不开道路的修建，而当前乡村道路建设质量较为薄弱。由于道路养护不及时、安全设施不到位、管理制度的不合理等问题，造成许多乡村难以与外界形成紧密联系。其次是美丽乡村的建设离不开供水供电设施的建设。而当前农村电力设备普遍较为陈旧，变压器陈旧、电压偏低，电网性能有待提高。农村供水设施仍需要改进，亟须加大集中式供水设施的修建力度，提高农村自来水普及率和农村生活饮用水合格率。再次是美丽乡村的建设离不开互联网设施的建设。随着中国经济进入新常态，农村互联网正悄然改变农村居民的生活，"互联网+"形式已成为培育农村经济增长的新动能。而当前许多地区的农村互联网普及率较低，部分地区与互联网相关的农村基础设施亟待加大力度予以扶持。

三是农村空心化问题凸显。农村"空心化"是城镇化过程中，因农村人口空间分布变迁而衍生出的乡村聚落"空心化"和住宅"空心化"等一系列现象的统称。① 从乡村人口总量变化来看，近些年农村人口外流的数量非常庞大。农村人口数与自然村的个数都呈现出下降的趋势。《中国统计年鉴》资料显示，2016 年农村人口数为 58973 万人，较改革开放以来农村人口数峰值 85947 万人，减少了 26974 万人。截至 2016 年末，中国共有 261.7 万个自然村，较 2010 年的 273.0 万个自然村减少了 11.3 万个村庄，平均每年减少近 2 万个。伴随着城镇化水平的不断提高，农村人口数、农村村庄个数呈现出不断降低的趋势，可以肯定的是"农村空心

---

① 项继权、周长友：《"新三农"问题的演变与政策选择》，《中国农村经济》2017 年第 10 期。

化"现象将会更加突出，在一定程度上制约了美丽乡村的建设。

因此，实现美丽乡村建设亟须解决上述三大难题。为此，加快美丽乡村建设需要做到以下三个坚持：首先是坚持多元化建设的思路。美丽乡村建设需要做到多元化，即全方面地根据村庄特征制定符合村庄实际情况的发展规划。其次是坚持多主体建设的思路。美丽乡村的建设主体不应该仅仅是政府，而应该是多主体。需要激发农村居民的热情，调动农村居民的积极性，充分发挥农村居民在美丽乡村建设中的作用，保障农村居民的主体地位。此外，美丽乡村建设也离不开社会资本的投入，在防范风险的基础上通过多方协作，引领美丽乡村建设的提档升级。再次是坚持多渠道宣传的思路。美丽乡村建设的成果需要得到广泛宣传，通过新闻报纸、专家学者、互联网等方式将美丽乡村建设的经验宣传出去，既能够增强乡村的知名度，又能够为乡村的可持续发展带来源源不断的活力。

六、聚焦：问题·思考·对策

生态宜居是乡村振兴的关键。实现生态宜居，既能留住乡村人才，也能吸引人才来到农村。针对当前农村生态环境的问题，如何实现绿色发展、如何实现自然资源的统筹治理、如何解决农村突出环境问题、如何做到生态补偿和生态产品供给、如何实现美丽乡村，这就要求我们需要结合实际情况展开深入研究，打好建设生态宜居乡村的攻坚战。具体来说，首先要做到四个"要"：

一是为生态宜居要"效率"。提升效率需要深入推进农业供给侧结构性改革，以实现乡村振兴战略为总要求。首先是培育资源节约型、环境友好型的新型农业经营主体。作为农业规模经营的主力军，新型农业经营主体承担着中国农业未来发展的希望，是实现乡村生态宜居的重要抓手。走清洁、无公害、高品质的发展道路离不开新型农业经营主体。其次是根据乡村的资源禀赋特征实现农业结构调整，发挥区域比较优势，做到乡村生态宜居的因地制宜。再次是对满足生态宜居要求的村庄予以政策支持与补贴，激发经营主体的积极性，为乡村生态宜居添砖加瓦。

二是为生态宜居要"效益"。农业发展方式转型升级的核心是效益水平的增加。在资源要素趋紧、种植效益偏低、环境承载压力不断增大的情况下，靠大量投入资源和消耗环境的发展方式已难以为继，乡村生态宜居的实现必须转变方式，走可持续发展之路。如何充分发挥生态宜居的效益优势呢？这就要充分挖掘村庄的特色，通过乡村旅游、区域品牌打造、有机农业等形式，打好乡村生态宜居这张牌。

三是为生态宜居要"支持"。实现乡村生态宜居，离不开政府的扶持，因此需要充分发挥政府的作用，建立完善的政策支持体系。作为资源配置的重要主体，政府政策目标是实现生态宜居，不论是农业绿色发展、山水林田湖草系统等自然资源的统筹治理，还是农村突出环境的整治、生态补偿与乡村生态产品供给以及美丽乡村建设，都需要政策资金的扶持。因此，建立健全财政资金在生态宜居方面投入的政策支持体系，以财政补贴为主，其他扶持为辅的总要求，对支持生态宜居的各方主体予以全方面支持。

四是为农业绿色发展要"技术"。构筑科技进步创新支撑体系，提高农业的科技应用转化能力，能够有效地解决乡村振兴战略中生态宜居目标实现的诸多难题。例如，如何科学合理施肥提高土壤肥力、采用何种方式解决土壤重金属污染问题、如何更好地提供生态产品等等。农业科技技术的进步与创新是一个国家农业发展水平的重要衡量标志，也是实现生态宜居的科技保障。因此，建议从政策层面鼓励针对当前农村生态环境问题的可持续发展技术的研发和推广，鼓励新型农业经营主体在实用技术层面上的创新，充分发挥科技特派员以及科技示范户对可持续发展技术的示范带动作用，做到科技创新与生态宜居发展相结合。

其次，要做到三个"明确"：

一是明确乡村的规划布局。乡村规划布局的明晰关系着乡村的未来发展。因此，要科学编制乡村的规划，按照生态宜居的要求，统筹安排乡村的生产、生活规划，客观全面分析乡村产业发展、人民群众生活情况和生态环境的现状，统筹治理乡村的各种自然资源，实现乡村的优化布局。

二是明确乡村的目标定位。在明确乡村的基本规划后，要进一步明晰乡村的发展定位。即针对乡村的规划布局，确定乡村的目标定位和发展的优先顺序，夯实乡村的薄弱环节。充分发挥乡村生态宜居的优势，带领乡村农民群众迈上增收致富的可持续发展之路。

三是明确乡村的发展路径。乡村发展目标定位的合理确定，需要探究乡村的发展路径。乡村振兴战略背景下，亟须明晰乡村的比较优势、特色资源和发展方向，即如何在保证乡村生态宜居的情况下实现乡村的深度发展，增强农民群众的获得感和幸福感。

最后，要做到三个"实现"：

一是实现乡村经济水平的提升。乡村经济水平的提升，反映在村集体经济水平的增强。村集体经济一直以来是乡村财力的主要来源，是巩固农村基层组织的基本保证。村集体经济水平的提升，为实现农村生态宜居提供财政保障。

二是实现乡村农民福利的增加。乡村农民福利水平的提升，表现在农村人民群众收入水平的提升和幸福感的增强。生态宜居实现的重要标志之一就是农民福利水平的提升，也是为实现生态宜居提供人才保障。

三是实现乡村吸引力的增强。碧水蓝天的美丽乡村，能够让城里人"愿意来、留得下、过得好"，吸引更多的优秀人才来到乡村工作，为实现乡村振兴提供更多的智力资源。生态宜居正是城里人"愿意来、留得下、过得好"最为关键的一项因素。

第四章 乡风文明：乡村振兴的保障

执笔人：张喜才

建设乡风文明既是乡村建设的重要内容，也是中国社会文明建设的重要基础；乡风文明不仅反映农民对美好生活的需要，也是构建和谐社会和实现强国梦的重要条件。乡风文明建设不能通过急功近利的运动方式来完成，也不可能通过搞涂脂抹粉的形式主义来实现。而是要把传统优秀文化和现代文化融为一体，潜移默化地渗透到乡村生产和社会生活方式中，并转变成人们的自觉行动，内化为人们的信仰和习惯。

一、乡风、家风、民风与乡风文明

"实施乡村振兴战略"写进了十九大报告,并明确"产业兴旺、生态宜居、乡风文明、治理有效、生活富裕"为总要求。这是新时代新农村的新蓝图,乡风文明成为实施乡村振兴战略的重要内容之一。因此,以好家风涵养民风,让好家风促乡风文明,不仅尤为必要,而且变得更加重要。要坚持物质文明和精神文明一起抓,注重培育文明乡风、良好家风、淳朴民风,不断提高乡村社会文明程度。

(一)打造淳朴文明的良好乡风,文明乡风聚人心

乡风是指长期依托某农村区域,形成的一种共有的区域特色、思维方式以及历史文化传统的乡村文化。随着农村经济的发展,人们物质生活水平的提高,广大农民群众对精神文化有了更高更多的需求。但也要看到,在当今轰轰烈烈的城镇化建设中,价值

的迷失、认识的差距，导致我们行为的失范。一方面，盲目地大拆大建、人为造城使曾经风格迥异、魅力独特的传统村落难觅踪影。另一方面，更为突出的是在新型城镇化背景下，城乡结构和乡村传统遭遇了许多重大的问题和挑战，集中表现在农村民风遽变，优良乡风民俗日渐丢失。一些农村文明健康的生活习惯尚未养成，陈规陋习仍然影响着一部分农民群众的思想和行为，制约着农村的全面发展。这就要求我们必须重视农村精神文明建设工作，通过培育文明乡风，筑牢广大农民群众的精神家园，为实现乡村振兴奠定坚实基础。[1]

文明乡风是实现农业农村现代化的重要支撑。培育文明乡风，有利于营造宽松、文明、充满活力的经济发展环境，增强对各种生产要素的吸引力；有利于凝聚精气神，点燃干事创业的热情，增强农民群众团结一致、努力拼搏的信心。对于贫困地区而言，文明乡风能够激发内生动力，进一步调动农民群众参与脱贫攻坚的积极性、主动性、创造性，为打赢脱贫攻坚战、加快推进农业农村现代化提供强大精神力量。[2] 文明乡风是实现农村和谐稳定的重要保证。文明乡风能优化农村人文社会环境，激励人们崇德向善、孝老爱亲、爱国爱乡，促进社会和谐稳定。实践证明，培育文明乡风，有助于改变广大农民精神风貌，使农村更加充满生机活力；有助于促进社会公平正义，营造和谐有序的社会环境；有助于形成健康文明的生活理念和生活方式，促进人的全面发展。我们可以通过以下两个方面来打造淳朴文明的良好乡风。

一是大力培育和践行社会主义核心价值观。紧紧围绕培育和践行社会主义核心价值观，不断创新方式方法，让社会主义核心

---

[1] 朱忠旗、魏安乐：《以文明乡风促乡村振兴》，河北新闻网 2018 年 3 月 23 日。

[2] 同上。

价值观在农村落地生根，为推动乡风文明建设提供精神指引和支撑。旗帜鲜明地用正确的思想引导农民群众，用健康的公共文化服务和产品吸引农民群众，教育农民群众自觉抵制落后思想意识的影响，使他们培养起良好的道德品格、健康的心理素质和积极向上的文化情趣。要积极倡导尊老爱幼、邻里团结、遵纪守法的良好乡风民俗，用文明言行抵制各种歪风邪气，树立文明新风，全面提升农民素质，提高农村社会的文明程度，形成团结、互助、平等、友爱的人际关系，构建和谐家庭、和谐乡村。[①] 社会主义核心价值观是当代中国精神的集中体现，凝结着全体人民共同的价值追求。培育文明乡风，就要将社会主义核心价值观融入农村精神文明建设的方方面面。首先是融入村规民约。要根据社会主义核心价值观制定或修订完善村规民约，让社会主义核心价值观有效引导和规范农民群众行为。其次是融入各项群众文化活动。运用群众喜闻乐见的形式，广泛开展健康向上的文化活动，使广大农民群众在潜移默化中受到社会主义核心价值观教育。最后是融入农村思想文化阵地建设。大力推动村民中心、文化广场、村综合文化服务中心建设，让这些思想文化阵地成为宣传社会主义核心价值观的有效载体。

二是扎实开展形式多样的乡风文明建设活动。风俗正而民风清，民风清而风气明。要以习近平新时代中国特色社会主义思想和十九大精神为指引，不断坚定文化自信，传承发扬优秀传统文化和现代文化，积极顺应农民群众对文化生活的热切期盼，大力发展雅俗共赏、丰富多彩、富有特色和时代特征的农村乡土文化。积极挖掘、整理和保护好具有地方特色的民间艺术，延续历史文脉，把美丽乡村建设成有历史记忆、地域特色、乡土气息的文化

---

① 许成科：《打造淳朴文明的良好乡风》，《西安日报》2018年4月9日。

之乡。重视保护根植于乡村文化的历史村镇、民居祠堂和特色街巷，构建传统内涵与现代精神相结合的文化景观体系。积极利用和挖掘传统节日资源，广泛开展群众性节日民俗、文化娱乐和体育健身活动，利用传统节日和重大节庆倡导和弘扬传统文化、传统美德。[1] 以系列文明创建活动为载体，文明乡风需要通过各种丰富的文明创建活动来推动形成。要广泛开展"星级文明户""五好文明家庭"等创建活动和"身边好人""好媳妇好婆婆好妯娌"等特色评选活动，营造崇德向善、孝老爱亲、爱国爱乡的浓厚氛围。充分发挥典型的示范作用，通过培树一批群众看得见、摸得着、信得过的身边典型，激励人们比学赶超、向上向善，使讲文明、树新风成为农民群众的自觉追求。[2] 要因地制宜，不断探索，勇于创新，紧密结合社会主义核心价值观，从优秀传统文化中汲取营养，大力弘扬诚信友善、爱国敬业、尊老爱幼、扶弱济困、公平正义等美德，使好的家风渗透到农村日常生产、生活各个领域，润泽广大党员干部和百姓，以形成文明乡风。[3]

在实施乡村振兴战略的时代背景下，打造淳朴文明的良好乡风，是乡村振兴战略总要求的有力抓手。要结合农村实际，满足农民群众文化需求，让乡风文明在农村开花结果。积极培育文明乡风，提高乡村社会文明程度。

（二）传承好家风，争做文明人

家风，简言之，就是一个家庭的传统和风气，或者说是家庭

---

[1] 许成科：《打造淳朴文明的良好乡风》，《西安日报》2018年4月9日。
[2] 朱忠旗、魏安乐：《以文明乡风促乡村振兴》，河北新闻网2018年3月23日。
[3] 《邯郸冀南新区林坛镇：好家风培育文明乡风》，《邯郸日报》2017年7月11日。

的文化氛围，通常是指一个家庭在长期发展过程中遵从优良传统、吸纳优秀文化而形成的，指导家庭成员做人做事的价值观念和行为准则。家风作为一个家庭为人处世的价值标准，对乡风文明影响深远。习近平总书记对家风问题非常重视，指出："家风好，就能家道兴盛、和顺美满；家风差，难免殃及子孙、贻害社会。"调查发现，一个家风传承良好的农村社区，总是洋溢在一种老人祥和、子女孝顺、家业兴盛、邻里和谐的氛围之中，其中浸润着令人艳羡的文明乡风。

自古以来，"修身、齐家、治国、平天下"的传统信条以自我完善为基础，通过管理家庭和治理国家，直到天下太平，是几千年来中国人的最高理想。其中，"修身、齐家"是"治国、平天下"的基础。显而易见，如果每个家庭的"家风"都很正，从这些家庭成长起来的人也会很正，再放之社会，就能形成风清气正的社会风气。

优秀传统家风，增强群众的家园归属感，引导全乡群众向善向上向好，促进乡村文明。"传承好家风，是传承优秀传统文化的一部分……对优秀家风文化及身边优秀家庭的挖掘，为乡风文明建设和乡村治理提供了有效的抓手和载体。"[①] 家风既是一个家庭的传统和风气，也是党风廉政建设的"晴雨表"。一个好的家庭，应该要有好的家风。因为良好的家风会内化为一种潜在动力，使我们今后的人生道路越走越宽。良好的家风，往往来自良好的家训。中国古代家训史源远流长，包罗万象，广泛涉及个人修身、齐家以及治国平天下等方方面面。这些优秀的、闪耀着中华民族智慧的精神遗产，体现了中国传统伦理文化的基本精神、价值取向和人文关怀，对我们当代的思想品德教育同样具有极强的借鉴

---

① 《乡风文明建设和乡村治理的贾河范本——一个小乡镇实施乡村振兴战略的有益尝试》，静宁县人民政府网 2017 年 12 月 22 日。

价值。如著名的《曾国藩家书》中曾写道，"余教儿女辈惟以勤俭谦三字为主"；著名文学艺术翻译家傅雷苦心孤诣、呕心沥血著写《傅雷家书》，其中溢满着对孩子的爱和期望；北宋名相司马光生性淡泊，崇尚勤俭，他在《训俭示康》中有云，"有德者皆由俭来也""俭以立名，侈以自败"，足见其对节俭的重视；以清廉公正闻名于世的北宋包拯立下遗训，"后世子孙仕官有反赃滥者，不得放归本家，亡殁之后，不得葬于大茔之中。不从吾志，非吾子孙"，言辞之中充满对后世子孙清正廉洁的期望和对违背其志不能姑息的决绝。① 要将传承良好家风家训家规与践行社会主义核心价值观有机统一起来。在社会主义核心价值观个人层面"爱国、敬业、诚信、友善"的规范中，就体现出对我们良好家风家训家规的培育和要求。要恪守这些基本道德准则，我们就应当从回味和传承良好的家风家训家规做起。

因此，应当通过"传家风，立家规，树新风""讲文明、树新风、扬正气"等宣传和文化活动，发好声音，弘扬社会正能量，倡导积极健康的生活方式，引导广大群众自觉抵制铺张浪费、黄赌毒、地下邪教及封建迷信等消极文化现象的侵蚀，重塑健康文明的乡村新风尚。家内满室馨香，里巷必然和美。好家风可以影响人、教育人、塑造人，是乡风文明的助推器、乡民和谐的润滑剂。推进乡风文明，仅在某方面着力还远远不够，必须在建设美丽乡村的同时，注重家庭、注重家教、注重家风。原因很简单，基础设施建设上去了，绿化、美化、亮化了，改水、改厕、改厨了，乡村文明程度也就得到了全面提升。

事实证明，好家风是宝贵的精神财富，不仅可以让家族忠孝、和睦、尊老爱幼的家族文化和淳朴民风代代相传，而且能够有力

---

① 李明：《传承优良家风民风 记住美丽乡愁》，《四川省社会主义学院学报》2017年第2期，第61—64页。

强化乡风文明的"内核"。同时，也能为更多人创造人生出彩的机会，提升农村精神文明建设水平。家风建设抓好了，就是抓住了乡风文明的"牛鼻子"。千万个好家风撑起农村好风气之际，必将是乡风文明大有改观和高度彰显之时。

（三）抓民风建设，促乡风文明

厚养淳朴民风，能够促进乡风文明建设。要深入挖掘农耕文化蕴含的优秀思想观念、人文精神、道德规范。支持农村地区优秀戏曲曲艺、民间文化等传承发展。建立文艺结对帮扶工作机制，深入开展文化惠民活动，持续推进移风易俗，弘扬时代新风，遏制大操大办、厚葬薄养、人情攀比等陈规陋习。

要持续深化移风易俗行动，健全完善乡规民约、红白事理事会等，广泛开展道德评议、村民评议等活动，推动形成勤俭节约、尊老爱幼、崇尚科学的文明生活方式。发挥农村优秀基层干部、乡村教师、文化能人等新乡贤的带头示范作用，大力营造风清气正的淳朴民风。运用农民文化礼堂、道德讲堂等开展思想政治教育和科学文化知识普及等活动，不断提升农民的道德修养和科技文化素质。向陈规陋习挥手作别，让文明之风盛行乡里，对老家规、老族训予以挖掘、保护、提炼和传承，形成全体村民认同、具有本村特色、符合村情民意的村规民约，让老家规再次焕发出新活力。[①] 要采取多种方式方法引导、教育农民，比如举办农民喜闻乐见的文化活动、文艺表演，利用农民身边的典型宣传农村传统美德与传统文化，有条件的地方还可以定期播放一些乡风文明宣传片等，使农民逐步形成良好的生活、行为习惯和蓬勃的精神风貌，营造出平等友善的和睦村风，让文明乡风助力乡村振兴。

[①]《赣州市大余县：文明引领释放乡风民风之美》，中国文明网2018年3月19日。

要在深化星级文明户、文明家庭评选以及文明村镇创建活动上下功夫，投入足够的财力，使这些活动成为乡风文明建设的有力抓手。要坚持以社会主义核心价值观为引领，在宣传展示家风家训家规、传承发展提升农村优秀传统文化上出实招、树典型，使之成为广大农民群众修身齐家的不竭动力和源泉。

坚持法治先行，在法治育人上抓培训。深入开展普法教育活动，组织群众参加法制教育培训，培育"农村法律明白人"，组织群众观看反邪教影片，发放各类宣传资料等，引导村民学法、用法、遵法、守法；组织专人查访民情民意，及时了解村民的所思所想，及早化解矛盾纠纷，及时制止危害社会的不良风气。实现无群体上访，无刑事和治安案件，无民族宗教矛盾，人民群众安居乐业，幸福指数不断提高。使法治、德治和村民自治有效结合，提升干部群众的综合素质，文明乡风建设成效日益显现，形成文明办丧事、节俭办喜事的风气，各类农村精神文明建设先进典型层出不穷，在推进移风易俗、树立文明乡风工作中起到很好的示范带动作用。乡亲们不再攀比，民风更容易形成，对民风的改善起到积极的引领和推动作用。

村规民约提升民风。村规民约是村民自治组织依据党的方针政策和法律法规，结合本村实际，为维护本村的社会秩序、公共道德和村风民俗而制定的、为全体村民所认同的、约束和规范村民行为的一种规章制度。每个村的村规民约在乡风文明建设方面都发挥了很好的促进作用。尽管村规民约缺乏相应的处罚权，但对村民的言行仍然具有很强的约束性。依据村规民约，村委会可以通过星级管理公示、取消有关福利待遇等方式，彰显遵规守约的荣光，导引民风的走向。

在农村传统文化方面，如何厚养淳朴民风，需要具体问题具体分析，可能会有继承、有吸收、有发扬，也可能会有摒弃、有改善或者是创新。具体到当下实际，我们要在农村倡导尊老爱幼、邻里团结、遵纪守法的良好乡风民俗，用文明言行来抵制各种歪风邪气，抓好农村移风易俗工作，坚决反对铺张浪费、婚宴大操大办等陈规陋习，消除各种丑恶现象，树立文明新风，全面提升农民素质，提高农村社会的文明程度，形成团结、互助、平等、友爱的人际关系，构建和谐家庭、和谐村组、和谐村镇，打造农民有情节可安放、有乡愁可寄托的精神家园。喜事新办、丧事简办成为群众共识。①

总之，厚养淳朴民风，固然需要我们注重从乡村社会之外引入文明新风，但也要意识到，乡村社会自身蕴藏着许多优秀传统文化。只要精心发现和用心开发，并加以创造性转化和创新性发展，农村精神文明建设的空间将变得更加宽广。特别是由于这些传统文化一直栖身于乡村社会，长期存在于乡民生活之中，因而从这些传统文化中培育出来的乡风，无疑与农民的相容性及其在农村的生命力都更强。从古至今中国素有"礼仪之邦"的美誉，因此开展必要的礼仪活动，不仅具有凝聚精神的功能，还能够规范人们的一言一行。要深入挖掘优秀传统农耕文化蕴含的思想观念、人文精神、道德规范，培育挖掘乡土文化人才，弘扬主旋律和社会正气，提高乡村社会文明程度，焕发乡村文明新气象。② 坚持惠民利民，在群众致富上重实效。严格落实便民服务室监管机制，对群众诉求和办理事项实行"一站式"服务，确保惠民政策的公平、公正落实。要推动乡村生态振兴，坚持绿色发展，加强农村突出环境问题综合治理，推进农村"厕所革命"，完善农村生

---

① 朱启臻：《乡风文明是乡村振兴的灵魂所在》，《农村工作通讯》2017年第24期，第33—34页。

② 张莹：《让文明乡风助力乡村振兴》，《农村工作通讯》2017年第22期，第22页。

活设施，打造农民安居乐业的美丽家园，让良好生态成为乡村振兴的支撑点。

二、道德建设、公共文化建设与乡风文明

乡风文明表现为农民在思想观念、道德规范、知识水平、素质修养、行为操守，以及人与人、人与社会、人与自然的关系等方面继承和发扬民族文化的优良传统，摈弃传统文化中消极落后的因素，适应经济社会发展，不断有所创新，并积极吸收城市文化乃至其他民族文化中的积极因素，以形成积极、健康、向上的社会风气和精神风貌。习近平总书记指出，要推动乡村文化振兴，要加强农村思想道德建设和公共文化建设。2018年中央一号文件明确指出，实施乡村振兴战略，要繁荣兴盛农村文化，焕发乡风文明新气象。"仓廪实而知礼节，衣食足而知荣辱。"乡村振兴，既要发展产业、壮大经济，更要激活文化、提振精神，两者缺一不可、不可偏废。[①]

（一）道德建设无影无形，移风易俗潜移默化

我们要在解决"富口袋"的同时，加快"富脑袋"，使得群众的物质、精神文化生活更加富足。现阶段我国农村道德建设滞后，精神文化生活比较匮乏，赌博盛行，城镇化让工业文化、城市文化快速进入农村，一定程度上冲击甚至切断了乡土文脉，导致乡村文化"水土流失"。随着电脑、互联网和智能手机的普及，许多新生代的农村子弟也用起了QQ、微信等即时通聊天工具，这

---

① 徐补生：《让好家风促乡风文明》，《山西日报》2017年10月30日。

本身无可非议，但就农村而言，却是有利有弊。大约从 2014 年开始，微信在农村的青年男女当中也流行起来。但是因为有些乡村比较偏僻，网络信号在个别地段时断时续，而这并不影响微信的流行，村民们除了抢红包，还会用微信通联外界。但是他们对网络诈骗的防范意识基本为零，上当受骗的事情时有发生。对于大多数文化素质不高的村民而言，村里的娱乐方式大多是单调的麻将与纸牌。家里往往是年长者弓腰驼背操持家务、照看孩子，而坐在牌桌上的大多是一群身强体壮的中年男女和敢于下赌注的年轻人，这种风气在今天的农村很普遍。特别是春节期间，从大年初一到元宵节，是农村赌博牌局最火爆的时间。走亲串门的人也多起来，新旧牌友们汇聚一堂，不分白天黑夜地"厮杀"，一天动辄便是成千上万元的输赢，这或许就是一年来辛辛苦苦打工的血汗钱。农村的虚荣攀比之风越来越盛，农村是个特别喜欢攀比的地方。放鞭炮要攀比，临近春节，许多农户无论贫富都要购买烟花爆竹，每户花销少则三五百元，多则超过千元。修房子、嫁娶、过生日做酒席要攀比，连办丧事也要攀比！比谁家排场大、亲戚多，谁又请了几套戏乐、花鼓，葬礼不再是逝者的哀悼会，而是吃喝玩乐的派对。[①] 种种现象来看，农村道德建设迫在眉睫。

要传承优秀传统文化。例如，乡贤热爱家乡造福桑梓的传统、邻里守望相助的传统、村民敬老爱幼的传统等，所有这些都蕴含着积极健康的价值观，如何运用这些价值观强化广大村民的集体意识和行为，需要加强农村精神文明建设。大力弘扬和践行社会主义核心价值观，发挥道德的引导作用，积极发扬农村传统文化品德，倡导为他人服务的集体主义价值观；还要开展移风易俗行动，加强农村思想道德建设，摈弃和打击庸俗文化、低级文化、

---

① 李明：《传承优良家风民风　记住美丽乡愁》，《四川省社会主义学院学报》2017 年第 2 期，第 61—64 页。

色情文化等不健康的文化因素,积极监管和取缔打牌赌博、封建迷信、邪教信仰等不健康的文化活动,引导农民积极向上,努力提升农民精神风貌,让文明新风滋润乡村大地,使乡村文化重新绽放绚丽异彩,吸引更多的人回到乡村、建设乡村、繁荣乡村。当前,农村社会一些优良的文化传统在城镇化和人口迁徙流动中受到了巨大冲击,这既是乡村文化振兴要解决的问题,也是面临的困境。乡村社会的文化传统,包括伦理文化传统,是建立在人口流动极小、社会变迁缓慢且没有外部强势异文化冲击的农业社会基础上的。当下的乡村社会,外有现代性的强势异文化冲击,内有空前的社会流动,乡土社会边界大开,一切以稳定为传承前提的文化都面临拷问、挑战和冲击。农民在文化上的弱势地位,使其很容易不加思考地接受外来文化,甚至笨拙地模仿和引入外来文化。迫切的现实生存和社会竞争的需要,更加助推了传统伦理文化和乡土文明的解体,以及便利了功利文化、轻浮文化的侵入。这些年,一些地方的农村出现的老年人赡养问题,在红白喜事上大操大办,甚至出现低俗仪式、天价彩礼嫁妆、赌博、地下邪教等,都是这种表现。①

培养高尚的道德是移风易俗、践行社会主义核心价值观的第一步。要从讲、看、听、行入手,着力让"德"融入群众的精神世界,衍化为群众的自觉行动。讲,让德无处不在。"领导干部带头讲、宣讲小组巡回讲、农村喇叭经常讲、新兴媒体随时讲"等多种宣讲方式并行推进,使宣讲做到理论深刻又通俗易懂,有力增强群众的价值判断力和道德责任感。看,让德触目可及。在显要位置设置靓丽醒目的大型道德公益广告展板,彰显厚德文化;在城区以打造核心价值观一条街为重点,大力宣传、引导人们崇

---

① 《以乡风文明助力乡村振兴——坚定文化自信专家讲习之八》,《湖北日报》2018年4月17日。

德向善；在乡村以道德为主题，绘制富含历史底蕴的文化墙，打造一道文化长廊。听，让德声声入耳。全县各单位、各乡镇开办"道德大讲堂"，结合各自工作，围绕孝、仁、善、贤讲德传德并改进工作；乡村要全部开办"农村道德讲习所"，通过"身边人讲身边事、身边事育身边人"传道育德，讲授移风易俗知识，使群众学有榜样、赶有目标。行，让德如影随形。促落实要求，创新教育载体。[①] 要于细微处传德、于默化中行德，推进乡风文明建设。

（二）强化公共文化建设，走文化兴盛之路

乡村文化振兴，需要推动公共文化建设，以社会主义核心价值观为引领，深入挖掘优秀传统农耕文化蕴含的思想观念、人文精神、道德规范，培育挖掘乡土文化人才，弘扬主旋律和社会正气，改善农民精神风貌，提高乡村社会文明程度，焕发乡村文明新气象。"仓廪实而知礼节"，物质文明的进步需要精神文明同时跟上。实施乡村振兴战略，乡风文明不能落伍。而如何建设乡风文明，营造淳朴友善乡村文化，是新时代的新课题。

习近平总书记强调："优秀传统文化是一个国家、一个民族传承和发展的根本，如果丢掉了，就割断了精神命脉。"乡风文明骨子里继承和渗透了传统文化，这个与生俱来的基因是人所共知的事实。习近平总书记指出："要从弘扬优秀传统文化中寻找精气神。"今天我们正在进行和深化的乡风文明建设，当然应该从传统文化中汲取营养，不断激活其中的有益成分，使之服务于社会主义新农村建设。激活传统文化，滋养文明乡风，关键在于创造性转化、创新性发展。

---

① 河北省文明办：《南和县以德亮风 助推乡村精神文明建设》，河北文明网 2017 年 8 月 5 日。

乡风文明本身就是中华优秀传统文化的重要组成部分，为弘扬中华优秀传统文化提供了一个传承载体。在中国传统的乡村治理中，形成了"皇权不下县"的社会治理结构，自古以来，乡村就是依靠传统道德观念、村规民约自治系统进行治理，形成很多道德教化，乡风文明得到彰显。随着城镇化进程的加快，人才、信息、技术、文化等在城乡之间快速流动，一些低俗的文化反而在部分农村地区快速膨胀，金钱观念变得越来越重，人情往来变得越来越淡薄，原来的邻里互助变成了有偿服务，人情往来变成了金钱往来，有的兄弟、父子甚至为了利益大打出手等。对生产的发展也成了竭泽而渔，田毁了、树砍了、塘填了……生态文明不断被破坏。在当前的历史条件下，中国的乡村治理体系是法治前提下的乡村自治模式。但很多事仅靠法律的约束是远远不够的，所以十九大报告指出，要坚持依法治国和以德治国相结合。而随着社会的发展和经济的增长，在公共场所中大声喧哗、排队不遵守秩序、随地吐痰、"出口成脏"、没有主动让座等现象还是屡见不鲜。值得欣慰的是，随着新农村建设进程的不断推进，各个乡村地区逐渐出现了很多新礼仪，并且不断在农村地区流行。如2016年，山东费县为了积极营造移风易俗的良好氛围，对殡葬实施了改革，主要包括四项内容：一是倡导简办丧事，反对乱埋乱葬和铺张浪费，提倡以科学、健康、文明的方式告慰逝者；二是倡导移风易俗，鼓励文明祭扫，要求文明、低碳祭祀，不可在林地、山地、水源地、景区等焚烧冥纸；三是倡导厚养薄葬，弘扬传统美德，提倡从俭治丧，文明祭祀；四是鼓励积极参与革命先烈扫墓、网上祭奠英烈等活动，缅怀革命先烈。虽然起初执行农村殡葬制度改革难度较大，但是通过当地治丧委员会和村党支部书记的不懈努力，逐渐得到了群众的理解和支持，确保了所有丧事均按照标准执行。

要加强农村文化基础设施建设，不断丰富农村公共文化活动。重视乡村社会文化基础设施建设，就需着力推进乡村社会文化站、文化广场、农家书屋、农民体育健身、民俗博物馆、农村文化综合服务中心等文化设施建设；还要将乡风文明建设与群众文化活动紧密结合起来，落实国家送戏下乡、送书下乡、送电影下乡等活动，不断丰富群众的文化生活，推动乡风文明传播，将乡村建设成为广大农民群众的精神家园、人文家园、和谐家园。丰富文化活动载体，弘扬农村优秀传统文化，可以更好地满足人民群众日益增长的精神文化需求。乡村文化振兴的突破口在于，瞄准重点人群，聚焦突出问题，回应现实需求。乡村社会的重点人群是常年在村的老弱妇孺群体，也就是俗称的"三留守"人员。他们是乡村社会中相对弱势的群体，与外出务工经商的青壮年群体又有着紧密的社会关联。他们有丰富的闲暇时光，旺盛的文化生活需求，他们的精神面貌和文化生活质量直接关系到其他群体的生活品质乃至人生预期，并直接影响着乡村社会的文明程度。以他们为重点人群，乡村文化建设就有了实实在在的抓手和载体。他们的需求便是最需要回应的需求，他们反映的问题便是最突出的问题。最主要的两点：一是从具体的移风易俗入手，遏制赌博、大操大办、低俗仪式等歪风邪气，弘扬积极健康的文化风气；二是通过基层组织将老人、妇女等组织起来，自己动手开展形式多样的文化活动，丰富闲暇生活，彻底改变农民有钱有闲却没意思的精神文化生活的匮乏状况，从根本上阻断低俗文化甚至邪教传播的渠道。按照有规划、有标准、有硬件、有内容、有队伍的目标，健全农村公共文化服务体系，按照片区化建设的思路，统筹临近乡村资源，进一步推进农村基层综合性文化服务中心建设，实现农村公共文化服务全覆盖，不断提升服务效能，优化服务质量。深入推进文化惠民，积极打造文化服务品牌，公共文化资源向乡村倾斜，提供更多更好的农村公共文化产品和服务。围绕乡村振兴战略，支持和鼓励相关题材的文艺创作，创造更多更好的弘扬时代旋律、反映农民心声、贴近农村实际、贴近农民生活的优秀文艺作品，丰富农民的文化生活，提振农民群众的精神面貌。通过实施一系列公共文化建设工程，促进街道文明程度的全面提升和各项事业的稳步推进。在解决现实问题、回应农民需求的同时，要将优秀传统文化和社会主义现代文明同乡村社会特点结合起来，注入到具体的工作实践当中，以润物无声的方式深植到农民文化生活中，逐步引导和培育具有中国特色时代特点的新型乡村文明，真正开创乡村文明的新气象。

要以弘扬优秀传统文化为依托。优秀传统文化资源是培育文明乡风的土壤。要积极开展各种乡村文化节庆活动，打造特色乡村文化品牌，在保护传承的基础上，创造性转化、创新性发展，不断赋予优秀传统文化时代内涵、丰富表现形式；加强对优秀传统文化的整合利用，深入挖掘其中蕴含的优秀思想观念、人文精神、道德规范，充分发挥其在凝聚人心、教化群众、淳化民风中的重要作用；深入开展"我们的节日"主题活动，利用重要传统节日开展民俗文化活动，让人们在感受乡情中传承优秀文化、弘扬文明新风。[①] 乡村社会自身蕴藏着许多优秀传统文化，只要精心发现和用心开发，并加以创造性转化和创新性发展，农村精神文明建设的空间就能变得更加宽广。

要突出文化共享，开展丰富的群众文化活动，打造乡村文化聚合体与乡风文明新引擎。我们要紧紧围绕"用文化养人，以道德育人"的主题，打造村级文化堡垒、精神文明建设高地。一是夯实"文化小康"建设硬件基础，突出"文化共享"理念。二是

---

① 市委宣传部、市文明办联合调研组：《以公共文化建设促乡风文明》，《天津日报》2007年10月3日。

以丰富的文化活动浸润群众心田，有效促进优秀传统文化浸润心灵，涵养人的精神内涵。三是有机融入社会主义核心价值观宣传。围绕加强"中国梦"宣传教育、培育和践行社会主义核心价值观等主题，结合乡村资源与特色，绘制一批贴近生活、导向鲜明、新颖活泼、群众喜闻乐见的"美德文化墙"，使广大群众在潜移默化中得到熏陶，精神文化生活更加丰富多彩，脱贫致富路上更有奔头。

文化作为一种基本、深沉、持久的力量，为乡村振兴战略提供了精神激励、智慧支持和道德滋养。持续培育和践行社会主义核心价值观，有利于传承弘扬农村优秀传统文化、强化公共文化建设、走好乡村文化兴盛之路、不断提升农民的精神风貌和乡村社会文明程度。

三、优秀传统文化传承与乡风文明

"暧暧远人村，依依墟里烟。狗吠深巷中，鸡鸣桑树颠。"这不仅仅是千百年前五柳先生对令人怡然陶醉的田园生活景象的描写，其实也更是今天人们对乡村生活的美好向往和未来愿景。

（一）弘扬优秀传统文化是乡村振兴的必然要求

习近平总书记在十九大报告中提出了实施乡村振兴战略这一伟大事业的构想，这为我们今后一个时期加强农村思想道德建设和文化建设明确了目标和方向。

（1）乡村文化振兴是实施乡村振兴战略的题中之义。乡村振兴的总要求是"产业兴旺、生态宜居、乡风文明、治理有效、生活富裕"。要围绕破解人民日益增长的美好生活需要和不平衡不充分的发展之间的矛盾，既接续千年乡村文脉，又创造符合新农村、新农民特点的文化，就要着力满足乡村群众品质更高、样式更丰富的文化生活需求，加快缩小乡村与城市文化内容、共享方式、参与途径等方面的差距，实现城乡公共文化服务均等化、一体化，以文化的繁荣兴盛来推动乡村振兴。

（2）弘扬优秀传统文化是实现乡村文化振兴的重要路径。在乡村振兴战略中，对思想文化工作提出了四项具体任务，主要内容有：一是以社会主义核心价值观为引领，采取符合农村特点的有效方式，大力弘扬民族精神和时代精神；二是立足乡村文明建设，在保护传承的基础上，推动优秀传统文化创造性转化、创新性发展；三是健全乡村公共文化服务体系，公共文化资源要重点向乡村倾斜，提供更多更好的农村公共文化产品和服务；四是广泛开展群众性精神文明创建活动，丰富农民群众精神文化生活，提高农民科学文化素养。以上四个方面构成了乡风文明、乡村美丽。

（3）立足乡村文明建设，弘扬传统民俗，丰富节日文化，树立文化自信。传统民俗是中华文化历久弥新的见证，也是今天我们固本开新的精神动力。以中国特色社会主义新时代这一历史方位为出发点，大力弘扬传统民俗中的爱国主义精神和伟大民族精神，积极倡导文明、和谐、喜庆、节俭的节日理念，努力发展健康向上的节庆文化。吸收精华、剔除糟粕后的传统民俗，是弘扬和培育乡风文明的重要载体，是满足人们精神文化生活需要的重要渠道。

（4）立足传统工艺振兴，推进创造性转化、创新性发展，带动农村变美、农民致富。传统工艺，具有历史传承和民族地域特色、与日常生活联系紧密，是创造性的手工劳动和因材施艺的个性化制作。传统工艺在形成发展过程中不是一成不变的，必须坚持创造性转化、创新性发展的方向，传承与发展传统文化，涵养文化生态。要通过传统工艺的振兴，更好地发挥手工劳动的创造力，发掘手工劳动的创造性价值，促进就业，实现精准扶贫，增强传统街区和村落活力，带动农村变美、农民致富。

（二）优秀传统文化是乡风文明之源

所谓"乡风文明"，根据《中共中央　国务院关于推进社会主义新农村建设的若干意见》，主要指的是乡村文化的一种状态，是有别于城市文化，也有别于以往农村传统文化的一种新型的乡村文化。它表现为农民在思想观念、道德规范、知识水平、素质修养、行为操守以及人与人、人与社会、人与自然的关系等方面继承和发扬民族文化的优良传统，摈弃传统文化中消极落后的因素，适应经济社会发展，不断有所创新，并积极吸收城市文化乃至其他民族文化中的积极因素，以形成积极、健康、向上的社会风气和精神风貌。适应社会的发展要求，能否打造美丽乡村，乡风文明建设具有举足轻重的作用。乡风文明的本质是弘扬社会主义先进文化、保护和传承中华优秀传统乡土文化。乡村振兴，乡风文明是保障。要不断提升农民的思想道德素质和科学文化素质，提振精神风貌，不断提高乡村社会文明程度，着力培育文明乡风、良好家风、淳朴民风。

建设乡风文明既是乡村建设的重要内容，也是中国社会文明建设的重要基础；乡风文明不仅是反映农民对美好生活的需要，也是构建和谐社会和实现强国梦的重要条件。乡村振兴，乡风文明是重要组成部分，更是重要保障。乡村文明其实就是社会主义精神文明在农村的具体化。在推动乡风文明建设过程中，必须坚持物质文明和精神文明一起抓，提升农民精神风貌，培育文明乡风、良好家风、淳朴民风，不断提高乡村社会文明程度。

实现乡风文明，农村思想道德建设是基础。国无德不兴，人无德不立。乡村振兴发展，更需要以农村整体思想道德水平的提升做基础，从农民群众日常生活中找准思想的共鸣点和情感的交汇点，培养教育正确的道德判断和道德责任，引导形成积极的道德意愿和道德情感，把社会主义核心价值观内化成农民群众的思想自觉和行为自觉。

实现乡风文明，传承优秀传统文化是关键。中华文明源远流长，历久弥新，孕育了丰富而宝贵的优秀传统文化。当前，广大农村依然保留着许多历史风俗和文化传统，充分保留地方地域特色，在扬弃中传承仁爱、忠义、礼和、谦恭、节俭等中华优秀传统文化，并阐释赋予新的时代价值和时代意义，主动让农村优秀传统文化与现代乡风文明发展融合一致，做到传承致远。

（三）优秀传统文化涵育现代文明乡风

文化的主体是人，乡村文化的主体是农民。乡村经济发展使农民的精神文化需求开始上升，但随着城市化的进程加快和乡村经济的冲击，传统乡村文化的传承出现断裂，许多乡村壮劳力开始逃离农村到城市谋求创业发展，逐渐非农化，留守在农村的只剩下老人、儿童和部分妇女，他们很难肩负起文化传承的重担，很多传承已久的乡村物质和精神文化后继乏力。调查发现，许多乡村的所谓传统文化就是老年人的寺庙活动，传统的节日祭祖、婚丧嫁娶、动土上梁等传统仪式逐步被简化，传统的建筑、服饰、刺绣、剪纸等工艺后继无人。有些乡村老艺人身怀绝技，也想把自己的技艺传承下来，可是因为资金等原因，再加上没有政府的大力支持，其个人力量终究有限，所以这些物质的和非物质文化遗产，都只能在人们的惋惜声中没落于历史长河里。有些民俗文化技艺、手工生产、产量无法和机器相比较，作坊式的生产模式根本不具备竞争力。只有为这些特殊的文化传承和技能设立一种保护机制和量身定制的宣传策略，才会给这些技艺带来复苏和传承，也会给这些民俗文化传承带来勃勃生机。①

中华优秀传统文化是中华民族独特的精神标识和中华民族生生不息、发展壮大的丰厚滋养，对延续和发展中华文明、促进人类文明进步，发挥着重要作用。今天，中国经济社会深刻变革、对外开放日益扩大、互联网技术和新媒体快速发展，各种思想文化交流交融交锋更加频繁，对中华文化提出了严峻挑战。能不能守住中华文化的根基，增强中华民族的文化自觉和文化自信，是我们面临的迫切任务。需要我们进一步深化对中华优秀传统文化的认识，深入挖掘其价值内涵，激发优秀传统文化的生机与活力，用中华优秀传统文化铸造中华民族之魂。②

保护传承农村优秀传统文化。中国文化的本源是乡土文化，中华文化的根脉在乡村，我们常说乡土、乡景、乡情、乡音、乡邻、乡德、节日、饮食、民俗、民歌等等，构成了中国的乡土文化，也使乡土文化成为中华优秀传统文化的基本内核，成为不可磨灭的乡村符号。在实施乡村振兴战略过程中，要把地域文化作为提升内涵的灵魂进行精准定位、深入挖掘，让乡村更具魅力。一是深入挖掘农村传统道德教育资源，充分发挥家规家训、村规民约在教化民风、熏陶民众和文化传承中的独特作用。二是要把当地传统文化融入村庄规划建设的全过程，充分发掘乡土文化资源，尤其是对旧民宅、名木古树、民俗文化、文化遗产等发掘保护的规划设计，发掘每个村的人文、生态特色内涵，打造文化长

---

① 参见朱启臻：《乡风文明是乡村振兴的灵魂所在》，《农村工作通讯》2017年第24期。

② 江丽：《城镇化背景下乡村文化的传承与创新》，《郑州航空工业管理学院学报》（社会科学版）2016年第6期，第136—139页。

廊、文化团队、文化活动、文化产业品牌，搞好"一村一特色、一村一品牌"规划设计。要加大对农村传统村落、古建筑、古树木和文化遗产等的普查、宣传和保护力度，使其与乡村建设相互辉映、相得益彰，充分彰显文化魅力，让居民望得见山、看得见水、记得住乡愁，让乡村留得住人。支持农村地区优秀戏曲曲艺、少数民族文化、民间文化传承发展。发掘本地特有的文化资源，牵头组建一些民间文艺演出队伍，并引导他们利用农闲时节进行"文化走村串户"，开展特色文化活动。要把当地的文化遗产和民俗文化融入乡村建设，建立非物质文化遗产演示馆，加强传承、演示人员的培训，支持、扶助演示馆向村民、游客开放。加强与学校、企业的合作，对非物质文化遗产进行研究、创意开发，把非物质文化遗产及其资源转化为文化产品。三是在村庄建设中，要尊重历史记忆，对于有景观价值和文化底蕴的旧民宅及古树名木等历史遗存，应予以保留保护。在民居外部改造上严格按照地方风格和特色进行打造，在内部装修上要融合现代生活方式，实现传统风貌与现代设施的有机统一。

构建优质农村公共文化服务体系。一是硬件建设。以公益性、基本性、均等性、便利性为原则，以政府为主导、公共财政为支撑、公益性文化单位为骨干、农村居民为服务对象，切实保障农村群众基本文化权益。按照有标准、有网络、有内容的要求，加强广播电视村村通、乡镇综合文化站、农村电影放映站、农家书屋等文化惠农工程建设，健全乡村公共文化服务体系，实现乡村两级公共文化服务全覆盖。二是软件建设。要加强乡村文艺创作、文艺编导、文艺演出、文化管理等专业人员的培训培养。举办农民书画展、摄影展、农村非物质文化遗产展演、文艺汇演、体育赛事等，为农民群众搭建展示自我的平台。鼓励农村群众以传统文化、当地风俗、美丽乡村为主题，自编、自导、自演文艺作品。

要为乡村提供更多更好的公共文化产品和服务，创作更多反映农村新风貌的文艺作品。乡风文明无法速成，要靠久久为功去养成，这就需要挖掘农村本土文化人才，鼓励引导各界人士投身乡村文化建设，形成一股新的农村文化建设的力量，达到优秀传统文化孕育文明乡风的终极目标。

广西恭城瑶族自治县部分农村在传承文化、孕育文明乡风方面有着不错的探索。恭城历来重视传统文化，县内至今仍保存有文庙和武庙。部分成绩优秀的初中毕业生，县长甚至会对他们进行家访，努力将这些孩子留在当地高中就读。为了让优秀传统文化在大众中"生根发芽"，当地不断推动乡村传统价值体系的回归和再造。当地组建了专业的传统文化教育师资队伍，深入村庄进行宣传。"忠孝仁义"成为当地不少领导干部在各个场合不断倡导的道德标准。恭城一些村屯重新修订村规民约，对传统仁义孝道等内容进行规定，好家风家训被家庭重新学习认定，用以规范族内子孙的言行举止，推动移风易俗、树立文明乡风工作深入开展。

四、建立促进乡风文明的体制机制

信步于中国乡间的小路，干净整洁的路面，苍翠的林间掩映着或砖红、或藏青色瓦屋的普通民居。嵌在花海里的村间小路被村民打理得十分规整，而街道宣传墙上村民亲自手绘的24字社会主义核心价值观格外醒目。如果细心一点，你还能看到这样的情景：村民集中居住的乡道内，运送材料的货车司机主动踩一脚刹车，让过往的居民先过；村里带头的致富赢家月入数万元，仍然要回到田间地头带头组织村民共同致富……可以说，乡风文明新体制机制建立的成果早已浸入村民日常生活的点滴，成为乡村振兴的重要保障。

自中华人民共和国成立以来的几十年时间，中国广大农村的文明风貌呈现出了翻天覆地的变化。而如此体现乡风文明新风貌的细节背后，离不开中国深耕数年的农村乡风文明建设。乡风文明是乡村振兴战略的重要内容，实施乡村振兴战略，实质上是在推进融生产、生活、生态、文化等多要素于一体的系统工程。[①] 目前，中国仍在努力探索出一套让城乡文明程度和居民素质同步提升、吸引人人参与创建乡风文明活动、保持创建乡风文明生机与活力的体制机制。正如"一树新栽益四邻"，这套体制机制将汇聚成一股内生动力，为扎根在中国广袤农村地区的乡村文明之木提供源源不断的营养，使其枝繁叶茂、植被成林，最终惠及中华儿女。

农村乡风文明体制机制的建设是一项系统工程，工作千头万绪，涉及方方面面。针对中国现阶段农村乡风文明体制机制建设中可能存在的问题，借鉴发达国家乡风文明体制机制建设的成功经验，建设生产发展、生活宽裕、乡风文明、村容整洁、生态良好、人与自然和谐相处的社会主义新农村，必须建立和完善管理体制，加强组织领导和统筹协调，形成齐抓共建的工作格局；必须建立和完善工作机制，加大指导和考核力度，化虚为实，大处着眼、小处着手，实现工作的有力有效推进。

（一）建立和完善管理体制

建立党委统一领导、党政齐抓共管、部门大力支持、村（居）组织发动、群众积极参与的农村乡风文明建设管理体制。具体由区新农村建设领导小组领导，区农办牵头，区精神文明建设委员

---

① 于法稳：《实施乡村振兴战略的几点思考》，《国家治理》2018年第3期，第3—6页。

会指导，区文广新局、农口和群团等与农村乡风文明建设相关的职能部门支持，乡镇宣传统战委员、村（居）党组织负责。区农办负责制订各职能部门支持农村乡风文明建设的目标考核办法，纳入区委、区政府对这些部门的年度重点工作考核内容，具体到每个部门每年做哪些工作、完成哪些指标。区文明办负责制订街道镇乡农村乡风文明建设的年度工作目标考核办法，明确街道镇乡在农村乡风文明建设中加强组织领导、进行政策引导、推进载体建设、开展创建试点等具体要求，并配合区农办，每年对农村乡风文明建设工作情况进行考核评比，对先进典型进行表彰奖励。

（二）建立和完善投入机制

农村乡风文明建设，关键要调动农民群众的积极性，切勿由政府包揽。事实证明，群众不热心，政府花再大的力气、投再多的资金、建再好的设施，作用都不大。但政府的投入又是必要的，需要通过政府投入起到引导和推动作用。一方面，按照一级财政一级事权的原则，建立与农村乡风文明建设相适应的财政投入体制机制；另一方面，将部门项目资金切块一部分，归口区农办统筹，并由区财政建立专户，作为农村乡风文明建设配套奖励资金。制订配套奖励资金的使用办法，按以奖代补的方式，为农户建设基础设施、改善生活环境给予补助，对农村组建文化队伍、开展文化活动进行奖励，最终按区里奖励一点、乡镇解决一点、农民自筹一点的办法，解决农村乡风文明建设资金问题。同时，开展城乡共建活动，动员组织机关、企事业单位和各级文明单位与村镇结对帮扶，做到资源共享、优势互补、城乡携手，共同发展。

（三）建立和完善创建机制

文明需要养成，创建依靠机制。加强农村乡风文明建设，必须建立和完善相应的"乡风文明"建设机制，建立评比表彰制度。深入生活、立足现实、依靠群众、服务群众，用农民群众熟悉的语言、身边的事例、喜闻乐见的形式、容易接受的办法，广泛开展各种创建活动，运用评比表彰奖励的手段，激发群众的荣誉感，引导群众在创建活动中自我教育、自我提高。推进星级文明户、文明院落、文明村（居）创建活动，帮助农民消除封闭、保守、落后观念，树立正确的荣辱观、道德观，培养遵纪守法、科技致富、文明卫生、优生优育、团结和睦等意识。推进"家庭美德"评议活动，评选"好媳妇""好公婆""好夫妻"，弘扬家庭传统美德。推进以"欢乐新农村"为主题的村民文艺体育活动，丰富群众精神文化生活。推进"向老人尽孝心""向留守儿童献爱心"活动，让老人安享幸福晚年，让农村留守儿童身心健康成长。

（四）建立和完善法制机制

从某种程度上来说，养成优秀的农村乡风文明是政策管出来的、法律规范出来的。用优秀的中华传统文化来治理中国乡村，并不是就意味着我们不需要法治。在任何时候，德治都需要依靠法治作为保障。十九大报告强调，全面依法治国是国家治理的一场深刻革命，必须坚持厉行法治，推进科学立法、严格执法、公正司法、全民守法。近年来，中国农村的法治建设工作在不断强化，但仍存在着很多薄弱环节。例如，一些人的法治意识淡薄、法律意识水平低等。在个别农村，因涉及土地收益分配、征地拆迁补偿、扶贫专项补助等产生的利益冲突，甚至引发家族械斗、群体性上访等事件屡见不鲜，这些都需进行依法管理、依法打击，在农村地区建立和完善相关有效的法制机制。

（五）建立和完善组织机制

党政军民学，东西南北中，党是领导一切的。矢志不渝地加强党的组织机制建设,是构建农村乡风文明的法宝之一。而抓好基层党建,是乡风文明体制机制建设的最本质抓手。十九大报告指出,我们要以提升农村基层组织力为重点,突出乡风文明建设过程中党的政治功能,把企业、农村、机关、学校、科研院所、街道社区、社会组织等基层党组织建设成为宣传党的主张、贯彻党的决定、领导基层治理、团结动员群众、推动改革发展的坚强战斗堡垒。这就需要我们在建设乡风文明的过程中,党的基层组织牢牢掌握意识形态工作领导权,培育和践行社会主义核心价值观,深入挖掘中华优秀农村传统文化蕴含的思想观念、人文精神、道德规范,结合时代要求继承创新,在农村形成向上向善、尊老爱幼、邻里互助的良好社会风气。

通过促进农村乡风文明建设的体制机制,进一步推进中国农村乡风文明建设,逐步将广大农村建设成为"生产发展、生活宽裕、乡风文明、村容整洁、生态良好"的和谐家园。

由此,促进乡风文明的体制机制建设,要靠政府引导,更要靠广大乡村人民的自觉践行。[①] 政府是乡风文明体制机制建设的重要推动力量,需要加强政府的引导、动员和扶持作用;同时,也需要充分发挥农村基层党组织的战斗堡垒作用和核心作用,高度重视农村干部的推动作用;乡村人民是乡风文明建设的主体力量,需要充分发挥村集体和农民主体作用;还需要深化体制机制改革,不断完善全覆盖的乡风文明机制建设监管体系;最后,要积极搭建与城市党政机关、企事业单位、大专院校、社会团体以及新经济组织和新社会组织有机融合的平台来共建乡风文明,通过动用社会各方面的力量来帮助乡村改善文化条件,发展各种服务,进而实现现代乡村文明新秩序。

---

① 鲁可荣,胡凤娇:《"何"风润心田,斯路传薪火》,《学术评论》2017年第4期,第66—71页。

五、聚焦：问题·思考·对策

（一）乡风文明是乡村振兴的精神支撑

首先，乡风文明是乡村建设的长期任务，不是短期内可以完成的，更不可能一蹴而就，是实施乡村振兴战略的核心内容，也是难点所在，需要坚持不懈的努力。长期以来，由于乡村建设存在重经济发展、轻文化建设的倾向，乡风文明建设没有得到足够的重视，以至出现经济发展而道德滑坡的现象。一些地方村落共同体解体，德孝文化和诚信文化削弱，守望相助传统消失。邻里矛盾突出，干群关系紧张，乡村增加了不和谐的音符，各种矛盾的积累甚至成为社会不稳定的因素。因此，建设乡风文明既是乡村建设的重要内容，也是中国社会文明建设的重要基础；乡风文明不仅反映农民对美好生活的需要，也是构建和谐社会和实现强国梦的重要条件。乡风文明建设不能通过急功近利的运动方式来完成，也不可能通过搞涂脂抹粉的形式主义来实现。而是要把传统优秀文化和现代文化融为一体，潜移默化地渗透到乡村生产和社会生活方式中，并转变成人们的自觉行动，内化为人们的信仰和习惯。这就需要把乡风文明作为一个系统工程长期坚持。

其次，乡风文明对建设产业兴旺、生态宜居、治理有效以及生活富裕的乡村产生着重要影响，是乡村振兴的重要保障。乡风文明建设要渗透到乡村建设的各个方面，是乡村建设的灵魂所在。乡风文明与乡村产业互为因果、相互促进。产业兴旺是乡风文明的物质前提，乡风文明既为产业兴旺提供保障，同时也是产业兴旺的重要资源。文明乡风赋予农业和农产品以乡村文化内涵，可以提高农产品文化品牌价值，实现农业、文化、旅游的融合，成为有效增加农民收入、实现农民生活富裕的重要途径。乡风文明与生态宜居的关系是显然的，生态宜居需要生态的生产方式与生活方式做保障，环境友好型的生产方式、低碳的生活方式以及生态信仰和习惯，都是实现生态宜居的重要条件。文明乡风与乡村治理的关系更为密切，有效的乡村治理就是建设文明乡风的过程。充分利用文明乡风中的优秀传统文化，如家风、家训、村规民约、道德示范等，有助于构建自治、法治、德治的治理体系，提高乡村治理的有效性。

再次，乡风文明在中国进入新时代以后具有了全新的内涵。一是新时代的乡风文明是传统与现代的融合。习近平总书记在十九大报告中指出，中国特色社会主义文化源自中华民族5000多年文明历史所孕育的中华优秀传统文化，熔铸于党领导人民在革命、建设、改革中创造的革命文化和社会主义先进文化，植根于中国特色社会主义伟大实践。乡风文明建设正是在传统与现代的结合中形成时代特色。乡风文明不仅要传承优秀的家风、村风，继承和发扬尊老爱幼、邻里互助、诚实守信等优秀传统文化，同时也包含了"五位一体""五大发展理念"等文明乡风建设的新内容。二是新时代的乡风文明要实现乡村文化与城市文化的融合。不仅要体现乡村传统民俗、风俗等乡村文化，也要让农民在原有村庄肌理上享受现代城市文明。三是新时代的文明乡风建设要体现中国文化与世界文化的融合。文化自信，首先要体现在乡村文化的自信。中国乡村是文化宝库，蕴含着丰富的生态文明理念，中国的文明乡风建设在吸纳世界文明成果的同时，也要对世界文明作出中国贡献。[①]

[①] 龚晨：《中华优秀传统文化传承融入党的建设》，《重庆邮电大学学报》（社会科学版）2012年第3期，第14—19页。

（二）中国乡风文明建设的经验

中华人民共和国成立以来的乡村发展战略具有较强的延续性，同时也会根据不同时代的特点、既有的发展经验和农业农村农民的发展需求进行不断的调整和优化。[①] 近年来，中国各地农村的乡风文明体制机制建设有力地助推了当地经济社会的快速发展，其经验可借鉴。

（1）党政重视是促进乡风文明体制机制建设的前提。加强农村乡风文明体制机制建设，唯有党委政府的高度重视，特别是乡镇党委政府和村（居）两委的重视，才能保证组织领导有力。除了市委、市政府高度重视、加强领导，街道、社区居委会也把乡风文明体制机制建设作为一项重要工作来抓，专门设立乡村文明建设工作委员会，按照"以人为本、以德为魂、以洁为美、以和为贵"的理念，持之以恒地推进乡村文明体制机制建设。同时，通过加强乡村文明体制机制建设，创造良好的政务环境、招商环境、法制环境、创业环境、人居环境，增加了乡村投资和对人才的吸引力，真正做到物质文明与精神文明的"两不误、两促进"。

（2）群众参与是促进乡风文明体制机制建设的根本。乡风文明体制机制建设，思路靠政府、"战场"在农村、主体是农民。近年来，通过进行社会主义乡风文明建设宣传，农民群众对建设文明和谐、环境优美的新农村充满向往，成为农村乡风文明体制机制建设的动力之源。换句话说，加强农村乡风文明体制机制建设，必须举各方之力，特别是要重视并大力发挥广大人民群众的力量。中国农村传奇乡村文明成果风貌取得的经验就是要充分相信群众、发动群众、依靠群众，让群众既是乡风文明体制机制建设活动的

[①] 郭爱玲：《在城乡一体化发展中推动农村历史文化传承》，《发展》2014年第3期，第74—75页。

参与者，又是乡风文明体制机制建设成果的受益者。

（3）选好载体是加强乡风文明体制机制建设的关键。乡风文明体制机制建设涉及内容广泛，涵盖思想观念、道德情操、行为习惯等诸多方面，包括遵纪守法、文明有礼、生态环保等意识。要让农民群众能够主动接受，在内心形成乡风文明的观念与意识，需要通过适当的载体，虚工实做，变无形为有形，把总体布局要求变为具体执行任务，从一件一件人民群众身边的小实事抓起。例如，制定"五改（改水、改厕、改路、改圈、改厨）、三提高（提高村级组织的战斗力，提高农民素质，提高生活质量）"的政策要求，在不同的村落选好载体，结合实际，因地制宜，在帮助农民群众解决生产生活实际问题的同时，把新思想、新理念、新风尚送到农村，引导农民发展经济，建设新型农村乡风文明体制机制。

（4）典型示范是加强乡风文明体制机制建设的途径。榜样的力量是无穷的，"耳听为虚、眼见为实"，农村乡风文明体制机制建设的成功范例和先进经验，对推动体制机制建设工作的全面深入开展具有重要的示范引导作用。由于各地农村区域经济基础有强有弱，自然条件有优有劣，加之行政资源中的人力、物力、财力有限，农村乡风文明体制机制建设应鼓励条件较好的地方先试行。而近年来，众多农村乡风文明体制机制建设的实践进一步证明，在群众主动性、积极性不强的时候，选择条件较好的村建设示范点，充分发挥典型的示范带动作用，以点带面，实现创建工作的整体推进，是一条行之有效的途径。

（5）政策引导是加强乡风文明体制机制建设的保证。改革开放以来，农村经济社会得到了较快发展，从根本上说，取得成就的原因主要得益于农村家庭联产承包责任制等一系列国家扶农政策措施的实施。农村的经济发展固然需要政策支持，而乡风文明体制机制建设同样需要政策引导。例如，在动员农民群众进行"五改三提高"，建设绿色生态家园时，利用国家扶持贫困地区建沼气池的相关鼓励政策进行引导；在鼓励农民群众开展院落文化活动时，利用国家扶持贫困地区采取对村民购置设备给予适当补贴的办法加以引导。以上的种种做法都证明，只有适应农村经济发展需要，在设施投入、经费支持、群众动员等方面，制定完善农村乡风文明体制机制建设的具体政策和配套方案，才能有效地调动农民群众参与建设的积极性。

（三）乡风文明建设存在的突出问题

（1）农村基层干部的思想认识有待进一步提高。一些农村基层干部对乡风文明建设重视不够，没有将其放到应有的位置，把主要精力都放在抓经济发展上，认为只要经济发展上去了，乡风自然就会文明；有的认为乡风文明建设是"软指标"，工作没有深入去抓，流于形式，因而效果不明显。

（2）农村文化阵地建设有待进一步完善。许多村集体资金薄弱，文化基础设施落后，而且现有的设施也没有发挥出应有的作用，有的成为闲置资源。各级财政投入的经费偏少，多数村的文化阵地建设仍然存在较大的困难和问题。虽然一些村在新农村建设中修建了包括文化活动中心、图书室、篮球场等文化场地，但仍无法满足人民群众日益增长的文化需求，与建设社会主义新农村的基本要求相距甚远。

（3）农村陈旧落后的思想观念有待进一步转变。一部分农民的思想观念落后，缺乏健康的精神追求，缺乏创业精神，特别是部分青年农民缺乏艰苦创业、勤劳致富、遵纪守法的思想与精神。有的地方陈规陋习根深蒂固，不良风气滋生蔓延，封建愚昧思想有抬头的倾向。赌博歪风普遍存在，造成好吃懒做等坏习气，容易引发家庭矛盾，影响社会安定，同时也影响文明乡风的形成。

（4）农村环境卫生有待进一步整治。农村"脏、乱、差"的问题仍然存在。相当一部分村没有垃圾点，没有垃圾处理设施，禽畜养殖污染严重，门前"三包"难以落实，农村环境卫生状况形势严峻，整治力度需要不断加大。

（5）青年信仰缺失。在市场经济大潮冲击下，许多农村青年认同"知识无用论""一切向钱看"，以至许多地方政府在拆迁安置等工作上受到很大阻力，许多农民为了更多经济利益，打架"闹拆迁"，不断无理上访，给农村信访稳定造成很大压力。

（四）乡风文明建设的对策与措施

2018年中央一号文件强调，乡村振兴，乡风文明是保障。而如何建设并巩固好乡风文明，营造淳朴友善的乡村文化，是新时代的新课题。近年来，中国农村的广袤区域大力推进乡风文明建设，深化体制机制改革，全覆盖的乡风文明体制机制建设监管体系基本建立并不断发展中。

一是加强基层监管能力建设，提高乡风文明建设保障水平。全国各乡镇（街道）继续推进设立监管机构，配备监管人员，在村（社区）设立义务监督员队伍，乡风文明体制机制建设监管体系延伸至镇街、村社，目标是实现全覆盖。如此一来，使得基层监管能力明显增强，乡风文明体制机制建设保障水平明显提高。

二是强化乡风文明体制机制建设政府的职责，落实属地管理责任。破解乡级政府职责明显偏弱的农村保护体制"难题"，明确乡镇政府承担乡风文明体制机制综合建设、农村生态保护、主题宣传教育等若干项职责，全面落实乡镇政府的乡风文明体制机制建设属地管理责任。

三是实施"互联网+"建设行动，统一乡风文明体制机制建设监管体系。推动互联网与乡风文明建设深度融合，全面实施体制机制建设计划，启动乡风文明建设监管网络建设工程，加快整合相关部门间的数据，搭建全市统一的乡风文明建设监管平台；建立乡风文明建设数据库，加快建设与互联网深度融合的乡风文明体制机制建设监管体系，构筑横向到边、纵向到底的乡风文明建设处置体系，实现智慧人性、动态监管、处置高效。

四是积极拓展投融资渠道，构建乡风文明建设多元投入格局。加大农村乡风文明财政投入，将乡风文明体制机制建设纳入市委民生实事；加大农业、传统村落保护、新农村建设和扶贫开发等资金的整合力度，大力支持农村乡风文明基础设施建设；创新农村娱乐投入机制，大力运用PPP模式，加快建立农村乡风文明基础设施建设、运行、维护"一体化"的管理运行机制。

第五章 治理有效：乡村振兴的基础

执笔人：张 琛

治理有效是乡村振兴的基础。实现治理有效，在保证乡村意识形态不动摇的基础上，既要能够实现现代乡村社会治理体制的构建，又要充分发挥自治、德治和法治相结合的乡村治理体系作用。针对当前乡村基层治理存在的一系列问题，如何实现现代乡村社会治理体制的构建，如何确保自治是健全乡村治理体系的核心要义、德治是健全乡村治理体系的扬善之义、法治是健全乡村治理体系的应有之义，如何做到基层党组织与乡村治理的有效衔接，这就需要我们结合实际情况展开深入研究，打好建设乡村治理有效的攻坚战。

乡村治，百姓安，国家稳。作为国家治理体系的重要组成部分，乡村治理关系着乡村振兴战略的成败与否，更是习近平新时代中国特色社会主义思想中，推进国家治理体系和治理能力现代化的重要表现形式。治理有效，是乡村治理的目标。构建治理有效的乡村治理体系，是实现乡村振兴战略的基础。

中国共产党第十八届中央委员会第三次全体会议指出："全面深化改革的总目标是完善和发展中国特色社会主义制度，推进国家治理体系和治理能力现代化。"2014年3月5日，习近平总书记参加第十二届全国人大二次会议上海代表团审议时指出："治理和管理一字之差，体现的是系统治理、依法治理、源头治理、综合施策。"[①] 习近平总书记的这一论述对政府职能进行了系统性论述，推行国家治理以及最终实现治理能力现代化是题中之义。2018年中央一号文件不仅明确指出当前农村治理体系存在问题，"农村基层党建存在薄弱环节，乡村治理体系和治理能力亟待强化"，而且也提出了以"加快推进乡村治理体系和治理能力现代化"为核心

[①] 《推进中国上海自由贸易试验区建设　加强和创新特大城市社会治理》，《人民日报》2014年3月6日。

的解决路径。此外，2018年中央一号文件也对乡村治理体系的宏伟蓝图进行了规划，即"到2020年，乡村振兴取得重要进展，乡村治理体系进一步完善……到2035年，乡村振兴取得决定性进展，乡村治理体系更加完善"。习近平总书记对"三农"问题与中国发展的逻辑关系进行了系统性的阐述："中国要强，农业必须强；中国要美，农村必须美；中国要富，农民必须富。农业基础稳固，农村和谐稳定，农民安居乐业，整个大局就有保障，各项工作都会比较主动。"乡村治理正是实现农村和谐稳定、农民安居乐业的关键因素。因此，在农村治理体系亟待进一步完善的大背景下，将乡村治理纳入国家治理体系并不断完善，创新乡村治理体系，走乡村善治之路，实现乡村治理有效的目标显得尤为重要。那么，如何实现乡村治理有效呢？实现乡村治理有效的抓手包括哪些方面呢？具体来说，包括以下三个方面：一是建设现代乡村社会治理体制；二是健全自治、法治、德治相结合的乡村"三治结合"治理体系；三是以基层党组织为抓手实现乡村形态的稳定。

一、建设现代乡村社会治理体制

习近平总书记在2017年中央农村工作会议上明确指出："建立健全党委领导、政府负责、社会协同、公众参与、法治保障的现代乡村社会治理体制。"建设现代乡村社会治理体制需要做到党委领导、政府负责、社会协调、公众参与和法治保障五个方面。

完善乡村社会治理体制，建设现代乡村社会治理体制，是实现乡村振兴战略总要求中"治理有效"的重要制度保障。农村基层社会治理有效运转，关系着国家治理现代化目标的实现。当前，乡村社会治理的重点是农村基层，难点也是农村基层，具体表现为乡村治理的目标性偏离以及治理效率偏低的现实难题，亟须通过构建"政府引领、社会参与、制度保障"的现代乡村社会治理体制。所谓"政府引领"，指的是以政府为核心，规范乡村治理目标和引导乡村治理的方向，解决乡村治理的目标性问题，对应"健全党委领导、政府负责"两个方面。所谓"社会参与"，指的是充分调动社会多方力量，参与到乡村治理之中，对应"社会协调、公众参与"。所谓"制度保障"，指的是依托法律等制度强制性约束，解决乡村治理中出现的棘手难题，对应"法治保障"这一方面。

（1）"政府引领"式乡村治理机制是发展和完善中国特色社会主义制度的基本要求，也是深入推进国家治理现代化的重要着力点。习近平总书记指出："国家治理体系和治理能力是一个有机整体，相辅相成，有了好的国家治理体系才能提高治理能力，提高国家治理能力才能充分发挥国家治理体系的效能。"显然，"政府引领"式乡村治理机制正是反映出了中国特色社会主义制度下的国家治理体系的科学性和治理能力的执行力。明确好乡村治理的目标、把握住乡村治理的方向，既是国家治理体系科学性的反映，也是解决乡村治理中方向不清、目标不明的措施。国家治理现代化是一个有机整体，建设现代乡村社会治理体制正是这一有机整体的重要组成部分。因此，"政府引领"式乡村治理机制需要明确以下三个方面的内容：

一是明确"政府引领"式乡村治理机制需要坚持马克思主义思想不动摇。马克思主义的基本原则是实事求是，"政府引领"式乡村治理体制正是在充分判断当前乡村治理体制目标性不明确、方向性不清晰的实际情况下所作出的结论性表述。马克思主义思想与中国实践紧密结合，构成了符合中国实际的马克思主义中国化，研究和解决中国的实际问题。实现乡村和谐稳定和治理有效，就需要坚持运用马克思主义的立场、观点和方法，结合符合时代特征和人民群众的民族语言予以论述，依托"政府引领"式乡村治理机制把脉问诊乡村基层治理。因此，"政府引领"式乡村治理机制的重要前提是坚持马克思主义思想不动摇。

二是明确"政府引领"式乡村治理机制需要补充完善国家治理体系内涵。乡村治理体系的构建是补充完善具有中国特色的国家治理体系的重要内容。国家治理体系是一个庞大的系统工程，不是短期之内的一蹴而就，而是需要持之以恒、久久为功，最终实现国家治理现代化的结果。国家治理体系是一个有机整体，剥离出任何内容都会造成国家治理体系的瓦解。解决好农业、农村、农民问题作为党和国家工作的重点难题，实现农村和谐稳定和农民安居乐业的要求离不开"政府引领"式乡村治理机制。

三是明确"政府引领"式乡村治理机制需要厘清目标任务以及重点难点。"政府引领"式乡村治理机制是掌舵乡村治理的方向，这就需要厘清政府引导下乡村治理的目标、任务、基本原则以及重点难点。"政府引领"式乡村治理机制是依托政府的力量解决乡村治理中"谁来治理"的问题，并对"怎么治理"提出了方向性判断。因此，需要牢固确立这一乡村治理机制的目标是实现乡村治理有效，任务是解决以往乡村治理中的靶向性偏离问题，以马克思主义思想和推进国家治理现代化作为基本原则，重点难点是如何在顺应经济发展新形势、社会主义主要矛盾发生转变的背景下，做到科学、准确地判断治理方向，实现有效的乡村治理。

（2）"社会参与"式乡村治理机制的目标是实现多方参与，解决治理效率偏低和"谁来治理"的难题，是实现国家治理现代化最终目标的重要着力点。习近平总书记在十九大报告中提出了共建、共治、共享的社会治理理念，即"加强社会治理制度建设，完善党委领导、政府负责、社会协同、公众参与、法治保障的社会治理体制"。"社会协同"和"公众参与"正是共建、共治、共享理念的表现形式。现代乡村社会治理体制是一个有机整体,"社会参与"式乡村治理机制作为其重要组成部分,具有社会自我调节功能。因此,"社会参与"式乡村治理机制需要做到以下三个方面:

一是"社会参与"式乡村治理机制需要发挥优势、实现优势互补。"社会参与"式乡村治理作为多个社会参与主体共同治理的方式,旨在充分调动不同社会主体参与治理的能动性,实现多方参与、共同治理,治理效果最大化的局面。然而,任何一项决策都需要考虑到成本与收益,多方参与不可避免地面临着如何实现不同参与主体之间协调的问题,这就会带来高昂的协调成本。因此,"社会参与"式乡村治理机制亟须发挥不同社会参与主体的比较优势,降低高昂的协调成本,实现优势互补。

二是"社会参与"式乡村治理的参与主体需要明确责任与义务。"社会参与"式乡村治理的每个参与主体作为协同治理的一部分,需要明确参与乡村治理过程中的责任与义务,做到责任与义务相统一。责任与义务的不统一必然会出现矛盾,进而会产生高昂的协调成本,降低治理的效率。因此,构建"社会参与"式乡村治理,需要明确参与主体在参与乡村治理过程中的责任与义务,予以监督,做到责任与义务相统一。

三是"社会参与"式乡村治理的参与主体需要做到知法与懂法。参与主体在参与乡村治理过程中,需要遵守规章制度,做到知法自律、懂法自护。"社会参与"式乡村治理的各个参与主体在从事乡村基层治理过程中,不可避免地会遇到一些纠葛,知法和懂法就显得尤为重要,既做到自律,又是自我保护的一种表现形式。因此,加强对乡村治理的社会参与主体的法律意识宣传,具有十分重要的现实意义。

（3）"制度保障"式乡村治理机制的目标是以依托制度文件的方式对参与主体的行为进行规范，为实现乡村治理有效目标从制度层面提供了保障，也是实现国家治理现代化最终目标的重要着力点。习近平总书记指出："法律是治国之重器，法治是国家治理体系和治理能力的重要依托。"由此可见，依法治理既是现代治理的核心，也是乡村治理的核心。作为一个有机整体的现代乡村社会治理体制，"制度保障"式乡村治理机制显得尤为重要，核心是保障了现代乡村社会治理体制的有序运行。因此，"制度保障"式乡村治理机制需要明确以下四个方面：

一是"制度保障"式乡村治理机制需要做到有法可依。乡村治理机制中的有法可依是指在乡村治理过程中，出台或颁布以实现乡村治理有效为目标的法律、法令、条例、决议、命令和地方性法规，保证乡村治理过程中重要的和基本的关系具有法律化和制度化的性质。有法可依是"制度保障"式乡村治理机制的前提。

二是"制度保障"式乡村治理机制需要做到有法必依。乡村治理机制中的有法必依是指在乡村治理过程中，各个参与主体必须遵循法律的要求，做到遵纪守法。尤其是在乡村治理过程中出现法律纠纷，要依据现行的法律进行处置，避免法律成为一纸空文现象的出现。有法必依是"制度保障"式乡村治理机制的可靠基础。

三是"制度保障"式乡村治理机制需要做到执法必严。乡村治理机制中的执法必严是指在乡村治理过程中，执法机关和执法人员要严格按照法律要求，做到实事求是，维护法律的权威性，根据法律条例尊重公民的合法权益。在乡村治理过程中，遇到纠纷事件要做到执法必严，以儆效尤。执法必严是"制度保障"式乡村治理机制的重要条件。

四是"制度保障"式乡村治理机制需要做到违法必究。乡村治理机制中的违法必究是指在乡村治理过程中，不管地位多高、功劳多大都没有违反法律的资格，一旦违反法律都要受到法律的制裁。违法必究是"制度保障"式乡村治理机制的有力保障。

二、"三治"视角下的乡村治理

十九大报告以及2017年中央农村工作会议都对如何完善乡村治理体系作出了战略性部署，即"健全自治、法治、德治相结合的乡村治理体系"。实现自治、法治、德治三结合的"三治"，是实现乡村治理的重要思想性创新。依托"三治"实现治理有效，理应是健全乡村治理体系的重要路径选择。

表5-1 21世纪以来中国乡村基层治理政策文件梳理

年份	文件名称	主要内容
2005	《中共中央 国务院关于进一步加强农村工作提高农业综合生产能力若干政策的意见》	建立健全村党组织领导的充满活力的村民自治机制
2006	《中共中央 国务院关于推进社会主义新农村建设的若干意见》	健全村党组织领导的充满活力的村民自治机制
2007	《中共中央 国务院关于积极发展现代农业扎实推进社会主义新农村建设的若干意见》	健全村党组织领导的充满活力的村民自治机制
2008	《中共中央 国务院关于切实加强农业基础建设进一步促进农业发展农民增收的若干意见》	完善村民自治制度。健全基层党组织领导的充满活力的基层群众自治制度
2010	《中共中央 国务院关于加大统筹城乡发展力度进一步夯实农业农村发展基础的若干意见》	发展和完善党领导的村级民主自治机制

（续表）

年份	文件名称	主要内容
2012	《中共中央 国务院关于加快推进农业科技创新持续增强农产品供给保障能力的若干意见》	完善农村基层自治机制，健全农村法制，加强和创新农村社会管理，确保农村社会和谐稳定
2013	《中共中央 国务院关于加快发展现代农业进一步增强农村发展活力的若干意见》	进一步健全村党组织领导的充满活力的村民自治机制
2014	《中共中央 国务院关于全面深化农村改革加快推进农业现代化的若干意见》	完善和创新村民自治机制，实现村民自治制度化和规范化。探索不同情况下村民自治的有效实现形式
2015	《中共中央 国务院关于加大改革创新力度加快农业现代化建设的若干意见》	在有实际需要的地方，扩大以村民小组为基本单元的村民自治试点，继续搞好以社区为基本单元的村民自治试点，探索符合各地实际的村民自治有效实现形式
2016	《中共中央 国务院关于落实发展新理念加快农业现代化实现全面小康目标的若干意见》	依法开展村民自治实践，探索村党组织领导的村民自治有效实现形式
2017	《中共中央 国务院关于深入推进农业供给侧结构性改革加快培育农业农村发展新动能的若干意见》	完善村党组织领导的村民自治有效实现形式
2017	《决胜全面建成小康社会 夺取新时代中国特色社会主义伟大胜利》	健全自治、法治、德治相结合的乡村治理体系
2018	《中共中央 国务院关于实施乡村振兴战略的意见》	坚持自治、法治、德治相结合，确保乡村社会充满活力、和谐有序。深化村民自治实践，坚持自治为基。建设法治乡村。坚持法治为本，树立依法治理理念。提升乡村德治水平

注：资料由作者整理所得。

21世纪以来，有关乡村基层治理的政策文件聚焦于村民自治。如2005—2007年的中央一号文件均提出："健全村党组织领导的充满活力的村民自治机制。"（其中2005年的文件该表述前面有"建立"二字）2008年中央一号文件在此基础上增加了"基层群众"四个字，表述为"完善村民自治制度。健全基层党组织领导的充满活力的基层群众自治制度"，强调了基层群众的重要性。2010年中央一号文件则是强调了"村级民主"，指出要"发展和完善党领导的村级民主自治机制"。2012年中央一号文件指出"完善农村基层自治机制，健全农村法制，加强和创新农村社会管理，确保农村社会和谐稳定"，比以往增加了健全农村法制和农村社会管理等相关内容。2014年中央一号文件对村民自治制度有了进一步的明确，即"完善和创新村民自治机制，实现村民自治制度化和规范化"，并进一步强调要探索不同情况下的村民自治有效实现形式。2015年中央一号文件在2014年的基础上，指出村民自治试点的形式，可以由单一的村民小组增加到以社区为基本单元。2016年和2017年中央一号文件进一步指出，要依法开展村民自治实践，以村党组织领导为主要实现形式，并加以不断完善。十九大报告首次提出"健全自治、法治、德治相结合的乡村治理体系"。2018年中央一号文件指出"坚持自治为基，坚持法治为本，提升乡村德治水平"。由此可以看出，由以自治为主的乡村治理体系正在转变为"三治"相结合的乡村治理体系。这一重大思想性创新对于健全乡村基层治理体系，实现治理有效具有极为深远的意义。自治、法治、德治相结合是农村基础治理的一次理论创新和实践创新，出发点和落脚点是实现农村基层和谐稳定，核心要义是为了农村人民群众。

（1）自治是健全乡村治理体系的核心要义。乡村治理极其复杂，一方面是因为治理主体的多元性，另一方面是治理内容的复杂性。如何做到治理有效，两个关键因素是发挥社会内在力量和降低乡村治理成本。长期以来，乡村治理多是依靠内生性的力量实现农村家庭的内部治理和乡村的自我管理，内生性动力的压抑阻碍乡村治理体系的完善。正是源自内生性动力，广大农村居民具有乡村自治的期望。此外，乡村自治也更好地解决了乡村基层治理中高成本的困境。中国的乡村是以"熟人"为纽带的乡土社会，村庄社会并不是依靠外部力量而形成，而是依靠坚固性的自身力量所形成。自治能够更好地发挥乡村精英的主观能动性，依靠弱关系的方式实现人与人之间的管理，降低了交易成本。以村民自治为核心要义，是让农村居民直接行使自身的民主权利，实现民主选举、民主决策、民主管理和民主监督的一项政治制度。中国特色社会主义政治制度的一项内容是基层民主政治建设，村民自治则是农村基层民主政治建设的重要途径。此外，乡村治理面临着规范性和乡土性相交融、传统民俗与现代文化相统一等问题，乡村经济社会面临着巨大变迁等问题，赋予乡村治理充分的自主性显得格外关键。根据《中国人权法治化保障的新进展》[①]显示，超过98%的村庄都制定或者修订了村规民约或村民自治章程，更加凸显出自治在乡村基层治理中的重要地位。作为中国农民一项伟大创举，村民自治制度已实行超过30年。十九大之前的一系列政策文件针对农村基层治理核心的论述便是村民自治。自我管理是村民自治的一项内容，显现出的是村民自治的自主性。自主性是自治的前提，失去了自主性，村民自治则是一纸空文。广大农民群众的自愿程度也影响了治理有效性，并决定着治理有效程度，自愿参与是自主性的表现形式。要大力赋予乡村基层治理过程中基层自治的权利，引导广大农民群众增强自我管理、自

---

① 资料来源：中华人民共和国国务院新闻办公室网站，http://www.scio.gov.cn/zfbps/32832/Document/1613514/1613514.htm。

我监督、自我服务的能力，避免出现"名为村民自治，实则放任自流"的现象，削弱了农村基层治理能力。自治的力量在于以农村基层党组织作为村民自治的抓手，做到村务公开，并结合各类人才（如乡村精英、社会人才等），完善乡村基层治理体系，为实现乡村治理有效的目标作出贡献。充分挖掘村民自治在乡村治理体系中的内在价值，既能够激发村民参与村庄管理的热情，又能够解决政府公共物品供给不足的难题。因此，健全乡村治理体系的核心要义是自治，自治的核心是内生动力的挖掘。

（2）法治是健全乡村治理体系的应有之义。法治是国家治理的根本，也是实现乡村治理有效的重要制度保障。治理有效，法治先行。尤其是在当前，乡村冲突纠纷事件日益突出，依托法治解决乡村治理体系中的重点难点理应是健全乡村治理体系的应有之义。但是，当前乡村法治建设受限于农村人力资本水平、经济发展水平以及形式主义等问题，总体上看仍滞后于城市法治建设。具体来说，一是当前村民法治意识淡薄。农村人力资本水平低下表现在许多村民对基本的法律不甚了解，甚至出现村民因不懂法律而侵犯他人合法权益却浑然不知的现象，也有村民不知道如何依托法律维护自身合法权益。二是当前村庄经济发展水平滞后于城市经济发展水平。经济发展水平的滞后意味着农村居民收入水平较低，村庄想要发展经济不可避免地涉及乡村土地问题。耕地纠纷、宅基地纠纷以及集体建设用地的处置不当，都是乡村法治治理的难题。三是乡村法治宣传力度的薄弱也是造成乡村基层治理中法治效力不高的重要原因。流于形式的法律宣传既达不到法律宣传的初衷，也会影响村民法律意识认知水平的提升。此外，乡村治理中仍面临着一些重要领域法律空白的难题。一些亟须颁布施行的法律（如农村集体经济组织法需要抓紧制定，以解决农村集体经济组织的产权边界不清等方面的问题）尚未制定出台，一些法律仍需通过立法修法调整修改，不少法律还停留在行政法规、地方法规和部门规章的层次上，缺乏法律效力，没能充分发挥法治在乡村基层治理中的效果。社会主义法治社会的建设离不开农村法治建设，农村法治建设的关键是执法必严、违法必究。然而，当前乡村基层治理中执法不严、违法不究的司法不公现象时有发生，囿于传统观念以及熟人社会的影响，完全依托法治解决纠纷难度不小，乡村基层治理有效亟须破解这一掣肘。因此，法治理应是健全乡村治理体系的应有之义，法治的关键是增强乡村全体成员的法治观念。

（3）德治是健全乡村治理体系的扬善之义。"国无德不兴，人无德不立。"德润人心，以德治国一直是中国的治国方略。常言道，"道之以德，齐之以礼，知耻且格"，德治是弘扬真善美。早在春秋战国时期，以德治国就被提及。为政以德要求为官者的德行，也是一名合格的党员干部必须要具有的品行。乡村治理中的德治，是维护乡村良好秩序的内生动力，是以马克思列宁主义、毛泽东思想、邓小平理论、"三个代表"重要思想、科学发展观和习近平新时代中国特色社会主义思想为指导，以为广大乡村人民服务为出发点和落脚点进行乡村基层治理。"上面千条线、下面一根针"的情感支撑便是德治，如何实现人人向善、人人趋善、人人为善，这就需要发挥德治在乡村治理中的作用。乡村德治能够提升广大基层干部的道德素质，将社会主义核心价值观融入乡村基层理念之中，转化为乡村人民群众的情感认同与行为准则，充分挖掘出中华民族优秀传统文化，为实现"四个自信"中的文化自信指引方向。习近平总书记对传统文化作了重要阐述："要深入挖掘和阐发中华优秀传统文化讲仁爱、重民本、守诚信、崇正义、尚和合、求大同的时代价值，使中华优秀传统文化成为涵养社会主义核心价值观的重要源泉。"而乡村基层建设中的德治，则是充分挖掘中华优秀传统文化的举措。乡村是农村居民的精神家园，中华优秀传统文化起源于乡村，植根于乡村。古往今来，许多优秀乡村文化正是在人们长期乡村劳作和生产生活中积累和孕育而出的，如家风家训、人文历史、村风民约、乡贤乡绅等。应当注意的是，乡村德治不是一朝一夕的，也不是毕其功于一役的，而是一个长期的过程，并随着环境的变化而改变。因此，乡村文化环境的建设也是不容忽视的问题。良好的乡村文化环境离不开学习与宣传，离不开乡贤和乡村精英。总的来说，乡村治理中的德治，正是要紧紧抓住孕育于乡村、植根于乡村的传统文化，以乡村文化建设为抓手健全乡村治理体系。农村家庭是乡村德治的基础载体，基层组织是乡村德治的关键载体。因此，德治理应是健全乡村治理体系的扬善之义。

三、基层党组织建设与乡村治理

农村基层党组织作为党在农村工作的执政之基，是最能接触到人民群众的末梢乡村基层组织，肩负着乡村振兴的使命，是党联系广大人民群众，带领人民群众打赢"三农"攻坚克难战，夺取全面建成小康社会的排头兵。因此，实现乡村形态的稳定，做到乡村治理有效，就需要充分发挥农村基层党组织的战斗堡垒作用和党员干部的先锋模范作用，为深化农业农村改革、推进社会主义现代化进程和实现乡村振兴战略提供保障。党的执政地位牢固是新时期全面深化改革，推动各项事业发展的重要基石。因此，农村基层党建工作是巩固党联系群众的组织基础，是扎实推进党在农业农村各项工作的重要保障，也是完善乡村基层治理体系的重要举措。牢牢把握住农村基层党组织建设在乡村基层治理体系中的作用，才能保证乡村形态稳定、不动摇。

早在20世纪30年代，毛泽东同志在《〈共产党人〉发刊词》中就指出："加强党的建设是克敌制胜的重要法宝。"中共中央、国务院出台的一系列政策文件，也都在不同程度上提及农村基层党组织的重要意义。高度重视农村基层党组织建设，是中国共产党在深化农村改革过程中所凝练出的重要结晶。因此，加强农村基层党组织建设工作，是破解乡村治理各项难题的一项重大举措。

党的组织体系分为中央组织、地方组织和基层组织三个部分。改革开放以来，伴随着经济社会的不断发展，农村基层党组织建设工作得到了长足发展。经过30多年的洗礼，农村基层党组织建设工作始终是中国共产党农业农村工作的重要任务，与农业农村工作的目标相契合。

自中国共产党第十一届中央委员会第三次全体会议召开以来，党对农村基层党组织建设过程中出现的种种问题进行拨乱反正，有效地实现了在新时期下农村基层党组织建设的良性发展。改革开放初期，中国共产党首先对农村基层党组织进行整顿。1986年2月，中共中央组织部在《关于调整和改进农村中党的基层组织设置的意见》中指出："在调整和改进农村基层党组织过程中，始终坚定以行政村为单位党组织不动摇。"对农村基层党组织整顿后，中国共产党逐步通过法律的形式明确中国农村基层党组织的设置原则。1987年11月颁布出台的《中国共产党章程部分条文修正案》中，将第三十一条第一段的内容修正为"工厂、商店、学校、机关、街道、合作社、农场、乡、镇、村、人民解放军连队和其他基层单位，凡是有正式党员三人以上的，都应当成立党的基层组织"[①]，把在乡村设立农村基层党组织正式写入了党章。农

---

① 中共中央文献研究室编：《十三大以来重要文献选编（上）》，人民出版社1991年版，第64页。

村基层党组织设置在法律上得到明确后，中国共产党提出了农村基层党组织发展的目标是"建设一个好领导班子、培养锻炼一支好队伍、选准一条发展经济的好路子、完善一个好经营体制、健全一套好的管理制度"①。1994 年，《中共中央关于加强农村基层党组织的通知》进一步明确了农村基层党组织建设的目标，即"村党支部和其他组织都要把贯彻党的基本路线、团结带领农民群众奔小康作为根本任务，农村基层党组织必须认真贯彻'两手抓，两手都要硬'的方针，紧紧抓住发展农村生产力这个中心，提高广大农民的思想道德水平和科学文化水平"②，农村基层党组织肩负着提升生产力水平和提升农村居民文化水平的双重使命。1995 年，中共中央、国务院在《关于做好一九九五年农业和农村工作的意见》中指出："坚持两手抓的方针，切实加强农村基层组织建设、精神文明建设和民主法制建设。"③ 中共中央、国务院在《关于一九九七年农业和农村工作的意见》和《关于一九九八年农业和农村工作的意见》中，分别提出"着力抓好村党支部整顿和建设"④ 和"要切实抓好对农村基层干部的培训教育，进行农村政策、民主法制、市场经济知识和农业科技培训，以提高广大农村基层干部的理论水平和政策水平"⑤。1998 年 10 月，中共中央在

---

① 中共中央文献研究室编：《十四大以来重要文献选编（中）》，人民出版社 1997 年版，第 1010—1011 页。
② 中共中央文献研究室编：《十四大以来重要文献选编（中）》，人民出版社 1997 年版，第 1048—1049 页。
③ 中共中央文献研究室编：《十四大以来重要文献选编（中）》，人民出版社 1997 年版，第 1279 页。
④ 中共中央文献研究室编：《十四大以来重要文献选编（下）》，人民出版社 1999 年版，第 2296 页。
⑤ 中共中央文献研究室编：《十五大以来重要文献选编（上）》，人民出版社 2000 年版，第 200 页。

《中共中央关于农业和农村若干重大问题的决定》中，对新时期农村基层党组织建设提出了明确的方向，即"建设有中国特色社会主义新农村，关键在于加强和改善党的领导，充分发挥乡（镇）党委和村党支部的领导核心作用，建设一支高素质的农村基层干部队伍"[1]。1999年，《中国共产党农村基层组织工作条例》指出："乡镇党委和村党支部是党在农村的基层组织，是党在农村全部工作和战斗力的基础，是乡镇、村各种组织和各项工作的领导核心。"[2] 2001年1月11日，中共中央、国务院《关于二零零一年农业和农村工作的意见》明确指出："全面加强党的农村基层组织、精神文明和民主法制建设。"[3] 中共中央、国务院《关于二零零二年农业和农村工作的意见》指出"认真贯彻《中国共产党农村基层组织工作条例》和《中华人民共和国村民委员会组织法》，建立健全坚持党的领导、发挥农村党支部核心作用、保障农民当家作主、切实依法办事的村民自治运行机制"[4]。

表5-2 1978—2004年农村基层党组织建设的相关政策文件梳理

年份	文件名称	主要内容
1986	《关于调整和改进农村中党的基层组织设置的意见》	在调整和改进农村基层党组织过程中，始终坚定以行政村为单位党组织不动摇

---

[1] 中共中央文献研究室编：《十五大以来重要文献选编（上）》，人民出版社2000年版，第576页。

[2] 中共中央文献研究室编：《十五大以来重要文献选编（上）》，人民出版社2000年版，第760页。

[3] 中共中央文献研究室编：《十五大以来重要文献选编（中）》，人民出版社2001年版，第1601页。

[4] 中共中央文献研究室编：《十五大以来重要文献选编（下）》，人民出版社2003年版，第2205页。

（续表）

年份	文件名称	主要内容
1987	《中国共产党章程部分条文修正案》	工厂、商店、学校、机关、街道、合作社、农场、乡、镇、村、人民解放军连队和其他基层单位，凡是有正式党员三人以上的，都应当成立党的基层组织
1994	《中共中央关于加强农村基层党组织的通知》	农村基层党组织必须认真贯彻"两手抓，两手都要硬"的方针，紧紧抓住发展农村生产力这个中心，提高广大农民的思想道德水平和科学文化水平
1995	《关于做好一九九五年农业和农村工作的意见》	坚持两手抓的方针，切实加强农村基层组织建设、精神文明建设和民主法制建设
1997	《关于一九九七年农业和农村工作的意见》	着力抓好村党支部整顿和建设
1998	《关于一九九八年农业和农村工作的意见》	要切实抓好对农村基层干部的培训教育，进行农村政策、民主法制、市场经济知识和农业科技培训
1998	《中共中央关于农业和农村若干重大问题的决定》	加强和改善党的领导，充分发挥乡（镇）党委和村党支部的领导核心作用，建设一支高素质的农村基层干部队伍
1999	《中国共产党农村基层组织工作条例》	乡镇党委和村党支部是党在农村的基层组织，是党在农村全部工作和战斗力的基础，是乡镇、村各种组织和各项工作的领导核心
2001	《关于二零零一年农业和农村工作的意见》	全面加强党的农村基层组织、精神文明和民主法制建设
2002	《关于二零零二年农业和农村工作的意见》	建立健全坚持党的领导、发挥农村党支部核心作用、保障农民当家作主、切实依法办事的村民自治运行机制

注：资料由作者整理所得。

2004年以后，中央高度关注"三农"问题，迄今为止连续颁布了15个中央一号文件，形成了新时期富有内涵的强农惠农政策体系。具体来说，2005年中央一号文件首次提出开展"三级联创"活动，要求在县、乡镇和村三级党组织中，开展以"五个好"村党组织、乡镇党委和农村基层党组织建设先进县为主要内容的创建活动，旨在充分发挥农村基层党组织的领导核心作用，进一步巩固党在农村的执政基础。2006年和2007年中央一号文件也进一步指出，要继续开展农村党的建设"三级联创"活动，加强基层党风廉政建设。创新农村基层党组织发展，需要充分发挥城乡党的基层组织的互动机制。为此，2008年中央一号文件首次提出"建立城乡党的基层组织互帮互助机制"。2009年中央一号文件指出"建立健全城乡一体党员动态管理机制，加强农民工党员教育管理，完善村党组织两推一选、村委会直选的制度和办法"。农村基层党组织工作创新也是创新农村基层党组织发展的重要措施。2010年中央一号文件首次提出"推动农村基层党组织工作创新，扩大基层党组织对农村新型组织的覆盖面，推广在农民专业合作社、专业协会、外出务工经商人员相对集中点建立党组织的做法"，开创了农村基层党组织发展的新模式。2013年中央一号文件明确了农民合作社的党建工作，即"加强农民合作社党建工作，完善组织设置，理顺隶属关系，探索功能定位"，明确将农民合作社的党建工作作为基层党组织发展的重要发展模式。十八大提出了建设学习型、服务型和创新型的马克思主义政党的重要举措。基于此，2014年中央一号文件更是首次提出了建设农村基层服务型党组织这一指导方针，即"深入开展党的群众路线教育实践活动，推动农村基层服务型党组织建设"，旨在提高农村党建科学化和党组织的先进性和纯洁性。农村基层党组织的建设离不开上级党委的重视，2016年中央一号文件明确强调"建立市县乡党委书记抓农村基层党建问题清单、任务清单、责任清单，坚持开展市县乡党委书记抓基层党建述职评议考核，从严加强农村党员队伍建设，持续整顿软弱涣散村党组织"，全方位狠抓农村基层党组织建设。2017年和2018年中央一号文件在对党组织科学性管理的基础上，着力强调了农村基层党组织在乡村治理中的作用，即"完善村党组织领导的村民自治有效实现形式"和"加强农村群众性自治组织建设，健全和创新村党组织领导的充满活力的村民自治机制"，旨在要求农村基层党组织在乡村治理中发挥出重要的作用。

表 5-3 2004 年至今农村基层党组织建设的相关政策文件梳理

年份	文件名称	主要内容
2005	《关于进一步加强农村工作提高农业综合生产能力若干政策的意见》	深入开展农村党的建设"三级联创"活动，增强农村基层党组织的创造力、凝聚力和战斗力，充分发挥农村基层党组织的领导核心作用，进一步巩固党在农村的执政基础
2006	《关于推进社会主义新农村建设的若干意见》	继续开展农村党的建设"三级联创"活动，加强基层党风廉政建设，巩固党在农村的执政基础
2007	《关于积极发展现代农业扎实推进社会主义新农村建设的若干意见》	继续开展农村党的建设"三级联创"活动，选好配强乡村党组织领导班子，加强以村党组织为核心的村级组织配套建设，加强农村基层党风廉政建设
2008	《关于切实加强农业基础建设进一步促进农业发展农民增收的若干意见》	深入推进农村党的建设"三级联创"活动，加强以村党组织为核心的村级组织配套建设，建立城乡党的基层组织互帮互助机制，健全农村党员联系和服务群众的工作体系

(续表)

年份	文件名称	主要内容
2009	《关于2009年促进农业稳定发展农民持续增收的若干意见》	建立健全城乡一体党员动态管理机制，加强农民工党员教育管理，完善村党组织两推一选、村委会直选的制度和办法
2010	《关于加大统筹城乡发展力度 进一步夯实农业农村发展基础的若干意见》	推动农村基层党组织工作创新，扩大基层党组织对农村新型组织的覆盖面，推广在农民专业合作社、专业协会、外出务工经商人员相对集中点建立党组织的做法
2013	《关于加快发展现代农业进一步增强农村发展活力的若干意见》	扩大农村党组织和党的工作覆盖面，加强基层党组织带头人队伍建设。加强农民合作社党建工作，完善组织设置，理顺隶属关系，探索功能定位
2014	《关于全面深化农村改革加快推进农业现代化的若干意见》	深入开展党的群众路线教育实践活动，推动农村基层服务型党组织建设
2016	《关于落实发展新理念加快农业现代化实现全面小康目标的若干意见》	建立市县乡党委书记抓农村基层党建问题清单、任务清单、责任清单，坚持开展市县乡党委书记抓基层党建述职评议考核
2017	《决胜全面建成小康社会夺取新时代中国特色社会主义伟大胜利》	切实加强农村基层党组织建设，全面规范农村基层党组织生活，持续整顿软弱涣散村党组织，选好管好用好农村基层党组织带头人，实行村党组织书记县级备案管理。完善村党组织领导的村民自治有效实现形式
2018	《中共中央 国务院关于实施乡村振兴战略的意见》	加强农村群众性自治组织建设，健全和创新村党组织领导的充满活力的村民自治机制

注：资料由作者整理所得。

纵观改革开放至今农村基层党组织建设的演变历程，作为农村基层治理重要抓手的基层党组织在演化中不断赋予新的使命，从"两手抓，两手都要硬"的方针到建设服务型党组织，再到乡村治理中要发挥党组织的作用，不仅加强了农村基层党组织的组织制度建设，完善了农村基层党组织的各项制度，也顺应了新形势下农业农村发展的要求。农村基层党组织建设与乡村治理相结合，既能够充分发挥农村基层党组织在基层治理中的优势，确保意识形态不动摇，又能够在党和政府赋予基层党组织新使命下，做到基层党组织的健康发展。农村基层党组织建设作为一项农村重要工作，事关农村政治生态、经济发展和社会稳定大局。因此，以农村基层党组织作为重要抓手，是实现乡村形态的稳定与乡村治理相结合的重要举措，理应坚定不移地强化农村基层党组织在乡村治理中的地位，狠抓意识形态，有"咬定青山不放松"的韧劲，为实现乡村治理有效的目标不断奋进。

四、聚焦：问题·思考·对策

治理有效是乡村振兴的基础。实现治理有效，在保证乡村意识形态不动摇的基础上，既要能够实现现代乡村社会治理体制的构建，又要充分发挥自治、德治和法治相结合的乡村治理体系作用。针对当前乡村基层治理存在的一系列问题，如何实现现代乡村社会治理体制的构建，如何确保自治是健全乡村治理体系的核心要义、德治是健全乡村治理体系的扬善之义、法治是健全乡村治理体系的应有之义，如何做到基层党组织与乡村治理的有效衔接，这就需要我们结合实际情况展开深入研究，打好建设乡村治理有效的攻坚战。具体来说，首先，需要做到两个"明确"：

一是明确乡村治理的意识形态不动摇。乡村治理，政治是首位。乡村治理过程中，意识形态是关键，坚持马克思主义思想为指导，坚持党管农村不动摇，充分发挥中国特色社会主义政治制度的优势。

二是明确乡村治理的目标任务及难点。乡村治理，目标是方向。乡村治理的目标任务是治理有效，因此乡村治理中需要牢牢将治理有效记在心中。乡村治理的难点是如何实现治理效率的提升，即首先是如何降低乡村治理的低成本、提高治理的准确性和激发群众的参与性，其次是如何将低成本的乡村自治、具有目标导向性的政府主导和发挥比较优势的多方参与三者有机衔接。

其次，需要做到三个"加法"：

一是增加乡村经济发展水平。乡村经济发展水平的提升，既能够有效地巩固农村基层党组织建设，又能够增加乡村的凝聚力，避免重大纠纷事件的发生，为实现治理有效的目标提供财力保障。

二是增加乡村人民群众福利。乡村人民群众福利的提升，在一定程度上表现为村民收入水平的提高和幸福感、归属感的增强，既能够构建和谐的农村环境，又能够调解乡村治理中的诸多问题，为实现治理有效的目标提供人才保障。

三是增加乡村吸引力水平。乡村吸引力水平的提升，能够提高社会协同和多方参与的可能性，进而完善现代乡村社会治理体制的构建，实现政府组织和村组织在乡村治理中的优势互补，使它们为实现治理有效的目标做到协同发展。

再次，需要做到三个"减法"：

一是削弱乡村治理结构的层级化。乡村治理中面临着多重利益博弈，涉及多个层级，如县、乡、村。乡村治理中各个层级只有利益平衡才能实现乡村的治理有效。因此，在乡村治理中针对乡村治理结构的层级化需要以做强乡村、做精乡镇为目标，平衡好乡村治理各个层级的利益。

二是解决乡村治理目标的不一致。乡村治理的多元主体在乡村治理中存在着目标不一致的问题,如国家的目标是实现乡村的和谐稳定、长期发展,地方政府领导的更迭可能会造成乡村治理有效的目标不能实现。此外,基层乡村社区的目标也多是基于自身利益的考虑,"上有政策、下有对策"的情况时常会出现。因此,做到乡村治理各利益主体的目标一致性尤为重要。

三是降低乡村治理过程的高成本。如何降低乡村治理过程中的高治理成本,是实现乡村治理有效的重要难题。高治理成本包括层级之间沟通交流的交易成本、各参与主体之间的交易成本以及基层组织与村民之间的交易成本。较高的交易成本带来的是低效率的乡村治理的结果,是乡村治理有效的最大难题。因此,降低交易成本是乡村治理过程中的重要一环。

最后,需要做到两个"乘法":

一是放大自治、德治和法治的乘数效应。实现乡村治理有效的目标,需要充分发挥"三治"相结合的乘数效应,实现"1+1+1>3"的效果。自治、法治和德治三者理应是一个整体,相互作用才能发挥最大效果。自治离不开德治和法治,法治需要与德治相结合,德治需要以自治和法治为依托,三者有机结合,是实现乡村治理有效的重要方式。

二是放大基层党组织、社会组织和村民自治组织的乘数效应。实现乡村治理有效的目标,需要充分调动各参与主体的能动性,做到基层党组织、社会组织和村民自治组织三者有机结合。基层党组织在乡村治理中离不开村民自治组织,也需要与社会组织相结合;社会组织也要嵌入到乡村环境中,做到与基层党组织和村民自治组织互动;村民自治组织更需要借助基层党组织的战斗堡垒作用和社会组织的协同效应。

第六章 生活富裕：乡村振兴的根本

执笔人：卢洋啸　王　全

生活富裕是建立美丽社会、和谐社会的根本要求。实现乡村振兴，农民生活富裕是根本，而农民对美好生活的向往则是推动乡村振兴的动力。聚焦这一问题，我们可以从五方面着手：一是要拓宽农民的增收渠道，促进农村一二三产业融合发展，支持和鼓励农民就业创业；二是要加快农村社会保障体系建设，全面建成多层次社会保障体系，满足人民群众多样化、多层次的保障需求；三是要推动农村基础设施提档升级，提升基层公共服务水平，实施乡村振兴，基础设施要先行；四是要优先发展农村教育事业，决胜全面建成小康社会，必须优先发展教育，办好人民满意的教育；五是要推进健康乡村建设，没有全民健康就没有全面小康，要把人民健康放在优先发展的战略地位。

2018年中央一号文件指出，乡村振兴，生活富裕是根本。2017年12月29日，中央农村工作会议首次提出走中国特色社会主义乡村振兴道路，让农业成为有奔头的产业，让农民成为有吸引力的职业，让农村成为安居乐业的美丽家园。中国农村约有6亿人口，是全面建成小康社会的短板。那么，如何实现农民生活富裕呢？生活富裕的有力保障及实现的有效途径包括哪些方面呢？概括来说，可以从以下几方面着手：一是拓宽农民增收渠道，二是加快农村社会保障体系建设，三是推动农村基础设施建设提档升级，四是优先发展农村教育事业，五是推进健康乡村建设。

一、拓宽农民增收渠道

拓宽农民增收渠道，提高农村民生保障水平，是中国乡村振兴战略中的重要发力点。2016年，农村居民可支配收入只有全国居民可支配收入的52%，城镇居民人均可支配收入相当于农村居民可支配收入的2.72倍。2017年，农村居民人均可支配收入达到

13432元，同比增长8.6%，扣除价格因素，实际增长7.3%；城镇居民人均可支配收入36396元，同比增长8.3%，扣除价格因素，实际增长6.5%。虽然农村居民收入增速连续8年快于城镇居民，但仍需下大力气，多渠道，缩小差距。

一是以产业扶贫的方式，建立龙头企业、经营大户与贫困户的帮扶对接机制。发展能带动贫困人口收益的特色农业、劳动密集型加工业和服务业等产业，培育新产业新业态，积极探索创建扶贫平台，助力农民就地就近实现就业，以产业扶贫为关键，汇聚各种生产要素，因地制宜发展特色产业，拓宽贫困群众增收渠道。

以江西抚州市为例，2017年该市推行"基地+合作社+贫困户"的产业发展模式，大力发展南丰蜜橘、广昌白莲、南城麻姑稻等特色种养产业，推进现代农业标准化、规模化、品牌化生产，发展农副产品加工业，培育了一批农村专业合作社，吸收贫困群众就业创业，依托"一村一个特色产业"的方式，不断拓宽增收渠道，使3.2万人脱贫，累计退出91个贫困村，全市农村居民人均可支配收入13563元，同比增长9%，通过农业产业化龙头企业和农民专业合作社，直接带动30多万农户增收致富，起到了良好的带动示范作用。加快发展县域经济，培育壮大特色产业集群，促进农民就近就地转移就业增收。

二是壮大农村集体经济，盘活农村集体资产。推动构建农村发展新机制，建立一个高效的、可持续的、有竞争力的产业体系支撑农村发展。根据原农业部的初步统计，中国集体所有的资源性资产达66.9亿亩，经营性资产3万亿元，农村集体产权制度改革，对保护和盘活农村集体资产、壮大集体经济、增加农民财产性收入意义重大。实现农民的小康，关键是增加农民收入。通过资产股份权能改革，盘活农村集体资产，将促进农民财产性收入快速增长，赋予集体资产股份权能，保障农民财产权益，切实增加农民收入，改善农民生活，农民才会真正有获得感。通过组建农民土地股份合作社、支持农民合作社流转农户承包土地等方式，开展规模化经营，推动农村集体经济不断发展壮大、农民收入持续增长。

以浙江湖州市长兴县为例，通过部门结对、信贷支持、政策扶持、资源整合等途径，鼓励各村添置固定资产，不断拓宽集体经济增收途径，不断增强村级集体经济的"造血"功能，壮大村级集体经济，实现农民增收致富。2017年全县村级集体经济总收入达3.61亿元，经营性总收入达1.2亿元，同比2012年分别增长40.47%和53.58%。

三是加大力度实施新型农业经营主体培育工程，培育壮大新型农业经营主体，发展多种形式适度规模经营。2017年5月，中共中央办公厅、国务院办公厅印发《关于加快构建政策体系培育新型农业经营主体的意见》，明确提出："加快培育新型农业经营主体，加快形成以农户家庭经营为基础、合作与联合为纽带、社会化服务为支撑的立体式复合型现代农业经营体系。"健全新型农业经营主体支持政策，培育发展家庭农场、专业大户、农民合作社、农业产业化龙头企业等新型农业经营主体和社会化服务主体。把对新型农业经营主体的政策扶持力度与其带动小农户数量和效果挂钩，促进小农户和现代农业发展有机衔接，可以采取以机代人、规模经营、资源循环利用等方式促进农业节本增效，采取"保底收益+按股分红"等形式让农户分享产业链增值收益，增加农民经营性收入。

以唐山市古冶区以例，该区以促进农民增收为核心，加快培育家庭农场、农业合作社等新型农业经营主体，发展生态休闲农业，推进农业产业化、规模化发展，全区农业经济合作社已达到

99家,农民会员10000余户,家庭农场6家,其中有5家被评定为"2016年度市级示范家庭农场",有效地带动了全区农民致富增收。

四是有效利用互联网电商平台,推广订单农业。随着互联网的发展,不少优质农副产品在网上进行销售,实现了优质农产品的跨区域流通。各级政府积极搭建农村电商平台,引导农民转变销售方式,农村电商发展迅速,有力推动了农村产品上行,增强了农村生活便利性,促进了农民增收。

以山东平度市云山镇樱桃种植销售为例,云山镇是山东最大的大棚樱桃集中种植区,大棚樱桃季刚开始,1.7万亩大樱桃已是果在枝头"主"已定,预订总量达到总产量的90%以上。云山大樱桃旺销,一方面得益于近5万亩云山大樱桃具有"农业部农产品地理标志认证"的金字招牌;另一方面得益于平度市实施"互联网+服务再造"行动计划,推动冷链物流、电子商务进农村的实施,"网络销售+冷链运输"模式,使大樱桃迎合了市场需求,跟上了互联网时代发展的节奏。2016年起,平度市依托专业电商销售公司,在为农户免费提供淘宝店铺运营培训的同时,在京东、淘宝等电商平台推出"平度特产馆",集中推出云山大樱桃等特色农产品预售服务。目前,全镇年产大樱桃3200万公斤,带动农民增收10多亿元,全镇74个村庄涌现出大樱桃种植专业村47个。

五是推进农村一二三产业融合发展,构建农村一二三产业融合发展的现代农业产业体系,支持和鼓励农民就业创业,增加务工收入,扩大农民就业门路。2016年,农业产业化经营组织辐射带动农户1.27亿户,从事产业化经营户均多增收3493元。创新产业发展模式,促进产业互动发展,通过资源、技术、信息等各类要素的优化配置,促进农业与二三产业交叉渗透,通过延长产业链，提升价值链，不断挖掘农业产业链的增值潜力，提高农业自身的经营效益。通过强化农村二三产业，让农民分享二三产业收入，使农民增加收入的方式多元化。通过发展种植业、养殖业、手工业、乡村旅游业等其他产业，实现产业融合和产业链延伸。通过土地流转挣租金、园区打工挣薪金、年底分工挣股金等多种渠道，让农民有更多的收益。

以山东诸城市元康食品有限公司为例，2016年该公司生姜收购价为每公斤3.2元，高于每公斤2.4元的市场价，让签约农户亩均增收4000元。生姜加工成产品销售后，公司按照利润的10%对签约农户进行二次分红，每户获红利1000元。以自有生姜基地为依托，采取"保底收购+二次分红"模式，让市场竞争力弱的传统小农户在获得种植利润的基础上，参与分配二三产业链条的利润，共享现代农业红利。根据山东省农业厅的数据，2016年山东参与产业化经营的农户达到1900万户，户均增收超过2680元。产业融合发展能够提升农业价值链、增加优质农产品供给，让农民获得持续增收的稳定渠道。

盘活农村各类资产资源，引导承包地经营权有序流转，积极发展土地、农宅、资金、资产等多种形式股份合作，努力增加农民财产性收入，支持发展规模适度的农户家庭农场和专业大户，更好地发挥农民合作社的效用，组建大型区域性销售联合社，促进其提质增效，通过鼓励龙头企业与农户建立紧密的利益联结机制，为农民增收注入新动力；通过鼓励农业企业、服务型合作社以团体成员身份加入或入股等方式，为农民增收注入新活力，让土地产出更高的经济效益，提升农业经营效益，引导农民发展设施园艺、现代渔业和林下经济等优质特色农业，更好地促进农民增收。

二、加快农村社会保障体系建设

农村社会保障体系是政府部门为了能和城镇社会保障制度配套，在农村地区为农民提供社会养老保险、新型医疗合作、社会救济、社会福利、优抚安置等多种民生措施的总和。为了实现城乡一体化，中国计划到2020年，在农村地区实现全员覆盖的养老保险、农村医疗合作、生活最低保障等基本生活保障体系，使城镇和农村的社会保障体系逐渐接轨，最终形成全国统一的现代化保障体系。

中国农村的社会保障实践是中国社会保障体系和制度建设过程中的薄弱环节，既严重影响到农村的和谐稳定，又影响到农村的长远发展。完善的农村社会保障体系不仅有利于实现社会公平，同时也有利于农村社会和谐发展，对于保证农村地区的社会稳定、留住人才、促进乡村经济发展都具有重要意义。现阶段，加快农村社会保障体系建设至关重要。

农民在没有较为固定的工作和收入的时候，需要以耕种土地作为最主要的基本生活载体，一旦土地流转而又无法寻找到就业机会，就会陷入"种田没有资源，社保没有机会，创业没有资金"的困境。当前，中国农村地区的医疗保障、相关社会救助、养老保险等社会保障体系仍不完善，农村社会保障范围较窄且保障程度较低。十九大报告提出："按照兜底线、织密网、建机制的要求，全面建成覆盖全民、城乡统筹、权责清晰、保障适度、可持续的多层次社会保障体系。"十八大报告提出了统筹推进城乡社会保障体系建设，十九大报告对社会保障体系建设的严密度提出了更高的要求。中国有养老保险、医疗保险、失业保险、生育和工伤保险，但这些保险还不能完全抵御城乡居民一生中的社会风险，而且这五大保险覆盖率相差悬殊，失业保险覆盖面尤其狭窄。中国社保资金除依靠中央拨款外，主要是地方政府承担相应支出，受制于经济发展水平等因素的影响，农村社会保障在各地区的表现差别巨大，尤其在一些困难地区，保障水平和效果差距较大，矛盾和问题较为突出。

农村养老保险的目的，是让有农村户口的居民可以老有所依。中国农村养老保险制度始于20世纪90年代，2009年开展新型农村社会养老保险制度试点，2011年开展城镇居民社会养老保险制度试点，2014年将两项制度整合为城乡居民基本养老保险制度，实行基础养老金加个人账户的管理模式。基础养老金列入财政预算、由政府支付；个人账户由个人缴费、政府补贴和集体组织补助等构成，实账积累。2018年开始，中国实行养老保险全国统筹制度，保障农民的切身利益，缩小农村和城市之间的养老金待遇差距，让农村户口居民和城市户口居民享受无差别养老待遇。

当前中国农村社会保障体系建设存在的问题主要集中在以下几方面：一是农村社会保障水平较低，无法满足广大农民的需求。二是农村社会保障体系建设急需配套资金支持，特别是在当前物价水平不断高涨的时代背景下，社会保障金的购买能力相对下降。三是农村社会保障管理缺乏联动、监督约束及激励机制。中国目前养老、医疗、低保、救济等都由不同的部门进行管理，多部门管理缺乏联动性，而大部分地区社保基金的征收、管理和使用又由同一部门负责，缺乏有效的监督和制约。四是农村社会保障体系的信息化建设滞后，特别是异地缴费、异地报销等工作进展缓慢。五是农村社会保障体系建设缺少业务水平高、专业技术过硬的技术人员，人才队伍建设急需加强。六是农村社会保障体系建设缺少相关法律基础，法律制度建设不健全，导致农村社会保障的管理运行不顺畅，影响了社会保障的效果。

针对当前中国农村社会保障体系建设过程中出现的问题，应从以下几方面加以完善。一是通过构建完善的结构体系，实现多层次、全面覆盖所有农村居民且均衡发展的良好局面。对农村地区给予政策倾斜，在经济发展相对较好的地区，要鼓励农民积极参保，国家辅助；对于经济落后的地区，尤其是对于社会保障体系发展水平落后的农村地区，要给予更多的政策支持，尽快构建起基础性的社会保障体系，可以适当提高保障的范围和保障的程度，以国家保障为主，实施分层次的农村社会保障。加大人力物力财力投入，统筹城乡社保，逐渐消除城乡社会保障差异，通过有效的政策激励，吸引更多的人才投身到农村社会保障体系建设中，以城促乡，加强城乡合作，促进农村经济发展，提高农村地区财政税收，保证财政社保支出。

二是通过完善法律法规，从法律层面给予农村社会保障体系建设重要保障，建立起适合中国农村实际情况的稳定、有效的社会保障体系。目前，中国社会保障相关制度都是由规范性文件和地方法规组成，缺少了法律应有的强制性和权威性，很难统一规范各地的社会保障制度，国家可以在顶层设计方面给予更大的支持。

三是加强农村社会保障的监督及管理。国家司法部门和审计部门要加强对农村社会保障资金的使用情况进行监督和审查，及时将结果向社会公开，将社会保障资金的收缴、管理和使用情况向社会公开，接受公众的监督，发挥新闻媒体等相关机构的作用，接受社会团体对社保资金使用情况的监督和审查，保障监督体系的完善。真正做到制度透明化，使农民真正了解国家政策，使农民的利益得到切实保障。农村社会保障在实施过程中，加强监督，使措施有效地落实到位。

三、推动农村基础设施建设提档升级

2017年底召开的中央农村工作会议明确提出，要坚持以工补农、以城带乡，把公共基础设施建设的重点放在农村，推动农村基础设施建设提档升级。完善基础设施建设是乡村振兴的保障，在农村实施民生、民心工程，支持乡村基础设施建设，改善农民群众生产、生活条件。根据相关学者的实证研究表明，农村水利、信息、卫生环境和滞后两期时的交通运输基础设施对农业经济增长有显著的正效应。[①] 农村基础设施建设是农村各项事业发展的基础，也是农村经济系统的一个重要组成部分，只有与农村经济发展相协调，才能更好地发挥其积极作用，推动农村基础设施建设的提档升级，对于农民增收大有裨益。

中国农村基础设施建设，特别是生活基础设施建设取得了巨大成就。以农村交通道路为例，中国农村道路建设实现跨越式发展，农村公路投资总额从2000年的307亿元增长到了2017年的4731.33亿元，167增长了15.41倍，年均增长率达18.64%。

以农村用电为例，中国在2015年已经全面解决了无电人口用电问题，中国将在2018年投入405亿元改造农村电网，普及和配备智能电表，主要面向中西部地区26个省份，解决农村电网网架结构薄弱、供电能力不足、电网故障处理不及时等问题。以陕西省电力公司为例，2018年农村电网改造升级工程计划投资8.25亿元，对5个深度贫困县（区）（略阳县、汉滨区、白河县、山阳县、丹凤县）实施农村电网改造升级工程，对其他16个贫困县

[①] 张亦弛、代瑞熙：《农村基础设施对农业经济增长的影响——基于全国省级面板数据的实证分析》，《农业技术经济》2018年第3期。

（区）实施农村动力电提升工程，计划新建改造10千伏及以下线路2212公里。

以农村污水处理为例，2015年在全国选择了100个县（市、区）开展示范，探索建立农村污水治理技术、建设、运行体制机制。截至2016年底，全国农村生活污水治理率达到20%，增速是"十二五"期间平均年增速的3倍。以农村厕所污水治理为第一目标梯次推进中国农村污水治理，到2020年中国农村厕所污水治理率要达到70%以上，中国农村污水治理还未全面展开，农村污水处理率在个位数。污水治理不好，农村卫生状况就无法改善，水污染治理总体目标也难以实现。除了加强农村污水处理的基础设施建设，还应在污水处理设施运维中强化后期管理，确保基础设施的永续管控。目前，中国缺少污水处理设施运维管理的相关法规，可以学习借鉴发达国家的有效做法。

以日本农村地区为例，根据人口密度、排污量等标准，日本农村地区的污水处理把符合《净化槽法》纳入乡村治理体系，符合《下水道法》纳入城市污水治理体系。明确界定农林水产省、总务省、环境省不同主管部门管理的范围、权利、责任。农业、渔业、林业区居住20户以上，山区3户以上，归农林水产省管理；20户、3户以下，家庭处理设施归总务省管理。按照《净化槽法》《下水道法》规定，为农户选择污水处理方式，分两种情况，如果农户被归入家庭自处理大类，则污水设施由家庭自我运维，"财政补贴+自我负担"；如果被归为统一处理，则基层自治体市町村为设施运维的责任主体。在治理过程中，政府可以通过购买第三方服务的方式，实现市场化运作。第三方公司在污水处理中担任重要角色，包括设备制造公司、建筑安装公司、运行维护公司和污泥清扫公司。对第三方的监管包括主管部门的水质检测和设施的定期检查，第三方公司需要取得资质，人员必须具备专业证书。根据《净化槽法》，日本符合法律规定的农户必须选择自我建设、自我运维污水处理设施，政府补贴农户大部分建设、运维资金，农户负担小部分建设、运维资金。

推动农村基础设施建设提档升级，应有效整合农村组织资源，为农村项目有效运行提供组织保障，充分发挥村民自治组织的参与程度，最大程度地调动广大农民的参与积极性。[1] 农村基础设施建设，根本上是为了更好地满足农村地区生产和生活的需要，因此要充分尊重和倾听农民群众的心声，让农村地区的消费者满意。[2] 2017 年 8 月，国务院办公厅下发《关于创新农村基础设施投融资体制机制的指导意见》，各地方政府积极响应，根据各地实际加快农村基础设施建设步伐，不断改善农村生产生活条件，全力补齐农村基础设施建设短板。为农村基础设施建设多渠道筹措资金，除财政渠道外，需要制度外的筹资，在加大财政投入的同时，鼓励并引导社会力量多方筹集资金，建立稳定的农村基础建设资金投入机制。

农业基础设施是农业发展、农民增收的根本保障，农业基础设施建设不完善，会阻碍农业现代化推进、制约农民增收。推动农村基础设施建设提档升级是一项长期使命，可以从以下几方面进行升级：

一是升级农业基础设施建设的投融资结构。通过多种方式拓宽农业基础设施建设筹资渠道，将长期以来主要以政府投资为主的模式，转变为由多方参与的，多元化、市场化、高效化的利益共享分担模式，最大化地调动民间资本的参与热情。二是优化农

---

[1] 温铁军、张林秀：《社会主义新农村的基础设施建设与管理问题研究》，科学出版社 2011 年版，第 251—253 页。

[2] 王春福等：《农村基础设施的多中心治理》，中国社会科学出版社 2010 年版，第 293—295 页。

业基础设施建设的产业布局。要改善农业基础设施建设布局，制定科学规范的基础设施标准进行科学管理，完善农业基础设施建设发展规划，提高建设效率，突出强化顶层设计，通过合理明晰的规划布局，各地区因地制宜地加大农田水利设施建设，提高农业机械化水平，辐射带动偏远地区农业基础设施发展。三是提高农业基础设施的科学管理水平。健全农村社会化服务体系，对已经建成的基础设施进行有效管理，确保后期管护工作有效落实、管护经费及时补给，引进专业维修管理技术人员及时进行后期管护维修等工作。四是提升农业基础设施保障能力。提高农民对农业基础设施的认识，加强农民基础设施正确使用方法的培训，加强农业基础设施定期的保养和维修，增加设施的使用寿命。五是确保农业基础设施供给与需求均衡。促进农业基础设施供给与需求相统一，满足农业发展与经济发展的需要，为农民生活富裕提供强有力的基础保障。农业基础设施是为农民生产工作服务，其使用者和受益者是农民，要让农民有更多的话语权、有机会参与建设，更好地满足农民的生产生活需要，提高农民的生产积极性，更好地发挥基础设施建设的效用，促进农民增收。

四、优先发展农村教育事业

21世纪以来第15个指导"三农"工作的中央一号文件强调，优先发展农村教育事业，建好建强乡村教师队伍。农村教育发展关系国家经济发展和社会进步，是中国教育不可或缺的重要组成部分，把农村教育办好，是贯彻落实十九大精神、办好人民满意教育的关键一环。习近平总书记指出："教育是提高人民综合素质、促进人的全面发展的重要途径，是民族振兴、社会进步的重要基石，是对中华民族伟大复兴具有决定性意义的事业。"国家振兴，民族强盛，根基在发展教育。实施乡村振兴战略，关键是振兴农村教育，将农业农村优先发展和教育事业优先发展有机融合。

中国目前的农村教育与城市教育相比较，仍存在较多问题。中国农村人口众多，教育需求巨大，但农村地区优质教育资源匮乏。一是农村教育经费投入短缺现象严重。由于农村的经济发展水平差异较大，一些县级政府没有财政能力承担农村教育管理体制的责任，造成农村教育经费严重不足，制约农村教育的良性发展。二是农村教育师资队伍素质不高。师资力量薄弱是农村教育面临的普遍问题，教师队伍教育观念落后、知识水平和能力有限、教学方法落后，严重影响了学生的成长成才。三是农村教育的结构和功能不完善。在农村教育结构上，目前中国的大部分农村只有义务教育，教育结构单一，职业技术教育和成人教育相对缺乏。随着中国农村经济文化的不断发展，农村对于成人和职业教育的需求越来越迫切，但是农村教育往往忽视了成人和职业教育。此外，农村的教师选拔、任用和培训机制不完善，造成教师逐渐向城市学校流动，农村与城市的教育差距日益拉大。

以中国农村地区的学前教育为例，学前教育作为九年制义务教育的开端，是学龄儿童身心等各方面发展的关键期。中国约有1亿名学龄前儿童，而三分之二甚至更多的儿童在农村，但农村学前教育普及率低，办园规模小，保教质量低，许多民办幼儿园的教师只有初中文化水平，并且没有幼师资格证。农村学前儿童多为留守儿童，家庭教育薄弱，延误了孩子的最佳教育时间。民办幼儿园教师流动性大，师资不稳定。这些都阻碍着农村幼儿教育事业的健康发展。

以中国农村地区的小学教育为例，目前中国农村小学教育发展参差不齐,从2002年到现在,农村在校生人数明显减少。大部分农村小学的资金投入不够,教室简陋,缺乏相应的教学设备,基础设施老化单一,电脑、图书、教学用具等硬件陈旧老化。师资力量相对比较薄弱,由于城区学校对教师的"甄选",以及农村学校工资低还常出现拖欠工资的情况,教师队伍后继乏人的现象较为严重,农村小学教师年龄偏大、工作负担偏重,教学观念较为落后。

优先发展农村教育事业任重道远,针对存在的问题,应积极采取有效措施加以解决,以便更好地推动农村教育快速发展。农村教育发展滞后的根源是生产水平相对落后,农民的经济水平不高,农村教育事业缺乏资金保障。通过拓宽增产渠道来增加农民的经济收入和地方政府收入,带动农村相关产业发展,让地方政府有充足的资金加大对教育的投入。农村在抓好基础教育的同时,要重视农民职业技术教育和成人教育,全面提高农村人口素质,调整农村教育结构,提高农村教育质量。农村教育水平在很大程度上取决于教师的专业素养,发展农村教育事业,需要提高教师队伍的整体素质和专业知识能力水平。

一方面,应提高农村教师的待遇和福利,取消城乡教师工资水平差距,健全薪资和职称奖励机制,激发教师的责任意识和敬业精神。创新乡村人才培育引进使用机制,建立自主培养与人才引进相结合,学历教育、技能培训、实践锻炼等多种方式并举的人力资源开发机制,建议教育部门制定实施为农村中小学引进优质师资专项计划。另一方面,应加强农村教师队伍的建设,加大对农村教师的培训力度,健全农村教师在职进修制度,全面提高农村教师的专业技能。加强农村和城市教育合作,促进城乡资源共享,吸引大学生和优秀教师到农村任教。目前中国还没有形成引导人才资源从城市有序流向农业农村的战略性规划,因此应逐步建立城乡、区域、校地之间人才培养合作与交流机制，建立城市教师定期服务农村的良性互动机制，落实城乡教师编制标准，健全编制动态管理与统筹配置机制。

把优质教育资源送到农民家门口，充分考虑最广大农民群众的需求和农业农村未来发展的战略布局，将一些城市"名牌中学"的分校区安排到乡镇，将一些城市"名牌小学"的分校区安排到中心村。通过优质小学教育资源的重新布局，恢复行政村乃至乡镇的生机活力。农村地区加快发展，人才是关键，城市人口过于集中、人口老龄化日趋凸显，城市人口特别是退休人员回流农村区域的需求日益强劲。这部分回流的城市人口和退休人员中有不少是城市人才和教师。建议国家制定实施引导城市人才回流农村计划，根据农业农村优先发展的需要，有选择、有针对性地优先引导城市大中小学校教师到农村去，修订相关法律政策，设立专项基金，给予自愿到农村工作的人才津贴补助、安置住房等，为城市人才资源合法有序流向农村创造条件。

十九大报告指出，推动城乡义务教育一体化发展，高度重视农村义务教育，办好学前教育、特殊教育和网络教育，普及高中阶段教育，努力让每个孩子都能享有公平而有质量的教育。推进城乡义务教育一体化改革发展，从根本上解决"乡村弱、城镇挤"的问题。统筹加强乡村小规模学校和乡镇寄宿制学校建设，着眼处理好就近入学与合理寄宿、保障质量的关系，统筹布局规划，推进学校标准化建设，统一生均公用经费基准定额标准，鼓励地方提高公用经费水平，统一学校基本装备标准，提高装备应用水平，从办学条件、师资队伍、经费保障、教育教学等方面，实施底部攻坚，全面提升农村办学水平。

目前，中国正处于全面建成小康社会的决胜阶段，加速推进乡村发展尤为重要。现阶段中国优质教育资源主要集中在特大城市、大城市，而农村区域不仅没有高等教育资源，优质中小学教育资源也比较缺乏。我们应借鉴学习发达国家和地区的成功经验，其优质教育资源分布较为均衡，相当数量的名牌大学都建在小城市、小城镇。应尽快制定实施推动优质教育资源均衡布局的战略规划，引导城市特别是特大城市、大城市优质高等教育、中小学教育资源向农村区域布局是当务之急。例如，通过引进国外名校合作办学等方式，实现农村区域教育事业跨越发展。

以浙江湖州市安吉县为例，该县邀请浙江科技学院和德国吕贝克应用科技大学合作创办了安吉中德工程师学院，该校为安吉县首家全日制高校。德国吕贝克应用科技大学历史悠久，创建于1969年，是德国最早设立的三所应用科技大学之一，也是德国科研能力较强的应用科技大学和欧洲较大的网络教学资源供应者之一。该校的人才培养以跨学科的应用型教学见长，其良好的教学质量和口碑吸引了大量的优质生源，在该县形成了人才高地，对县域经济发展起到积极的推动作用，大大提升了人才创新能力，加快了创新平台建设进程。

五、推进健康乡村建设

健康是经济社会发展的基础条件，是民族昌盛和国家富强的重要标志，也是促进人的全面发展和社会的全面进步的必然要求。"没有全民健康，就没有全面小康。"自 2009 年新医改以来，中国卫生与健康事业发展进步显著。2017 年全国财政卫生支出预算达 14044 亿元，是 2008 年的 4.4 倍，占全国财政支出的比重由 2008 年的 5.0% 提高到 7.2%。与此同时，卫生与健康事业发展的不平衡不充分仍然突出，农村卫生事业发展呈现出"洼地"现象：农村与城镇居民平均预期寿命差距没有得到根本改善，农村人均卫生费用仅为城镇的三分之一，而慢性病增幅却高达城镇的2倍，"因病致贫"人口占农村贫困人口的四成。农村卫生问题属于医改世界性难题中的"硬骨头"，是深化医改和健康中国建设的短板，是中国扶贫攻坚、全面建成小康社会的制约性因素。

中国农村居民尽管在巨大的社会变迁中获得了明显的收入增长、生活水平提升等改革成果，但与城市相比，整体落差明显，尤以健康领域表现明显，即基本公共医疗资源和医疗服务在城乡之间分布高度不均衡。加快破解农村卫生难题，保障全民健康，已成为新时代乡村建设的新要求。近五年来，城市卫生费用占全国总医疗费用的75%；政府财政转移支付中95%用于城市医院，仅5%用于基层医疗机构。这种城乡卫生资源分布高度失衡的状况，无疑会影响到乡村医疗体系的建设。农村居民的健康需求得不到满足，最直接的后果就是农村社会生产力被疾病所破坏。

国务院扶贫办资料显示，中国2015年贫困人口7000万人，因病致贫、因病返贫者在所有贫困人口里的占比达40%左右。按照中国2015年人均GDP 49351元、人均住院费用8268元计算，每增加一个健康的人就等于增加了49351元的GDP、减少了8268元的医疗支出。当前，农村因病致贫、因病返贫现象较之城市更为突出，"健康扶贫"已成为农村"精准扶贫"最重要的内容之一。做好农村卫生工作，就是在保护和发展农村生产。

社会主义新农村建设需要激活农村发展动能，培育新的经济增长动力，这一切的基础是健康的人，健康与经济的发展密切相关。人力资本是经济增长的重要源泉，而健康正是人力资本的重要组成因素之一。

中国乡村健康政策的完善和实施，涉及经济、政治、文化、社会等多方面建设的全局性工作。据世界银行测算，过去40年中，世界经济增长的8%—10%归因于健康人群。哈佛大学研究表明，30%—40%的亚洲经济奇迹也是源于健康的人群。从世界主要发达国家的发展历程来看，良好的公众健康是整个社会经济长远发展的关键性投入。投资于健康，就是投资于生产力、投资于经济发展。正是基于这一点，在1984年世界卫生组织提出卫生具有"推动着社会进步及经济发展"的作用后，世界主要发达国家都高度重视卫生发展，各国纷纷出台国民健康发展规划。如美国正在实施的第三个"健康人民2010"规划，欧盟国家正在实施的第二个"欧盟成员国公共健康行动规划"，日本正在实施的第三个"健康日本21世纪"行动规划等。

当前，健康已经成为人民对美好生活的突出需求，健康事业发展的不平衡不充分集中表现在农村卫生发展落后。只有破解了农村卫生难题，才能为农村居民健康提供最坚强的保障。全面推进农村卫生与健康事业改革发展，是新时代对党的执政能力和基层治理能力的一次重大考验。推进农村健康事业改革发展，促进人民获得感的提高，有利于农民生活的改善和农村经济社会的协调发展。

2016年末，中国大陆农村户籍人口58973万人，占总人口的42.65%，农民仍然是当代最大的社会群体。当前，农村群众的生活质量尽管有了很大的提高，但仍然存在相当大的提升空间，尤其是农村卫生发展相对缓慢、城乡卫生资源对比落差较大等问题突出。发展农村健康，就要把农村健康与党的治国理政方略、党的建设对接起来，不断推动农村健康事业的发展。

20世纪六七十年代，在毛泽东"六二六指示"指导下，卫生部门逐渐将人力、物力和财力的重点放到了农村，农村健康事业出现了飞跃发展。以全国卫生机构病床分布为例，1965年农村只占40%，到1975年，这个比重已提高到60%；从全国卫生经费来看，有65%以上用于农村。改革开放以来，城乡二元结构日益强化。尽管党和政府为加强农村医疗卫生工作采取了一系列措施，有力改善了农村缺医少药的状况，农民健康保障和平均期望寿命也得到了很大提高，但总体上农村居民可获得的卫生资源远远低于城市居民，且这种差距在十八大后仍然在扩大。2012年，城市和农村每千人口卫生技术人员数分别为8.54人、3.41人，每千人口医疗机构床位数分别为6.88张、3.11张；2015年，上述四个指标分别提高到了10.21人、3.9人和8.27张、3.71张。城乡卫生资源差距不断拉大，主要是农村卫生改革发展滞后。习近平总书记在多个场合表示，农村医疗卫生、社会保障等社会事业与城市相比而言，发展较为滞后；要推动医疗卫生工作重心下移、医疗卫生资源下沉，真正解决好基层群众看病难、看病贵问题。

发展农村健康作为一项复杂的社会系统工程，已经超越了传统医疗技术范畴，关系城乡资源的均衡分配，关系经济社会的平衡发展。推进农村健康事业，需要切实"将健康融入所有政策"；破解农村健康发展难题，亟需通过加强党的领导，明确党委主体责任，协调各方，破解其面临的一切思想和体制机制障碍。

推动农村健康改革，从大健康战略角度来看，要落实好协调发展理念，地方政府需要破除传统县域竞争模式下只注重GDP增速的发展观念，真正落实好"健康优先"发展战略，促进城乡之间基本公共卫生服务的均等化，推进经济社会的协调、平衡发展。推动农村健康发展，加强组织建设。当前，农村健康发展面临着家庭医生签约、分级诊疗、健康管理等具体工作任务，牵涉到党政部门工作的方方面面。例如，要搞好分级诊疗工作、建设一支有力的家庭医生签约队伍，就应该加大对基层医疗机构的人、财、物投入，提高基层医疗机构服务能力，离不开财政等部门的大力支持；要推动医保支付方式改革，就牵涉到卫生部与人力资源和社会保障部之间的工作协调问题……部门利益如何协调、部门权限如何调整，如此种种，都是当前农村健康改革发展中亟待解决的问题。

以中国血吸虫病防治、艾滋病控制为例。1953 年，沈钧儒上书毛泽东提出血吸虫病的危害后，引起党中央的关注。1955 年，毛泽东在杭州开会之际，专门派工作人员前往农村调查血吸虫病问题。此后，他亲自领导全党和全国人民开展了一场声势浩大的血吸虫病防治运动，成立了中央防治血吸虫病领导小组，统一领导南方 12 个血吸虫病流行区的血防工作。血吸虫病防治由于党委的统一领导，各部门得以协调展开工作，形成了强大的组织领导、核心力量，大大推动了血吸虫病的防治运动发展，在当时经济十分落后的现实条件下，实现了"送瘟神"的人间奇迹。

新千年世纪之交，艾滋病在全球迅速蔓延，一些国家或地区经济、居民预期寿命倒退 30 年。其间，中国部分"老、少、边、穷"农村地区疫情十分严峻，一些国际组织预测：如果中国没有积极有效措施，2010 年将有超过 1000 万的艾滋病患者和艾滋病病毒感染者；经济损失将达 77000 亿元人民币，使中国改革开放以来所取得的经济成果毁于一旦；即使采取积极有效措施，2010 年艾滋病患者和病毒感染者也将达到 150 万人左右。对此，中共中央高度重视。2002 年 10 月 29 日，胡锦涛同志批示："艾滋病防治是关系我中华民族素质和国家兴亡的大事。各级党政领导需提高认识，动员全社会，从教育入手，立足预防，坚决遏制其蔓延势头。"此后，国务院专门出台《艾滋病防治条例》，创造了"因为一个疾病，专门出台一部法规"的历史。

近年来，一些地方和基层党组织，为了破解农村医疗卫生发展瓶颈，以不同形式和着力点将农村健康这根"硬骨头"纳入基层党委和基层党建工作内容，带动医疗卫生改革发展，取得了很好的成效。

江苏淮阴区为了推动农村健康改革、落实家庭医生签约工作，2016年开展了名为"家庭医生·红色天使"的党建项目，通过区委书记牵头挂帅、区四套班子领导挂钩负责、部门联合激励奖惩、乡村社区网格化覆盖等四项机制的建立、运行，建起了一套党委负责、各部门分工协调的以党建促卫生的发展机制，培养出一支以党员医生为核心力量，以家庭医生签约团队中的党建宣传员为抓手，以提升服务群众能力为宗旨的优秀医疗卫生服务队伍，有效地把党的政策和温暖传达到了基层一线。贵州开阳县成立全国健康促进县试点项目工作领导小组，书记任组长，全县111个部门、单位以签订承诺书的方式落实工作任务，切实将健康融入所有政策，纳入经济社会发展总体规划，取得良好成效。

时至今日，中国卫生事业已有近70年的发展历程，积累了丰富的成功经验，形成了高效的中国式办法。"医改"作为贯穿经济社会领域的一场综合改革，已成为经济转型发展的新动力。特别是十八大以来，以习近平总书记为核心的党中央，破解了长期困扰农村卫生改革发展的全社会参与、卫生资源配置、资金投入等瓶颈问题，已经迎来了成熟的时机条件，农村健康事业必将在新时代迎来大发展。

六、聚焦：问题·思考·对策

生活富裕是建立美丽社会、和谐社会的根本要求。实现乡村振兴，农民生活富裕是根本，而农民对美好生活的向往则是推动乡村振兴的动力。聚焦这一问题，我们可以从五方面着手：一是要拓宽农民的增收渠道，促进农村一二三产业融合发展，支持和鼓励农民就业创业；二是要加快农村社会保障体系建设，全面建成多层次社会保障体系，满足人民群众多样化、多层次的保障需求；三是要推动农村基础设施提档升级，提升基层公共服务水平，实施乡村振兴，基础设施要先行；四是要优先发展农村教育事业，决胜全面建成小康社会，必须优先发展教育，办好人民满意的教育；五是要推进健康乡村建设，没有全民健康就没有全面小康，要把人民健康放在优先发展的战略地位。

基于以上五方面内容的思考，提出如下对策：

对于拓宽农民增收渠道，一是要深入挖掘农村优势资源，鼓励农民就地就近就业创业，加快配套产业建设，不断壮大农业产业，挖掘农民增收新潜力，培育农民增收新动能；二是要提升农业价值链，健全新型农业经营主体支持政策，健全产业链利益联结机制，加强农村金融服务，充分发挥全国农业信贷担保体系的积极作用，探索财政撬动金融支农新方式，不断挖掘农业内部增收潜力；三是要构建城乡一体化发展长效机制，激发农村资源资产要素活力，充分发挥新型城镇化辐射带动作用，释放农民增收新动能。

对于加快农村社会保障体系建设，一是要提高认识，建立多层次的农村社会保障体系，对于提高保障和改善农村的民生水平，推动农村地区经济社会发展，有着重要的推动作用和深远的历史意义；二是要坚持以政府为主体，积极发挥市场作用，促进社会保险与补充保险、商业保险相衔接，以社会保险为主体，社会救助保底层，积极完善社会福利、慈善事业、优抚安置等各项制度；三是要全面实施农村地区全民参保计划，完善农村居民基本养老保险制度、基本医疗保险制度、大病保险制度等各项切实关系农民生产生活的各项制度措施。

对于推动农村基础设施提档升级，一是要坚持系统化推进，强化农村规划引领作用，各相关职能部门要通力协作，密切配合，加强支农资金的统筹整合，集中力量办大事；二是要以农民的实际需求为立足点，创新组织方式、融资方式、管理方式，充分调动群众积极性，鼓励社会力量、工商资本参与基础设施建设，扎实推进项目建设；三是要在建好、用好农村基础设施的同时，加强对农村基础设施建设的维护和监管，建立有效管理、跟踪维护的考核办法，发挥农村基础设施的最大效用。

对于优先发展农村教育事业，一是要提高认识，当今世界的综合国力竞争，说到底是人才竞争，人才越来越成为推动经济社会发展的战略性资源，教育的基础性、先导性、全局性地位和作用更加突显；二是要高度重视农村义务教育，办好学前教育，扩大普惠性学前教育资源，普及高中阶段教育，巩固提高中等职业教育发展水平，动员全社会形成合力，努力让每个孩子都能享有公平而有质量的教育；三是要重视教师队伍建设，健全大中小学师德体系，制定乡村教师队伍建设专门政策，建立乡村教师荣誉制度，中小学设置正高级职称，有效调动教师长期从教、终身从教的积极性。

对于推进健康乡村建设，一是要提高认识，推动健康乡村建设是全面建成小康社会的重要内容，更是推动农村生态文明建设的重要抓手，推进健康乡村建设，以农村居民身体健康为核心，以生态环境治理为重点，完善农村生态治理体系建设，加大资金投入力度，切实将环保设施延伸到农村；二是要坚持公益性方向不动摇，健全廉价、短缺药品供应保障机制，完善药品集中采购制度，加快建立分级诊疗制度，促进医疗资源向农村下沉，加大农村医疗投入力度，为村级卫生室配备必要的医疗设施，提升村级卫生室服务水平；三是要加强基层医卫人才队伍建设，提升农村医护人员水平，鼓励引导卫生人才下乡支农，通过常态化教育培训、业务指导，提升村级卫生室医护人员业务水平与职业素养，不断提高基层医疗水平。

微信扫码

听党建学习音频
添加阅读助手获取服务

第七章 脱贫攻坚：乡村振兴的前提

执笔人：何安华　郭　铖

乡村振兴离不开脱贫攻坚。当前，打赢脱贫攻坚战不仅是一场经济活动，还是一个政治任务，更是一种社会动员。按照中央部署，到 2020 年，人均年纯收入低于 2300 元（2010 年不变价格）的绝对贫困人口将基本消除，但农村贫困问题并未就此终结。那么，2020 年后的减贫扶贫工作应该怎么开展？现有的扶贫策略又该如何调整？显然，这些问题是比较宏观和具有政策前瞻性的，也是当下各方正在抓紧探索的现实问题。

贫困问题是中国经济社会发展中最突出的"短板"。《中共中央 国务院关于实施乡村振兴战略的意见》明确提出，乡村振兴，摆脱贫困是前提。必须坚持精准扶贫、精准脱贫，把提高脱贫质量放在首位，既不降低扶贫标准，也不吊高胃口，采取更加有力的举措、更加集中的支持、更加精细的工作，坚决打好精准脱贫这场对全面建成小康社会具有决定性意义的攻坚战。

一、脱贫攻坚面临的挑战

十八大以来，中国脱贫攻坚战取得了非常显著的成效。2013—2017年，每年农村脱贫人口分别为1650万、1232万、1442万、1240万和1289万人，五年间让6853万人脱离了贫困，相当于一个欧洲大国的人口。当前，中国已进入脱贫攻坚战的关键阶段，但农村贫困人口基数依旧非常庞大，且脱贫难度越来越大，精准扶贫和精准脱贫工作仍面临很大挑战。

（一）需要脱贫人口总量庞大且自我发展能力严重不足

2016年11月23日，国务院《关于印发"十三五"脱贫攻坚规划的通知》指出，截至2015年底，全国有5630万农村建档立卡贫困人口，主要分布在832个国家扶贫开发工作重点县、集中连片特困地区县和12.8万个建档立卡贫困村，多数西部省份的贫困发生率在10%以上，民族八省区贫困发生率达12.1%。2016年和2017年连续两年脱贫1200余万人口，2017年末，据国家统计局的抽样调查，按现行农村贫困标准测算，仍有农村贫困人口3046万人，贫困发生率3.1%。要完成到2020年按现行贫困标准全部贫困人口脱贫的目标，2018—2020年每年还需要脱贫1015万人。[1] 分省看，2017年各省农村贫困发生率普遍下降至10%以下，但农村贫困发生率在3%以上的省份仍有14个。

从剩余贫困人口结构看，深度贫困地区贫困人口和老年人、单身者、懒人、精神障碍患者、残疾人、贫困儿童等特殊困难群体逐渐成为贫困人口主体。受多种因素的影响，他们的自我发展能力严重不足，未来他们的脱贫成本更高、脱贫速度减缓、脱贫难度更大，依靠常规举措也更难以摆脱贫困状况。

（二）区域性整体贫困程度较深但区域经济发展基础薄弱

当前扶贫攻坚战遇到的一块"硬骨头"是深度贫困地区和人群的脱贫。这已不是农民（家庭）个体或单个村庄整体的贫困，而是整片区域由于地区差异、文化差异、资源匮乏或制度性资源转换不畅等多种原因造成区域经济发展落后而出现区域性贫困。

---

[1] 国家统计局：《2017年全国农村贫困人口明显减少 贫困地区农村居民收入加快增长》，http://www.stats.gov.cn/tjsj/zxfb/201802/t20180201_1579703.html，2018年2月1日。

区域性贫困涵盖了大量村庄和个体性贫困，主要分布在中西部地区、山区边缘地区和少数民族地区。2011年《中国农村扶贫开发纲要（2011—2020年）》确定了14个连片特困地区，共包含680个县级单位，其中431个是国家扶贫开发工作重点县、183个革命老区县、370个少数民族县、54个边境县。2011年，在有统计数据的11个片区中，贫困发生率最低的是大别山区，为20.7%；最高的是乌蒙山区，为38.3%。① 片区规划印发后，经过数年的发展，片区扶贫取得了明显成效，道路畅通、饮水安全等10项重点工作在加快推进。但区域性整体脱贫的难度越来越大，一些地区仍深陷深度贫困。

2017年11月21日，中共中央办公厅、国务院办公厅印发了《关于支持深度贫困地区脱贫攻坚的实施意见》，对深度贫困地区脱贫攻坚工作作出全面部署，指出西藏、四省藏区、南疆四地州和四川凉山州、云南怒江州、甘肃临夏州（简称"三区三州"），以及贫困发生率超过18%的贫困县和贫困发生率超过20%的贫困村，自然条件差、经济基础弱、贫困程度深，是脱贫攻坚中的"硬骨头"。深度贫困地区的脱贫难度非常大，这是因为这些地区的自然条件恶劣、基础设施落后，区域间经济发展落差巨大，地区基本公共服务严重落后，产业发展难度很大。②

（三）扶贫脱贫政策工具在实践中的"精准"难度非常大

"精准扶贫"的概念虽已非常普遍，其内涵和操作方式都非常明确，但政策落地却与理想设计仍有差距。解决"扶持谁？谁来

---

① 国家统计局：《统计信息专报（48）》，2012年4月，第4页。
② 李小云、左停：《深度贫困地区脱贫攻坚：挑战与对策》，《中国社会科学报》2018年2月6日。

扶？怎么扶？如何退？"的问题仍是精准扶贫面临的重大挑战。一是精准识别贫困对象难度大。在现实中，被确认为贫困户就有资格获取各类扶贫资源，这导致部分村庄存在贫困户轮流当的现象，个别村庄在贫困对象识别过程中出现"偏私"，真正贫困的农户却当不上"贫困户"。再者，精准统计农民的一次性收入也比较困难，这也会导致贫困对象识别存在偏差。二是精准确定致贫原因有难度。从2013年开始，全国各地虽已对8900万贫困人口建档立卡，但致贫原因被简单设计为因灾、因病、因残、因学、缺技术、缺劳动、缺资金、其他，分类过于简化，不利于详细分析致贫的深层次影响因素。三是精准帮扶政策工具的针对性急需提高。当前最主要的帮扶政策是产业扶贫，也是被大众赋予厚望并认为是长久"造血"的扶贫政策，但产业选择是否与当地的资源禀赋、产业基础、种养传统、技术匹配等客观条件相契合，以及产业发展的方式、模式等是否为贫困群众所接受，这些都直接影响到产业扶贫的效果。四是精准扶贫的考核机制缺失，多种考核机制并存，给精准扶贫考核带来了极大的难度。[①] 另外，精准扶贫在实践中还可能存在领导干部"抓手难"、产业扶贫"判断难"、工作队员"填表难"、贫困家庭"配合难"等问题，特别是帮扶和被帮扶两类群体都需要花费大量精力去应对各种考核表，以致帮扶者的精力被分散，帮扶工作本末倒置，被帮扶者宁愿贫困也不会主动进入被帮扶序列。

二、精准扶贫经验与策略

当前，精准扶贫方式主要分为九种：特色产业扶贫、金融扶

---

① 莫元圆：《我国精准扶贫所面临挑战及对策研究》，《市场研究》2016年第1期。

贫、资产收益扶贫、转移就业扶贫、易地扶贫搬迁、生态保护扶贫、健康扶贫、教育扶贫和兜底保障扶贫。其中，特色产业扶贫、转移就业扶贫、金融扶贫、资产收益扶贫直接着力于提高贫困人口的经济发展能力和收入水平；易地扶贫搬迁、生态保护扶贫着力于在扶贫中办调人与自然的关系；健康扶贫和教育扶贫着眼于长期中贫困人口人力资本的提升，以从根本上提高他们的发展能力；兜底保障扶贫是指针对无法通过产业、就业等方式实现脱贫的家庭提供社会保障救济。

（一）特色产业扶贫

贫困户持续脱贫、防止返贫问题一直是落实精准脱贫工作的重中之重。精准扶贫政策实施以来，各地政府和扶贫公益组织积极探索立足地方资源条件、扶持地方特色产业以带动贫困人口稳定增收致富，主要形成特色产品产业、旅游产业、光伏产业，并将产业发展与"互联网+"有机结合，探索发展了电商扶贫模式。

（1）特色产品扶贫。围绕地方特色产品建设生产基地，逐步延长产业链，发展地方品牌的特色产品扶贫路径能够在发展产业中解决贫困人口的就业及增收问题，是精准扶贫的重要方式。山西夏县充分利用行政村先天自然条件，在地方干部带领下，围绕"一村一品一业"投入资金、引进技术、发展各色产业，如养鸡合作社、反季节大棚水果、树枝回收做板材等，贫困户深度参与，实现了集体经济收入"破零"。夏县在扶贫产业发展中注重挖掘弱势人口劳动潜力，提高贫困村农户的就业水平，引导贫困人口靠劳动脱贫。该县埝掌镇对残疾人开展香包手工培训，把技术引进来，使弱势群体有公平的就业环境和机会。这种方式为"转移支付式"的被动输血扶贫向"经营劳动型"的主动造血扶贫转变提供了很好的思路。

（2）旅游扶贫。中国很多贫困地区位于偏远、闭塞的山区，这些地区的交通条件较差，但往往自然环境较好、人们生活习俗各异，蕴含着丰富的旅游资源。中国农业大学李小云教授及其团队在云南西双版纳傣族自治州的勐腊县河边村，依托当地特色民俗旅游资源，开展了"瑶族妈妈"客房扶贫项目，具体承担了项目策划、宣传、联系客户、签订合同等主要工作，并常在现场负责具体接待工作。2017年项目开展以来，贫困户收入显著增加，2017年37个贫困户实现户均增收约5000元。

（3）光伏扶贫。光伏扶贫是指在光照资源条件较好的贫困地区，由政府、企业、贫困户共同参与，因地制宜统筹建设光伏发电设施，并将全部或部分发电收益用于贫困人口稳定收入和增加收益，以达到精准扶贫目的的惠农工程。2014年10月，国家能源局、国务院扶贫办印发《关于实施光伏扶贫工程工作方案》，此后光伏扶贫逐渐成为中国精准扶贫方式之一。安徽金寨县是较早发展光伏扶贫的地区，从2013—2015年，金寨县建设了1万多户的户用光伏系统，并在218个行政村建设了村级电站。鉴于分散电站维护成本高的问题，2015年起该县重点发展集中电站。2016年6月，金寨县人民政府发布《金寨县光伏发电精准脱贫实施方案》，明确建设20万千瓦集中地面光伏扶贫电站，作为当地光伏扶贫的重点项目。据彭博新能源财经统计，截至2016年上半年，全国光伏扶贫项目规模累计约为300兆瓦，其中80%采取集中电站形式。

（4）电商扶贫。2015年，自李克强总理提出"互联网＋"以来，互联网与传统行业的结合飞速发展。根据国家发改委发布的《农村一二三产业融合发展年度报告》，2017年，全国农村网络零售额达到12448.8亿元，同比增长39.1%；农村网店达到985.6万家，同比增长20.7%，带动就业人数超过2800万人。在扶贫领域，各地努力探索特色农产品、手工艺品、旅游与"互联网+"结合的方式，拓宽了销售渠道，使产业与市场对接更加紧密；贫困人口可以通过电商货比三家，获得物美价廉的生产资料和生活用品；依托电商的发展，贫困地区的交通通讯设施、物流设施也能得到相应改善，贫困人口的市场经济意识将逐步形成。宁夏回族自治区贺兰县自2015年，以农村淘宝项目为主要模式开展电商扶贫。截至2016年底，建成县级服务中心1个、村级服务站30个。县级服务中心主要负责开发建设、管理村级代购市场以及现存仓储、物流服务；村级服务站主要开展代买代卖服务、物流服务以及资金结算。农村淘宝项目为农村电商的发展打造了平台，为贫困地区工业品下乡和农产品进城创造了条件。

精准扶贫实施以来，特色产业扶贫发挥了贫困地区的资源优势，优化了产业结构，带动了贫困人口就业和持续增收。但当前特色产业扶贫中存在以下问题：一是当前特色产业扶贫主要依靠政府推动，部分产业项目对市场规模和持续发展考虑不足。很多产业项目在发展前期由于政府支持力度大，项目能够快速上马，在短期内确实达到了快速增加就业、提高收入、致富脱贫的目的。但有的产业项目缺乏长远规划，不注意控制规模。产业项目能否有持续资金投入，产品能否获得市场认可、卖上好价钱，对这些潜在问题的风险考虑不足。二是在扶贫产业发展中对发挥贫困人口自身的能动性重视不足。精准扶贫政策的实施，在短期内给贫困地区和贫困人口带来了有力的外部支持，这使很多扶贫项目短期效果显著。但这也会滋生贫困人口过分依赖外部支持，出现缺乏自我发展动力的倾向。李小云教授在开展"瑶族妈妈"客房扶贫项目中，就发现很多当地贫困户过分依赖外界扶持，"等、靠"思想严重。三是光伏扶贫中存在降低维护成本与精准扶贫效果的矛盾问题。以户、村为单位发展分散电站能够更好地确保贫困户收益，但运营、维护成本过高。集中电站能够大幅降低运营、维护成本，是当前光伏扶贫的重点，但由于企业承担运营、维护工作，收益大部分流向企业，扶贫效果会大打折扣。四是交通问题、品牌问题成为电商扶贫中的主要制约因素。很多贫困地区位置偏远、交通落后，生鲜农产品容易腐坏，很难通过电商实现远距离销售。贫困地区加工企业少、品牌建设滞后、产品缺乏质量保证，也限制了农产品加工品电商的发展。

（二）转移就业扶贫

通过农村贫困人口人力资源数据库建设、贫困劳动力职业培训、岗位推介和就业帮扶、跟踪维权等环节的各项工作，促进贫困人口就业增收既是精准扶贫的重要方式，也是优化城乡劳动力资源配置的有效途径。

河南安阳市从2016年起加大贫困人口转移就业工作力度，扎实开展了三项工作：一是建立贫困家庭劳动力台账。下发《关于开展建档立卡贫困家庭劳动力情况调查的通知》，各县深入贫困家庭对贫困家庭劳动力进行调查登记，详细掌握农村贫困家庭劳动力年龄结构、素质技能、就业意向、培训意愿等基本情况，建立农村贫困家庭劳动力数据库和实名制登记台账。二是对贫困村开展针对性劳动力培训。在征求贫困家庭劳动力培训意愿后设置培训专业并安排课时，对10个贫困村开展试点培训，培训专业主要为家政服务、蔬菜种植、烹饪、纺织服装等，每个培训班时间为3—5天。三是市劳务输出管理服务处、市职业介绍服务中心积极为贫困家庭劳动力提供就业岗位对接服务。通过"送岗位进贫困村"、开办专场招聘会等方式，将就业岗位与劳动力对接。2016年，全市实现贫困家庭劳动力转移就业12823人。安阳市转移就业扶贫中的主要问题是经过2016年以来的转移就业脱贫，容易转移就业的农村贫困家庭劳动力已经基本实现转移就业，剩下的多是年龄偏大、技能偏低的，转移就业的难度较大，需要制定针对性措施促进这部分人转移就业。[①]

（三）金融扶贫

2014年建档立卡工作实施以来，在《关于全面做好扶贫开发金融服务工作的指导意见》《关于创新发展扶贫小额信贷的指导意见》等政策的推动下，精准扶贫小额信贷逐渐在激发建档立卡贫困户内生动力，为其在发展生产、增收脱贫提供资金支持方面发挥重要作用。在实践中，精准扶贫小额贷款主要有两种方式：

其一是直接支持方式，银行机构向符合条件的贫困户发放扶贫小额贷款，由贫困户自主使用，通过自主经营或者合作经营实现增收脱贫。直接支持方式是精准扶贫小额信贷的主要模式，但其在实践中主要有两大问题：一是将贷款直接发放给贫困户由他们自主使用，但是可能出现贫困户改变贷款用途，将生产性贷款用作生活支出，违背精准扶贫小额信贷的初衷；二是在一些贫困地区，农民缺乏发展相关产业的技能，政府对技能培训又不够重视，导致贫困户即使获得资金也难以发展相关产业。在山西五台县调研中发现，一些村庄贫困户获得精准扶贫小额信贷养羊，但由于防疫技术跟不上致使羊大量死亡，恶化了贫困户的经济状况。

其二是间接带动方式，贫困户与企业、合作社、家庭农场、能人大户等主体签订协议，这些主体使用贷款并按协议给贫困户分红，并在需要用工时优先考虑贫困户。山西夏县晋星集团是一家集畜禽饲料研发生产、三黄肉鸡养殖、肉鸡屠宰、熟食加工、原料贸易为一体的综合性民营企业。近年来，在夏县县委、县政

[①] 本部分案例材料来自王建宾：《安阳市转移就业脱贫调研分析》，《人才资源开发》2017年第13期，第30—33页。

府的推动下，该公司启动了精准扶贫养殖产业园建设。为了解决项目融资问题同时帮助贫困农户脱贫，在政府推动下该公司对接精准扶贫小额信贷，与贫困户签订协议，贫困户自主自愿向银行申请贴息贷款，吸纳198户贫困户的精准扶贫小额贷款融资990万元。企业每年按不低于15%的比例分红，并在律师公证下形成利益分配协议。2017年，贫困户户均年增收7500元。间接带动式的精准扶贫小额信贷旨在解决贫困户由于自身能力不足或缺乏好的产业项目而不敢贷款的问题，为农业龙头企业缓解资金约束的同时，带动发展能力弱的贫困户增收脱贫。但在这一模式下，贫困户稳定增收必须以龙头企业有较好的盈利能力为前提，而龙头企业盈利能力又在很大程度上受市场影响。在夏县案例中，如果龙头企业盈利无法满足合同规定的15%的分红要求，分红协议将受到冲击或龙头企业将受损。而政府为贷款实施全额贴息也加重了财政负担。因此，要发挥间接贷款模式持续益贫效应，应该进一步优化利益分配机制，协调好贫困户、龙头企业、银行、政府各方利益。

（四）资产收益扶贫

多种途径增加贫困人口资产性收益，是促进贫困人口增收脱贫的重要方式。当前，贫困人口资产性收益主要包括三类：一是对于占用贫困地区集体土地发展的种养业、森林旅游业、矿产开发业等产业，贫困人口可按户或按人口分享产业发展收益；二是对于有条件的贫困地区，鼓励、支持贫困人口以资金、技术、设备与龙头企业、农民合作社等新型农业经营主体进行股份合作，形成利益共同体，从而实现股份到户、利益到人；三是在易地扶贫搬迁中支持贫困人口将输入地商铺、诊所等营利性物业产权量化到户，发展物业经济，增加由乡进城贫困人口财产性收入。

当前精准扶贫进入攻坚阶段,各地政府对贫困村的资金支持力度不断加大,如何有效使用政府扶贫资金是贫困村面临的突出问题。将政府给予贫困村的扶持资金入股于效益好的企业、农民合作社等经营主体,获得股份收益是使扶贫资金长期增值、促进贫困人口增收的可行途径。山东平度县杨家顶子蔬菜生产专业合作社是一家主要从事蔬菜种苗繁育、设施蔬菜种植以及农业社会化服务的农民合作社。合作社在长期发展中逐步形成"种苗繁育+基地种植+社会化服务+订单农业"的发展模式,收益稳定。近年来,合作社年营业收入均达 2000 万元以上。为了解决规模扩张中的资金需求,同时也带动周边贫困农民致富,合作社 2016 年吸收周边 3 个贫困村毛家村、万柳周村、店上村 2 年扶贫资金共计 220 万元作为优先股。合作社与 3 个村村委会签订 12 年股权合同,前三年每年给每个贫困村集体经济组织 5 万元优先股分红,以后每三年增加 10%。计算可得,4 个三年中,年股息率分别为 6.82%、7.50%、8.25%、9.08%。通过整合扶贫资金,合作社以可以接受的资金成本筹集了所需资金,同时也为政府扶贫资金提供了可以稳定升值的投资渠道,提高了政府扶贫资金的利用效率。但这一模式的扶贫效果受企业、合作社经营效益影响较大,需要政府、贫困村集体密切关注企业、合作社的发展,确保扶贫资金的安全。

(五) 易地扶贫搬迁

中国地形复杂多样,山区面积广大,约占全国总面积的三分之二。山区地势崎岖、土壤贫瘠、交通闭塞,经济文化相对落后。特别是在一些深山区、石山区、高寒区、荒漠化区等,贫困与恶劣严酷的自然生态条件往往是共生的,生态环境脆弱、自然灾害多发使在生态贫困区实施原地扶贫难度变大,即使依靠各种外界力量实现脱贫，受自然生态条件的影响也极易返贫。易地扶贫搬迁是解决生态贫困问题的根本举措。易地扶贫搬迁，必然会使扶贫搬迁地区在短期内形成大量的"空壳村"。如何使搬迁后的农民实现稳定就业和稳定增收，如何有效利用这些地区的土地资源以及由当地居民和政府长期投资形成的水、电、路、房等设施，是易地扶贫搬迁中的突出问题。

作为全国扶贫开发工作重点县，山西左权县于2001年开始以易地扶贫搬迁作为扶贫工作的重点，并逐步探索形成了通过发展庄园经济，有效利用移民搬迁后的闲置资源发展相关产业，形成贫困户稳定增收的扶贫模式。左权县庄园经济具有欧洲中世纪与中国古代庄园经济经营规模大、多种经济有机结合的特点，同时又具备现代庄园经济以私人投资为基础、以现代化管理为手段、以市场为导向的要素，因此将其称为"庄园经济"。其本质是一种以民间投资将移民区土地资源与现代化的经营管理、先进的技术有机结合的农业经营模式。庄园经济通过流转由于扶贫搬迁而闲置的耕地、宅基地、林地，以及"四荒"用地等土地资源，将资金、管理、技术等现代生产要素与大量的山区土地资源相结合，从事多元化经营，兼营种植养殖、乡村旅游、农产品加工等行业，不仅规避了山区生态脆弱、土壤贫瘠的劣势，而且通过农业的多功能化提高了经济效益。在十年的时间里发展了相当数量的农业规模化经营主体，部分主体发展效益良好，对县域经济发展起到显著的带动作用。截至2015年底，左权县庄园经济年产值达到6500万元。依托庄园经济，左权县已形成核桃种植加工、杂粮种植加工、乡村旅游业、畜禽养殖业四大支柱产业。截至2015年底，左权县有800多名农民以土地经营权、资金、饲养的畜禽等形式入股庄园经济，以股东身份获得资产性收入。庄园经济带动当地农户就业1万多人次，人均增收2680元。

但庄园经济发展中也凸显出一些问题。左权县257个庄园中，具有一定规模、经济效益较好的庄园只有20个左右，不足庄园总数的10%。总体来看，左权县庄园经济发展主要面临三方面的困境：一是市场困境。左权县交通、通信等基础设施较为落后，与发展旅游业相配套的交通路线、通信设施尚未建成，影响了旅客流入；政府对庄园经济发展缺乏统一规划，对外缺乏统一宣传，旅游业未形成品牌，对游客吸引力不大；当地庄园数量较多，旅游资源同质性强，同业竞争严重；加工业品牌建设较为落后，全县注册自有品牌的庄园仅有不到10个；市场竞争较为激烈，近年来由于核桃产品的市场竞争日趋激烈，核桃产品面临销售困难。二是资金困境。庄园开发前期投入大、回报周期长、见效慢，大部分庄园面临资金约束。当地政府鼓励庄园以土地经营权作为抵押申请贷款，但相对于其他抵押品，土地经营权抵押涉及关系复杂，不确定性较大。银行出于交易成本考虑，一般不接受土地经营权作抵押发放贷款。三是人才困境。大多数庄园没有条件聘请懂管理、善经营的管理人才。一些庄园在经营管理、市场定位等方面问题明显，不少庄园发展几年后因经营不善而夭折。

（六）生态保护扶贫

生态保护扶贫是指把生态保护与扶贫开发融合起来，使生态保护成为贫困地区脱贫和发展的新动力。生态保护扶贫是绿色发展理念在扶贫开发领域的体现。按照"十三五"规划要求，"十三五"期间中国农村贫困地区既要扎实搞好精准扶贫、脱贫工作，又要加快推进生态文明建设，全力以赴补齐这两块短板，确保到2020年能与全国其他地方一道全面建成小康社会。

江西新干县近年来将精准扶贫开发与生态文明建设相结合，

加强基础设施建设、优化生态环境、发展生态产业，形成了精准扶贫开发与生态文明建设"双赢"的局面。新干县在生态保护扶贫中主要采取了五大措施：一是人工造林扶贫。2016年，该县贫困村造林面积103.91公顷，可获得造林补助资金31.17万元，对贫困村脱贫有较大帮助。二是生态补偿扶贫。2016年，该县贫困村集体和个人生态公益林补偿面积2415.87公顷，获得生态补偿资金63.42万元。三是退耕还林扶贫。该县21个贫困村有13个实施了退耕还林项目，退耕还林面积216.44公顷，获得退耕还林政策补助40.58万元。四是森林经营扶贫。该县帮助贫困村发展高产油茶等特色产业，带动林农持续增收。21个贫困村有10个实施了油茶产业项目，发展高产油茶81.83公顷，获得油茶补助资金61.37万元。五是林业科技扶贫。该县林业局以有发展林业意愿的贫困人员为培训对象，每年组织集中培训100人次，通过培训使他们掌握发展林业产业的技术，指导其发展林业生产项目，使其实现稳定增收。

该县生态保护扶贫中主要存在三方面问题：一是扶贫资金不足与项目投入较大的矛盾。在扶贫攻坚的任务下，很多扶贫产业项目大面积铺开，需要大量资金投入。但县级财力有限，能否持续支撑项目投入是一个突出问题。二是部分贫困户发展能力不足，难以胜任林业经营项目。虽然政府非常重视相关技术培训，但有相当部分建档立卡户自身条件太差，没有从事林业产业的能力。三是贫困村产业发展难以实现规模化。很多贫困村位置偏远、交通不便，与市场的对接障碍很大，而且很多群众观念落后，对扶贫产业信心不足，短期内难以改变。[①]

---

① 本部分案例材料来自邹志俊、彭云生：《新干县生态保护扶贫模式探析》，《中国林业经济》2017年第5期，第40—42页。

（七）健康扶贫

疾病是贫困人口致贫的主要原因。贫困地区恶劣的自然环境、医疗资源的欠缺、社会排斥以及贫困文化的根深蒂固等加剧了贫困户的健康脆弱性，致使贫困人群健康状况发生恶化；疾病会通过物质资本、人力资本以及社会资本的传递导致贫困，从而形成了"贫困—疾病"恶性循环。因病致贫、因病返贫一直是扶贫工作中的重大难题。2015年11月，《中共中央 国务院关于打赢脱贫攻坚战的决定》实施健康扶贫工程，保障贫困人口享有基本医疗卫生服务，努力防止因病致贫、因病返贫的情况发生。

以云南省为例，云南省贫困地区自然环境恶劣、产业基础薄弱、自然灾害多发，给群众带来健康隐患；贫困人口缺乏卫生常识，营养供给不足、过多或比例失调，引发一系列疾病；家庭环境卫生差，人畜混居，有的生活用水仍为窖水，厕所和厨房卫生条件堪忧；基层医疗卫生设施薄弱，交通不便，不仅会耽误了病情，而且也增加了就医成本。面对复杂艰巨的健康扶贫任务，云南省实施了五项措施：一是实施"三个一批"，大病集中救治一批覆盖7.52万人，截至2017年底已救治4.29万人；慢病签约服务一批覆盖13.88万人，截至2017年底已管理5.39万人；重病兜底保障一批覆盖6886人，截至2017年底已救治5260人。二是建立贫困人口因病致贫动态管理数据库，并将9类15个病种纳入大病救治范围，在115个县实施县域内定点医疗机构"先诊疗后付费"和"一站式"结算模式，县域内救治率达到92.12%。三是积极深化上海市、军队和云南省的73所三级医院对云南省内88个贫困县的95所县级医院的对口帮扶。四是加强乡村医疗基础设施建设，乡镇卫生院、村卫生室建设达标率分别为98.14%和98.52%。五是推动医务人员对贫困人口的对口帮扶，建档立卡贫困人口家庭医生签约服务率达98.78%。

云南省健康扶贫工作中发现三个主要问题：一是帮扶措施不够精准，存在措施"一刀切"问题。部分扶贫工作队员不熟悉健康扶贫政策，单位资源以及驻村扶贫工作队员履历有限，无法对因病致贫户提出合理有效的帮扶措施。二是医疗卫生资源布局不平衡，医疗机构职能错位。全省93%的省办医院、46%的三级甲等医院、30%的职业医师和注册护士都集中在昆明。三级医院承担了很多二级医疗机构的服务业务，人满为患，乡镇卫生院床位使用率却很低。三是农村贫困地区环境卫生落后，很多贫困村没有垃圾存放和处理设施，村庄环境"脏、乱、差"，对贫困人口健康形成很大威胁。[①]

（八）教育扶贫

教育扶贫从根本上解决贫困地区的人才短缺问题，为贫困地区长远发展提供智力保障，是精准扶贫的根本之策。2013年7月，教育部会同相关部门下发《关于实施教育扶贫工程的意见》，明确提出把教育扶贫作为扶贫攻坚的优先任务，使教育对促进片区人民脱贫致富、扩大中等收入群体、促进区域经济发展和生态文明建设的作用得到充分发挥。

兴安盟是内蒙古自治区唯一的特困地区，人口以蒙古族为主，还有汉族、朝鲜族、回族等20多个民族。针对兴安盟贫困人口集中、贫困区域大的特点，兴安盟出台了一系列政策，实现了从学前教育到职业教育全面覆盖的教育扶贫模式。一是大力发展学前教育。2014年起，兴安盟开始贯彻内蒙古自治区"学前教育三年

---

① 本部分案例材料来自李春亭、颜明：《云南健康扶贫的现状分析、实施困境与路径完善》，《云南民族大学学报》（哲学社会科学版）2018年第3期，第77—85页。

行动计划"二期工程，截至 2016 年 6 月，兴安盟共建设农村幼儿园 233 所，新增学位 8745 个，学前毛入园率达 90%。二是均衡发展义务教育。兴安盟针对区域内农牧民生产生活特点，以方便居民生活和学生入学为出发点，合理调整学校布局。截至 2015 年，农村牧区小学校数占全盟总校数的 67.2%；农村牧区初中校数占全盟总校数的 65.2%，九年义务教育巩固率达 93%。三是引导和推动普通高中多样发展。兴安盟通过出台一系列政策文件，在新课程有效实施、校园文化建设、学校特色发展等方面着力，培育了一大批办学水平高、特色鲜明的普通高中。四是对接经济社会发展需要发展中等职业教育。兴安盟针对地区教育扶贫目标，瞄准市场需求，服务于扶贫开发和产业发展需要，积极加快中职学校专业结构调整。全盟职业学校专业由 2014 年的 33 个专业调整到 2015 年的 14 个，每所学校重点建设了 2—3 个精品专业，畜牧兽医、汽车修理、民族工艺等专业已成为全盟优势专业。兴安盟发展教育扶贫中的主要问题有两个：一是教育扶贫专项资金短缺、不到位，这是教育扶贫工作中的首要问题。民族特困地区财政薄弱，大多依靠转移支付，存在行政管理费用、各级政府和扶贫机构及其工作人员对教育资金的侵占和挪用，以及面向贫困地区的教育资金被非贫困人员占用等问题。二是教育扶贫缺乏足够的师资力量保障，师资数量缺口较大，结构不合理问题普遍存在。[①]

---

① 本部分案例材料来自陈立鹏等：《我国民族地区教育扶贫的主要模式、存在问题与对策建议——以内蒙古、广西为例》，《民族教育研究》2017 年第 6 期，第 35—41 页。

（九）兜底保障扶贫[①]

兜底保障扶贫指充分发挥社会保障兜底作用，确保完全或部分丧失劳动能力的贫困人口稳定脱贫。社会保障兜底扶贫以政府为主要参与主体，通过加强社会保障与扶贫开发的衔接整合，从多渠道筹集贫困地区社会保障兜底扶贫所需资金，精准识别贫困地区社会保障对象，利用社会救助、社会保险和社会福利三大制度，以不同路径和不同方式向贫困人口或贫困家庭提供援助，帮助贫困地区社会保障对象摆脱贫困，提升贫困人口和贫困家庭的生存发展能力。最低生活保障、养老保险和医疗保险是当前中国兜底保障扶贫的主要形式。

社会保障兜底扶贫的主要作用可以归纳为四个方面：一是保障贫困人口基本生活。农村社会保障制度的健全和完善是对精准扶贫工作的补充和完善，为农村贫困人口基本生活保障建立了"安全网"。二是促进贫困地区经济发展。社会保障扶贫可以通过释放贫困人口消费需求、提升贫困人口人力资本促进贫苦地区经济发展。三是维护贫困地区社会运行。社会保障扶贫保障了贫困人口及其家庭的基本生活，降低了潜在的社会风险。四是平衡不同区域收入分配。社会保障扶贫通过国家税收、社会捐赠、慈善福利等方式将一部分国民收入转移给贫困地区和贫困人口，一定程度上缩小了区域收入差异，促进了社会公平。

促进贫困地区社会保障在脱贫攻坚中发挥兜底作用，还需要在充分考虑社会保障体系建设进程、农村贫困地区发展状况以及

[①] 本部分内容主要根据公丕明、公丕宏的文章《精准扶贫脱贫攻坚中社会保障兜底扶贫研究》整理，见公丕明、公丕宏：《精准扶贫脱贫攻坚中社会保障兜底扶贫研究》，《云南民族大学学报》（哲学社会科学版）2017年第6期，第89—96页。

贫困人口具体实际要求的基础上，进一步完善农村贫困地区社会保障制度供给，优化社会保障兜底扶贫机制设计，完善农村贫困地区社会保障监督管理机制。

三、扶贫与扶智

2015年，习近平总书记在减贫与发展高层论坛的主旨演讲中强调"授人以鱼，不如授人以渔"，并于同年10月16日，他又提出精准扶贫"五个一批"战略，把"发展教育脱贫一批"作为中国脱贫攻坚的重要行动路径。当前，"治贫先治愚，扶贫先扶智"已成为一种共识，教育扶贫已然是中国精准扶贫、精准脱贫政策体系的重要组成部分，也是切断贫困"代际传递"、振兴乡村经济的有效举措。

（一）教育扶贫的内涵和作用机理

在2015年12月出台的《中共中央　国务院关于打赢脱贫攻坚战的决定》中，教育扶贫被赋予了"阻断贫困代际传递"的使命，并提出了"让贫困家庭子女都能接受公平有质量的教育"的设想。2017年10月18日，习近平总书记在十九大报告中再次强调，坚决打赢脱贫攻坚战，要坚持大扶贫格局，"注重扶贫同扶志、扶智相结合"。毫无疑问，教育是传授知识和技能的重要途径，能够有效提升人的人力资本。当通过教育去提升人力资本和国人高度关注的扶贫工作相结合后，"教育扶贫"这一概念便从提出之初就有了深厚的群众基础，其作用和价值在学界和政界都普遍得到认可，教育扶贫也因此成为新时期具有划时代意义的扶贫工作重点。

那么，究竟什么是"教育扶贫"？不少学者对其概念进行过界定。例如，教育扶贫是通过教育手段使贫困人口掌握谋生知识与技能，在提升收入的同时对其参与社会活动、运用社会资源、掌握知识技术等能力进行综合改善与提升。[1] 教育扶贫是阻断贫困代际传递的根本手段和重要方式，其目的是通过办好贫困地区和贫困人口的教育事业，进而实现减贫脱贫的战略目标，其本质体现了社会公平正义的价值追求。[2] 综合而言，教育扶贫是"教育+扶贫"，是以教育为手段，以贫困地区、贫困人口为对象，以提高贫困人口的人力资本，进而提升发展能力达到脱贫致富和阻断贫困代际传递为目标，兼具扶志和扶智的双重功能。

从内涵上看，教育扶贫至少包括两重含义：一是"扶教育之贫"，二是"用教育扶贫"。[3] 扶教育之贫，是针对贫困地区的教育资源匮乏、教育质量落后而言的，目的是通过实施教育扶贫政策将部分教育资源适当向贫困地区和贫困人口倾斜，缩小区域间的教育发展差距，促进教育资源分配和教育水平均等化发展。用教育扶贫，突出的是教育在扶贫工作中的重要性，将教育视为贫困人口提升个人发展能力和综合素质的方式手段，将"输血式扶贫"改变为"造血式扶贫"的举措。

教育扶贫又是如何发挥作用的？习近平总书记曾指出："贫困地区发展要靠内生动力。"而内生动力，主要是激发贫困人口自身脱贫的主动性、创造性和自我发展能力。第一，教育扶贫发挥文

---

[1] 周禹彤：《教育扶贫的价值贡献》，对外经济贸易大学博士学位论文，2017年，第21页。

[2] 李兴洲：《公平正义：教育扶贫的价值追求》，《教育研究》2017年第3期，第31—37页。

[3] 向雪琪、林曾：《我国教育扶贫政策的特点及作用机理》，《云南民族大学学报》（哲学社会科学版）2018年第3期，第86—91页。

化教育作用，转变贫困群众的观念和理念，将"等、靠、要"的"要我脱贫"扭转为"我要脱贫"，激发贫困群众的脱贫主动性。第二，教育脱贫通过学历教育、职业教育、技能培训等多种方式提升贫困群众的谋生技能，提高他们的收入水平和社会地位，特别是扶助贫困群众的子女教育，助力贫困家庭跳出"一代穷，代代穷"的恶性循环。第三，实施教育扶贫，从教育资源倾斜配置、人才引进支持、人力资源储备等方面弥补贫困地区经济发展落后成因的短板，推动地区经济协调发展。第四，通过教育扶贫，促成教育资源的均衡、公平分配，避免阶层固化。正因如此，教育扶贫是中央着眼于"拔穷根"的战略性决策，是从根本上解决贫困地区和贫困人口脱贫问题的关键[1]，是实现个人脱贫、家庭脱贫、区域经济发展的良策。

（二）教育扶贫的基本状况和政策

改革开放近40年，中国的教育扶贫政策也在随着经济发展水平和贫困状况改变而演变，教育扶贫的内容由基础教育向职业教育、技能培训扩展，教育扶贫的领域由义务教育向学龄前教育和继续教育延伸，教育扶贫的对象由区域性整体扶持转向区域扶持与对特殊人群的重点资助相结合，教育扶贫的主体也从单一政府向与社会力量合作转变。[2] 进入21世纪后，随着城乡统筹推进和工业反哺农业的实施，特别是十八大以来，政府先后实施了20多项较为重大的教育扶贫政策，启动教育扶贫全覆盖行动，让贫困地区的每一所学校、每一名教师、每一个孩子都从中受益，为

---

[1] 杜栋：《"紧紧扭住教育这个脱贫致富的根本之策"——学习习近平教育扶贫相关论述的体会》，《党的文献》2018年第2期。

[2] 向雪琪、林曾：《改革开放以来我国教育扶贫的发展趋向》，《中南民族大学学报》（人文社会科学版）2018年第3期。

2020年农村贫困人口全部脱贫、贫困地区同步建成小康社会奠定了坚实基础。

1. 学前教育扶贫政策。2011年，教育部启动学前教育三年行动计划，到2015年中央财政已投入700多亿元，支持贫困地区学前教育发展。也是从2011年起，学前教育资助政策要求地方政府对普惠性幼儿园在家庭经济困难儿童、孤儿和残疾儿童方面予以资助，中央财政予以奖补。2017年，中央财政共投入预算14.9亿元用于支持学前教育发展。

2. 义务教育扶贫政策。2011年实施农村义务教育阶段学生营养改善计划，国家按照每生每天3元（2014年11月提高到4元）标准为片区农村义务教育阶段学生提供营养膳食补助。截至2015年6月，中央和地方已累计安排资金1443亿元，惠及3210万名农村学生。2001年实施义务教育"两免一补"（免学杂费、免教科书费，寄宿生生活补助），对义务教育阶段农村和城市家庭经济困难寄宿生发放生活补助，中西部地区补助标准为小学生每生每天4元、初中生5元。2016—2017年，全国财政需安排义务教育经费保障机制资金超过3500亿元，其中中央财政超过2200亿元，地方财政约1300亿元。2013—2015年，中央和地方财政投入资金1440多亿元，全面改善贫困地区义务教育薄弱学校基本办学条件，惠及3000多万名农村贫困学生。

3. 高中教育扶贫政策。从2010年起，国家实施普通高中国家助学金政策，以政府为主导，国家助学金为主体、学校减免学费（普通高中要从事业收入中足额提取3%—5%的经费，用于减免学费、设立校内奖助学金和特殊困难补助等）等为补充，社会力量积极参与的普通高中家庭经济困难学生资助政策体系。

4. 高等教育扶贫政策。2007年建立起国家奖学金、国家励志奖学金、国家助学金、国家助学贷款、师范生免费教育、勤工助学、学费减免、"绿色通道"等多种方式并举的资助体系。2011年起，教育部44所科研实力强、以理工科院校为主的直属高校承担44个国家扶贫开发重点县的定点扶贫任务。2012年，启动面向贫困地区的定向招生专项计划。

5. 职业教育扶贫政策。从2012年秋季学期起，实施中等职业教育免学费、补助生活费政策，按照每生每年2000元的标准对中等职业学校全日制正式学籍在校生中所有农村（含县镇）学生、城市涉农专业学生和家庭经济困难学生免除学费，并给予全日制正式学籍一、二年级在校涉农专业学生和非涉农专业家庭经济困难学生每生每年2000元的国家助学金资助。2012年，东部地区10个职业教育集团与滇西10个市州签署战略合作协议。2014年，建立17个东中部职教集团与西藏和四省藏区17个地州的职业教育对口帮扶机制。国家扶贫办在贫困地区实施"雨露计划"，以中职（中技）学历教育、劳动力转移培训、创业培训、农业实用技术培训、政策业务培训为手段，助力贫困地区农民解决就业。教育部联合总工会推动"求学圆梦计划"，计划三年内资助150万名农民工接受各种学历的成人继续教育。

6. 老少边穷地区扶贫政策。从2007年秋季学期起，国家实施"西藏15年免费教育"行动，并在2009年与2012年，开始对藏区内中职学校和幼儿园实行免费教育政策，截至2017年，西藏已经实现了从学龄前到高中阶段的15年免费教育。2009年起，四川组织藏区初中毕业生和未升学的高中毕业生到内地优质中职学校免费接受三年中等职业教育。2010年，南疆四地州实现了14年的免费教育，实现了免费教育在学前、义务教育、高中教育阶段的全覆盖。2015年，在新疆和援疆省市各民族学生中广泛开展"心连心，手拉手"活动。此外，政府还实施了内地民族班、少数民族预科班和少数民族高层次骨干人才培养计划等。

(三) 教育扶贫的地方实践

在贫困地区开展技能培训,确保贫困家庭至少一人掌握一门致富技能,是打破脱贫致富瓶颈的有效且快捷之举,很多地方都获得了比较成熟的经验。例如,湖南吉首市围绕贫困户产业发展的需要,从技能培训、农技推广、拓展信息流通渠道入手,帮助贫困群众掌握农业生产等相关技术,提高其自我发展的能力,促进脱贫致富。该市举办的苗绣技能培训班,吸引了来自不同乡镇的121名贫困苗族妇女参加培训,通过鉴定考试,合格率达98%以上,其中30人与湘西毕果服饰责任公司成功签约,实现了在家就业增收;举办的建筑行业技能培训班,让贫困户不仅得到安全生产、基础理论方面的知识,还能在建筑工地实地操作练习,通过鉴定考试,有100余人拿到中级资格证书并上岗就业;开展的贫困户劳动力培训班实现就业人员达3815人;安排培训项目计划资金79万元,开展创业致富带头人培训、农村实用技术培训、就业培训以及"一村一大"培训也在如火如荼进行中。[①]

近年来,各省市先后实施农村义务教育学生营养改善计划,特别是落实好贫困地区儿童的营养保障政策,为贫困地区孩子接受教育提供了保障,努力阻断了贫困代际传递。例如:

为使农村贫困学生从"吃得上""吃得饱"向"吃得营养""吃得均衡"转变,提高农村学生营养健康水平,为全省脱贫攻坚奔小康、经济社会发展后来居上输送源源不断的人力资源,贵州务川自治县等11个贫困县和盘县保基苗族彝族乡等10个极贫乡镇,在2016年11月先行启动农村学前教育儿童营养改善计划,65个集中连片特困县从2017年春季学期起在农村学前教育儿童全

[①] 陈生真、李静:《湖南吉首:加强技能培训 扶贫重扶"知"》,湘西网2016年8月22日。

覆盖实施。

营养膳食补助资金由省、市（州）、县（市、区）三级财政按照4∶3∶3比例共同承担。2016年秋季学期先行实施的11个县和10个极贫乡镇有14万人，省、市（州）、县三级财政每年需投入补助资金8400万元。2017年春季学期65个集中连片特困县全部实施后，每年需要补助资金5亿元以上。①

四、聚焦：问题·思考·对策

乡村振兴离不开脱贫攻坚。当前，打赢脱贫攻坚战不仅是一场经济活动，还是一个政治任务，更是一种社会动员。按照中央部署，到2020年，人均年纯收入低于2300元（2010年不变价格）的绝对贫困人口将基本消除，但农村贫困问题并未就此终结。那么，2020年后的减贫扶贫工作应该怎么开展？现有的扶贫策略又该如何调整？显然，这些问题是比较宏观和具有政策前瞻性的，也是当下各方正在抓紧探索的现实问题。

首先，农村贫困人口将以什么标准为识别依据？

当前，人均年纯收入2300元（2010年不变价格）是国家制定的贫困线，而随着人们生活水平的提高、生活成本的上升，以8年前的收入水平作为贫困线的合理性遭到越来越多的质问。再者，2020年后的贫困应该如何去衡量？恐怕不能唯收入而论，已有学者提出，未来的贫困标准应根据人的基本需求变化来确定，这具有一定的科学性。目前，学界和政界都已认识到贫困的多维性，那么2020年后的农村贫困不应单纯着眼于"一看房，二看粮，三

---

① 《健康体质是教育的支撑——解续贵州农村学前教育儿童营养改善计划》，《贵州日报》2016年11月2日。

看劳动力,四看读书郎",而应当综合考虑经济、社会、资产等多维度的指标。

其次,农村贫困格局将如何变化?

毫无疑问,当绝对贫困人口被基本消除后,非绝对平均的分配方式下相对贫困人口仍将长久存在,但贫困群体、贫困表现、贫困诱因等可能发生变化。从贫困群体看,老弱病残群体的存量变化不会太大;刚越过2300元贫困线的群体在数量上则有较大的不确定性,他们大多缺少稳定可持续的收入,返贫风险高而容易再次滑落贫困陷阱。另外,农村贫困家庭也因生计所限,对自家儿童的营养保障能力较弱,不利于提升其人力资本,这直接制约了贫困家庭儿童成年后的生活和就业,未能有效切断贫困代际传递的通道,因而贫困家庭的子女面临陷入贫困的风险更高。

再次,农村减贫的主战场将发生怎样的转移?

当前,脱贫攻坚战的主战场随着时间推移而逐渐从832个国家扶贫开发工作重点县过渡到14个连片特困区,而后是深度贫困地区,到今年是聚焦"三区三州",主战场逐渐缩小,但其区域性特征并未发生本质改变。2020年后,即使绝对贫困人口被基本消除,但老少边穷地区、生态脆弱地区等的经济也并非短期内就能发展起来的,地区经济发展差距扩大的格局在短期内难以扭转。因此,从经济发展视角看,区域经济发展相对落后的地区很可能就是相对贫困的地区,这些地区将是未来农村减贫的主战场。

最后,农村扶贫政策应如何调整以便提升"精准性"?

精准扶贫的本质是"补短板+专业化"。贫困户因为什么而致贫,那就需要给他解决掉这个因素,简单说就是缺什么补什么,这是提升资源利用效率的做法。相反,不缺的东西却被强制补充或因出于自利考虑而被动补充,那就容易造成资源利用不足。未来的扶贫政策取向应是高效利用有限的社会公共资源,提高政策的针对性，细分政策和帮扶措施的职能部门和执行机构，让政策、措施和帮扶资源走向更加精细的分流，强化和明晰教育、医疗、就业、社保等部门的帮扶方向和资源投放靶向性，减少部门间的交叉混合帮扶，各部门制定的扶贫政策立足本职能，各居其位、各司其职，真正做到因学致贫的人能较方便地获得教育帮扶，而非同时获得其他扶贫资源。

第八章 通过体制机制创新推进乡村振兴

执笔人：高　强

中国农业农村发展成就前所未有，但面临的困难和挑战也不容忽视，发展不平衡不充分问题在乡村最为突出。其中一个重要方面就是，制度性约束和体制机制障碍仍然存在。只有抓好农村改革，才能有效破解这些制约和挑战，不断拓展农业农村发展新空间。

实施乡村振兴战略，是十九大作出的重大决策部署，是新时代"三农"工作的新旗帜和总抓手。2018年中央一号文件强调，实施乡村振兴战略，必须把制度建设贯穿其中。要以完善产权制度和要素市场化配置为重点，激活主体、激活要素、激活市场，着力增强改革的系统性、整体性、协同性。2017年12月，习近平总书记在中央农村工作会议上指出，走中国特色社会主义乡村振兴道路，必须巩固和完善农村基本经营制度，走共同富裕之路。要坚持农村土地集体所有，坚持家庭经营基础性地位，坚持稳定土地承包关系，壮大集体经济，建立符合市场经济要求的集体经济运行机制，确保集体资产保值增值，确保农民受益。这为通过体制机制创新推进乡村振兴战略奠定了制度框架和主要路径。本章将在深化农村改革的大背景下，探讨如何通过体制改革和机制创新，为乡村振兴搭建起制度框架和政策体系。

一、巩固和完善农村基本经营制度

　　农村基本经营制度是中国特色社会主义制度的核心和基础。

巩固和完善农村基本经营制度，事关农业发展、农民增收和农村社会稳定，是"三农"领域全面深化改革的重要组成部分，是确保如期全面建成小康社会、实现"两个一百年"伟大目标的重要保障，也是乡村振兴战略的重要基础支撑。

以家庭承包经营为基础、统一经营与分散经营相结合的双层经营体制在20世纪80年代中期基本确立以后，怎样保持稳定、如何加以巩固和完善，就一直是政策研究和管理实践领域不断探索、展开争论的重要课题。乡村振兴战略提出后，如何在相对稳定的基础上进一步完善农村基本经营制度，积累并释放制度红利，成为一个重大课题。

（一）农村基本经营制度的演变和挑战

以家庭承包经营为基础，统一经营与分散经营相结合的双层经营体制，是农村集体所有制条件下农民家庭承包经营的基本形式。这种体制能够充分发挥集体经济组织和农户家庭的优势，弥补各自不足，能促进生产关系适应生产力发展要求，符合农业生产的特点，经过不断探索完善逐渐成为农村的基本经营制度。

从中华人民共和国成立至今，中国农村基本经营制度演变经历了四个主要阶段。过渡时期的合作化运动完成了对农业的社会主义改造，确立了农村土地的集体所有制。此后的人民公社体制经过不断调整，确立了"三级所有、队为基础"的基本制度，塑造了作为集体所有权主体的农村集体经济组织。1978年以后的农村"大包干"，开启了以家庭经营为基础、统分结合的基本经营制度。1998年，中国共产党第十五届中央委员会第三次全体会议通过的《中共中央关于农业和农村工作若干重大问题的决定》，进一步明确了家庭经营在双层经营体制中的基础地位，而集体经济组织统一经营的主要功能是服务，"解决一家一户难以解决的困难"。

该决定正式提出了"以家庭承包经营为基础、统分结合的双层经营制度"。此后，这一表述又被写入《中华人民共和国宪法》和《中华人民共和国农村土地承包法》，以法律的形式固定下来，成为必须长期坚持的农村基本经营制度。

进入21世纪以后，农业农村发生的新形势、新变化，对双层经营体制改革提出了新的要求。一是农业生产要素投入价格的相对变化，使农业发展从主要依靠劳动投入转向以资本投入为主，在发展动力上从以提高土地生产率为主转向以提高劳动生产率为主。二是以家庭农场、合作社、龙头企业为代表的各类新型经营主体大量涌现，成为在农村开展规模经营、提供社会化服务、发展现代农业的主要力量。三是对土地的经营使用开始由承包土地的农户向新型经营主体转变，经营权开始与承包权相分离，并加速流转向新型经营主体集中，为开展适度规模经营创造了条件。

农业发展出现的新变化，对农村基本经营制度提出了新挑战。一是土地承包权与土地经营使用的分离，使土地承包经营权的内容需要界定，而土地经营权需要同土地承包权相分离成为一项独立权利，其权利内涵更需要明确。二是分散经营和统一经营主体更加多样，合作经营、企业经营成为新的统一经营形式，家庭农场、专业大户等新型经营主体在提供社会化服务方面地位日益重要。三是分散经营和统一经营的内容更加丰富，两者关系从管理与被管理、服务与被服务向分工协作转变，开展产前、产中、产后各环节专业化服务，推动主体联合与合作，已经成为统一经营需要发挥的重要功能。面对新形势新变化新挑战，我们需要进一步加强理论研究与实践探索，为完善农村基本经营制度提出新的改革举措。

（二）家庭经营是农村基本经营制度的底色

国内外实践表明，家庭经营是农业生产最基本、最有效的组织形式。家庭经营与农业生产的分散性、连续性和季节性等特征相适应，不仅能适应以手工劳动为主的传统农业，也能适应采用先进科学技术和生产手段的现代农业。坚持以家庭经营为基础，是巩固和完善农村基本经营制度的起点和支点。中国国情决定了家庭经营是在农业生产经营中的重要基础。目前，家庭农户是中国数量最多的农业经营主体。从发展趋势看，中国大量小规模农户将长期存在。即使到21世纪中叶，中国城镇化水平达到80%，仍会有近7000万农户，户均耕地不过30亩。显然，在相当长一段时期，家庭农户将一直是最基本的生产经营单元，是构建新型农业经营体系的基础。

（三）普通农户与新型经营主体相互建构

无论是专业大户、家庭农场，还是农民合作社、农业产业化组织，这些经营主体或是由普通农户分化而来，或是与普通农户有着各种各样的联合与合作关系。种养大户、家庭农场是普通农户的提升和转型。种养大户、家庭农场能有效集成现代农业生产要素，是今后商品农产品特别是大田作物农产品的主要提供者，是发展合作经营、提升农业竞争力的核心力量。农民合作社是普通农户的集合体。合作社能有效连接各类农业经营主体，是带动家庭经营参与国内外市场竞争的重要力量。农业产业化组织的生产基地主要由普通农户经营管理，而"订单+农户"的模式是农业产业化的缘起。农业产业化组织可以带动其他经营主体分享产业链增值收益，是农户"小生产"对接社会化"大市场"的关键支撑。农业社会化服务组织的主要服务对象是普通农户，是促进小农户与现代农业有机衔接最有效的形式。

（四）分散经营与统一经营主体相互融合

进入21世纪以来，统一经营与分散经营相互交织、相互渗透的发展趋势加快，呈现出立体式复合型的鲜明特征。

第一，从经营内容看，生产组织和服务组织并没有明确的界限。很多主体既是经营主体，又是服务主体；既从事农业生产，也提供农业服务。一些农户在耕种自己的土地之余，还为其他经营主体提供农机服务。合作组织、集体组织和龙头企业除了生产经营之外，还给其他主体提供种子、农机、技术、销售等方面的服务。比如，很多龙头企业既自建基地，又与合作社、农户签订订单，并提供统一技术服务。山东省很多农机合作社，既自己流转土地耕种，还提供代耕托管服务。有的甚至将提供生产托管服务作为核心业务。

第二，从经营方式看，家庭经营、合作经营、集体经营、企业经营相互渗透。经营组织内部，既可以是某一种经营方式，也可以是多种经营方式并存。各经营组织之间，既可以是竞争关系，也可以是联合与合作关系。比如，集体经营内部可以是农户家庭流转一部分土地经营，也可以是企业流转一部分土地经营，还可以是集体自己耕种一部分土地。苏南地区的很多集体农场，就是将土地整理后流转给农民家庭经营、流转给企业搞特色经营。一些合作组织的成员有农户，也有企业，还有农民合作社，如全国一些农民合作社的联合社。

第三，从服务方式看，集体经济服务、合作组织服务、社会化服务、企业服务交叉混合。农业产前、产中、产后各环节，既可以由社会服务组织承担，又可以由合作社、企业承担，还可以由不同组织合作完成。各服务组织也需要其他主体提供专业服务。比如，各类服务组织都需要金融服务组织提供金融服务，金融服务组织又需要其他金融组织提供资金、技术、结算服务，还需要集体经济组织、合作社提供农民信用信息；农机合作社需要农机企业提供农机检修服务，农机企业又需要农村代理商提供销售服务。

第四，从连接形式看，各类主体相互依存、共同发展。他们往往可以通过"企业+集体+合作社+农户""企业+合作社+农户""企业+集体+农户""合作社+农户""企业+农户"等多种形式联接，在产供销、种技管（种子、技术、管理）等环节，既可以联合合作，也可以专业化分工，以提高生产效率和竞争力。

二、深化农村土地制度改革

土地是农业之源、农民之本。土地制度是农村的基本制度，也是决定经济社会全局的基础性制度。新形势下深化农村土地制度改革的主线是处理好农民与土地的关系。十九大报告提出，深化农村土地制度改革，完善承包地"三权分置"制度。保持土地承包关系稳定并长久不变，第二轮土地承包到期后再延长30年。这些重大决策涉及亿万农民的切身利益，释放了强烈的政策信号，为下一步推进农村土地系统性改革指明了方向。

（一）农村土地制度改革进展

农村土地问题始终是关系中国改革发展稳定大局的根本问题。十八大以来，中国对农村土地制度作出了切合中国国情的顶层设计，有序推进各项改革试验，取得了预期效果。

一是确权登记颁证工作扎实推进。农村集体土地所有权和集体建设用地使用权确权登记颁证工作基本完成。2017年，农村土地承包经营权确权登记颁证工作已在全国28个省（区市）开展整省试点，其中山东、安徽、宁夏、四川等四省份已向中央报告基本完成。2018年，承包地确权工作将在未完成省份全面推进，年底将基本完成。

二是"三权分置"办法不断完善。集体所有权、农户承包权、土地经营权各得其所、各安其位，农村土地资源逐步实现优化配置。截至2016年底，农村承包地面积流转比例已超过35%，转出土地的农户已占到30.8%，多种形式的农业适度规模经营快速发展，大型工商资本入农凸现积极苗头。

三是农村"三块地"试点逐步展开。33个县（市、区）开展农村土地征收、集体经营性建设用地入市和宅基地制度改革试点进入攻坚决战关键期，转而不征、同地同权、合作开发的有效方式方法正在积极探索之中。截至2017年4月，33个试点地区中，集体经营性建设用地入市地块共计278宗，面积约4500亩，总价款约50亿元。3个原征地制度改革试点地区按新办法实施征地的共59宗、3.85万亩。15个宅基地制度改革试点地区退出宅基地7万余户，面积约3.2万亩。

（二）农村土地制度改革的顶层设计

1. 落实农村土地"三权分置"办法

从"两权分离"到"三权分置"，中国正在构建具有中国特色的土地制度。"三权分置"是对农村土地产权的丰富和细分，新的土地制度安排坚持了农村土地集体所有，强化了对农户土地承包权的保护，顺应了土地要素合理流转的需要。可以说，"三权分置"创新了农村土地集体所有制的有效实现形式。实行"三权分置"，关键是落实好集体所有权、稳定农户承包权、放活土地经营权，使"三权"各自功能和整体效用得到充分发挥，逐步形成层次分明、结构合理、平等保护的格局。

一是稳定集体所有权。农村土地属于农民集体所有，是《宪法》的明确规定，是农村最根本的制度。实行"三权分置"，是新形势下集体所有制具体实现形式的探索和创新。在"三权分置"过程中，集体所有权必须得到更加充分的体现和保障，不能被虚置。明确和保障集体所有权的发包、调整、监督等权能，健全集体所有权行使机制，通过建立健全集体经济组织民主议事机制，切实保障集体成员的知情权、监督权、决策权，确保农民集体有效行使集体土地所有权，防止少数人私相授受、谋取私利。

二是落实农户承包权。作为集体经济组织成员的农户，依法享有土地承包权，这是集体所有权的具体实现形式，也是农村基本经营制度的根本。农民家庭承包的土地，可以由农民家庭经营，也可以通过流转经营权由其他主体经营，但不论承包土地经营权如何流转，集体土地承包权都属于农户家庭。"三权分置"下，对承包农户特别是转移进城的农民而言，要最大限度地保护和体现其承包土地的财产权益。

三是放活土地经营权。加快放活土地经营权、优化土地资源配置，是实施"三权分置"的重要目标。明确土地经营权人对流转土地依法享有一定期限内的占有、耕作并取得相应收益的权利。强调在保护集体所有权、农户承包权的基础上，平等保护经营主体以流转合同取得土地经营权。经营主体有权使用流转土地自主从事农业生产经营并获得相应收益，有权在流转合同到期后按照同等条件优先续租承包土地。经过承包农户同意，经营主体可以依法依规改善土壤、提升地力、建设农业生产附属配套设施。还可以经承包农户同意，向农民集体备案后再流转给其他主体，或者依法依规设定抵押。流转土地被征收时，可以按照合同获得地上的附着物和青苗补偿费。鼓励采用土地入股、土地托管、代耕代种，通过多种方式来发展适度规模经营，探索更有效的放活经营权的途径。

2. 加快完成农村承包地确权登记颁证

开展农村承包地确权登记颁证，是中央从深化农村改革全局出发作出的一项重大战略性决策，是实现土地承包关系长久稳定的基础前提。农村土地承包经营权确权登记颁证是集中开展的土地承包经营权登记，是完善农村基本经营制度、保护农民土地权益、促进现代农业发展、健全农村治理体系的重要基础性工作。

第一，确权是核心。确权即确认权利归属。首先要明确的是，此轮农地确权的对象是承包地，权利客体是农村土地承包经营权，而非集体所有权或土地经营权，在操作过程中要以第二次全国土地调查成果为依据，不能逾越农村土地集体所有权的边界。其次，此轮农地确权是对二轮承包关系的完善，不能借机调整土地，不允许打乱重分，但确权过程中"互换并地"例外。再次，做好权属调查是农地确权的关键，也是把控确权质量的重要环节。权属调查结果经群众认可公示后，要以完善土地承包合同的方式体现，这是农户取得土地承包经营权的法定依据，也是对二轮承包关系的梳理和完善。从政策意义上看，做好权属调查与确认，将为促进土地流转、调处土地纠纷、发展规模经营提供重要依据。

第二，登记是重点。物权登记是国家的特定职能机关对物权变动进行干预和管理的有效手段。农地确权中的登记环节是对权属调查结果的法定确认，是权属确认公示的充实和发展。登记环节也有三个要点：一是集中开展登记。此轮农地确权是党中央、国务院统一部署，农业部等有关部门组织开展的一次集中登记。二是健全登记簿。由于农村集体土地实行按户承包，此轮确权过程中也要以户为基本单位，实行一户一簿。三是建立登记制度。农地确权，不仅要依法完成对每一个具体承包地块的登记，而且要建立涉及土地承包经营权的设立、转让、互换、变更、抵押等内容的登记制度，构筑对土地承包经营权物权保护的长效机制。

第三，颁证是保障。颁证是农地确权工作阶段性成果的物化证明，也是以政府信用为基础赋予农民土地权益的法定保证。颁证主体是县级人民政府，而不是村集体经济组织、土地股份合作社等民间组织，但可由县级农村经营管理机构按规定程序负责操作。颁证过程中要特别注意两点：一是为切实维护妇女土地承包权益，农村妇女既可以作为承包方代表，也可以作为共有人进行登记，要切实做到"证上有名""名下有权"；二是开展确权确股不确地的地区，要注意把握股权证和土地承包经营权证的区别与联系。股权证是集体经济组织内部的契约凭证，不是国家赋权。两类证书颁发主体不同、法律效力相异。确权、登记、颁证是一个先行后续、前后衔接的系统工程。"颁铁证"要以"确实权"为前提，并需要登记作为保障。

3. 统筹推进农村"三块地"改革试点

2015年，党中央和国务院正式启动了"三块地"（即农村土地征收、集体经营性建设用地入市、宅基地制度）改革试点。有关部门选择了33个县先行探路，改革初期每个试点只能选择"一块地"试点，2017年底"三块地"改革开始联动，改革系统性、整体性、协同性进一步增强。

一是完善土地征收制度。针对征地范围过大、程序不够规范、被征地农民保障机制不完善等问题，改革任务主要是缩小土地征收范围，探索制定土地征收目录，严格界定公共利益用地范围；规范土地征收程序，建立社会稳定风险评估制度，健全矛盾纠纷调处机制，全面公开土地征收信息；完善对被征地农民合理、规范、多元保障机制。

二是建立农村集体经营性建设用地入市制度。针对农村集体经营性建设用地权能不完整，不能同等入市、同权同价和交易规则亟待健全等问题，改革任务主要是完善农村集体经营性建设用地产权制度，赋予农村集体经营性建设用地出让、租赁、入股权能；明确农村集体经营性建设用地入市范围和途径；建立健全市场交易规则和服务监管制度。

三是改革完善农村宅基地制度。针对农户宅基地取得困难、利用粗放、退出不畅等问题，改革任务主要是完善宅基地权益保障和取得方式，探索农民住房保障在不同区域户有所居的多种实现形式；对因历史原因形成超标准占用宅基地和一户多宅等情况，探索实行有偿使用；探索进城落户农民在本集体经济组织内部自愿有偿退出或转让宅基地；改革宅基地审批制度，发挥村民自治组织的民主管理作用。

四是健全土地增值收益分配机制。针对土地增值收益分配机制不健全，兼顾国家、集体、个人之间利益不够等问题，改革任务主要是建立健全土地增值收益在国家与集体之间、集体经济组织内部的分配办法和相关制度安排。

三、深入推进农村集体产权制度改革

现代产权制度是现代经济发展和社会建设的根本支撑。2016年12月26日，中共中央、国务院印发《关于稳步推进农村集体产权制度改革的意见》，对农村集体产权制度改革作出总体部署，明确要求对集体所有的各类资产进行全面清产核资，健全台账管理制度，从2017年起，力争用三年左右时间基本完成；在此基础上，将集体资产以股份或份额形式量化到集体成员，发展股份合作制、现代公司制等新型农村集体经济，力争用五年左右时间基本完成改革。这是顺应群众期盼、回应社会关切的一件大好事，对推进农业供给侧结构性改革、激发农业农村发展活力具有重大现实意义和深远历史意义。

（一）农村集体产权制度改革进展

十八大以来，党中央、国务院积极支持引导农村集体产权制度改革，推动农村集体资产股份合作制改造，赋予农民对集体资产股份的占有、收益、有偿退出权和抵押、担保、继承权，完善农村产权交易市场，开展农村承包地经营权、农民住房财产权抵押贷款试点，取得积极成效。2014年中央审议通过了农村集体资产股份权能改革试点方案，2015年在全国确定了29个试点单位，2017年又增加了100个，2018年改革的试点又进一步扩大到300个。同时，还将选择50个改革基础较好的地市和个别省开展整省整市试点，并鼓励地方结合实际扩大改革覆盖面。截至2016年底，已有6.7万个村完成产权制度改革，村组两级量化资产8528亿元，占到全国农村集体资产总额的27.5%；300个县（市、区）探索开展农村承包土地经营权和农民住房财产权抵押贷款试点，"两权"抵押贷款规模累计已超过1000亿元；北京大兴区、浙江德清县、广西梧州市长洲区、四川成都市温江区等18个县（市、区）开展"赋予农民对集体资产股份权能改革"试点；贵州六盘水市积极推进农村"资源变资产、资金变股金、农民变股东"改革。

（二）开展清产核资的主要任务

开展清产核资是推进集体产权制度改革的基本前提，也是当前全面深化农村改革的第一任务。2017年12月，农业部等九部门专门印发通知，进一步对清产核资的总体要求、重点工作、时间安排和工作步骤等作出明确部署。从实践层面看，做好清产核资应注意把握以下几点：

第一，要对集体所有的各类资产进行全面清产核资，摸清集体家底，健全管理制度，防止资产流失。对于绝大多数农村集体经济组织而言，经营性资产较少，资源性资产和公益性资产占比较高。因此，清查过程中要注意与土地、林地、草原等不动产登记、自然资源确权登记工作相衔接，充分利用已有成果，减少和避免重复劳动。尤其要注意的是，不能因为村集体可量化的经营性资产数量小，并不直接产生经济效益，就认为没有必要进行清产核资。相反，这些经济薄弱村更应该抓住这一时机加快开展清产核资工作。越早清查，村民意见相对越易统一；清查越全面，改革的成本就越低，推进就越快越平稳，反之则越往后拖越困难。

第二，要依据不同集体资产的形成过程和历史沿革，分门别类进行权属登记，严格按照所有权边界将集体资产确权到不同层级的成员集体。清产核资的重大意义就在于，通过明确产权归属，解决资产权属争议、债权债务纠纷、呆账坏账处置等历史遗留问题。历史遗留问题处理既是改革的缘起，也是改革的主要内容。各地要高度重视集体经济组织的负债清查问题，并以此为契机开展专门研究，提出债务化解的思路和方法。

第三，应由集体经济组织自行开展集体资产评估和价值重估，民主讨论确定估价方式方法。农村集体资产的实有量一般按照账面登记价值核实，对发生变动或者资产账面价值与现实差距较大的，需要进行重估。集体资产评估的目的，就是要把农村集体拥有的各类资产核实清楚，最终统一体现为价值形式，作为收益分配的依据。也就是说，集体资产评估主要在于搞清楚权属归属，不是为了资产交易，也不是分家。因此，资产评估的关键在于成员对评估过程的参与和对评估结果的认可，而不必追求评估对象、评估标准和评估方法的一致性，也可不必请专业评估机构进行评估。

第四，建立健全集体资产登记、保管、使用、处置等一整套管理制度，实施年度资产清查和定期报告，加快信息化应用平台建设。建立管理台账和相应的管理制度，是清产核资的重要任务之一。要通过农村集体资产监督管理平台建设，将集体资产纳入制度化管理轨道，实现互联互通与信息共享。另外，从中央到地方还应安排专项改制经费，创造保障条件，解决经济欠发达地区"改不起"问题。

（三）进行股份合作制改革的主要任务

在清产核资基础上，有条件的地区还要积极推进农村集体经营性资产股份合作制改革。2016年12月印发的《中共中央、国务院关于稳步推进农村集体产权制度改革的意见》（以下简称《意见》）提出，各地可根据群众意愿和要求，由县级以上地方政府作出安排，先进行试点，再由点及面展开，力争用五年左右时间基本完成改革。具体操作上，应主要做好三个方面：

第一，合理确定集体经济组织成员边界，明确农村集体经济组织成员认定资格与退出条件。改革中，要注意规范成员资格认定和取消、登记、变更等程序，把财产权利落实到每个集体成员、每个农户。特别是《意见》提出，提倡农村集体经济组织成员家庭今后的新增人口，通过分享家庭内拥有的集体资产权益的办法，按章程获得集体资产份额和集体成员身份。在界定成员资格的过程中，还应进一步规范村规民约，确保其不与法律法规及中央政策相冲突，维护外嫁女、入赘男、婚生子女等群体在享受集体经济权益等方面的合法权利。

第二，全面落实农民对集体资产股份占有、收益、有偿退出及抵押、担保、继承权，探索建立"有进有出"的动态集体经济组织成员管理体系。集体经营性资产股份合作化改革过程中，股权设置应以个人股为主，是否设置集体股，要尊重农民群众的选择，由集体经济组织通过公开程序自主决定。但当一些农村完成"村转居"，集体经济组织的社会性负担逐步剥离后，集体经营性资产即将与外界发生交易行为时，应当逐步对集体股进行二次量化，以达到产权的彻底清晰，不设集体股并不是"分光吃尽"。现阶段，还应重视股权变更、民主决策和流转交易等问题，探索农民对集体资产股份有偿退出的条件和程序，研究制定集体资产股份继承、抵押、担保贷款办法，研究高管持股、增资扩股和引入社会力量办社的方式方法，以股权管理为抓手，提升乡村治理体系和治理能力现代化水平。

第三，创新集体资产运行管理机制，理顺集体经济组织与其他村级组织的职责关系。应重点推进集体所有制企业负责人去行政化改革，尤其是解决干部之间交叉任职的问题，增加市场选聘比例。应尽快研究出台专门文件，加快分配制度改革，完善激励机制，确保股份制管理人员收入与选任方式、经济效益相匹配，探索采取期股期权、岗位分红、激励基金等中长期激励方式，并健全与分配制度相配套的约束机制，研究村委会、党支部与集体经济组织的功能定位，妥善处理各类村级组织之间的相关关系。

四、完善农业支持保护制度

完善农业支持保护制度，是促进乡村振兴的必要条件和基本保障。进入 21 世纪以来，中国通过目标价格改革，完善农产品价格形成机制，加快了建立和完善以绿色生态为导向的农业补贴制度的步伐。

（一）完善农产品价格形成机制

价格是生产的"指挥棒"，是利益的调节器。在市场经济条件下，农产品价格对引导农业生产、促进农民增收具有不可替代的作用。完善农产品价格形成机制是当前农业农村发展政策调整的重头戏，也是当务之急。农产品价格形成机制改革的基本方向就是"市场定价、价补分离"，必须保护好农民的积极性，确保粮食产量不出现大的滑坡，农民增收势头不减弱。

一是完善稻谷小麦最低收购价政策。改革开放以来，中国坚持推进农产品市场化改革。粮食流通从松动统购统销体制起步，经历了粮食流通体制计划与市场并存阶段、粮食流通市场化攻坚阶段以及市场在粮食流通中起基础性作用阶段。最低收购价政策实施以来，国内粮食价格稳步上升，有效调动了农民种植积极性。这为稳定物价总水平、保持国民经济持续较快发展起到重要的支撑作用。然而，该政策将国家对农民的补贴包含在价格之中，是一种"价补合一"的直接价格支持政策。随着近年来国际农产品价格的持续低迷和下降，中国不断强化的主要农产品最低收购价和临时收储政策到2013年之后已经难以持续，改革势在必行。2014年以来终于启动了市场改革或采取了减少市场干预的各项重大措施，对缓解和解决粮棉油糖等问题起到重要作用。

二是推进玉米市场价补分离改革。2007年，中国在东北三省与内蒙古自治区开始实行玉米临时收储政策。这一政策在特定历史阶段取得明显成效，对保护农民种粮积极性、促进农民增收、保障国家粮食安全发挥了重要作用。但是，中国玉米产业也步步陷入生产量、进口量、库存量"三量齐增"的困局，在实际执行中暴露出更严重的问题。2016年，为破除玉米产业发展难题，打开农业供给侧结构性改革的新局面，中国正式取消实行九年之久的玉米临时收储政策，建立玉米"市场化收购"加"补贴"新机制，明确"市场定价、价补分离"的原则，建立市场价格形成机制和玉米生产者补贴制度。

三是调整棉花和大豆目标价格政策。从2014年开始，中国开始分步骤地取消棉花、大豆、油菜籽和食糖的临时收储政策。2014年，新疆棉花、东北与内蒙古大豆临时收储政策被对市场干预程度较低的目标价格政策所替代，在市场价格低于目标价格时按价差补贴生产者。2015年，彻底取消了油菜籽和食糖的临时收储政策，价格形成回归实施临时收储政策前的市场机制。2017年，又取消在东北与内蒙古实施的大豆目标价格政策。政策取得的初步效果，基本上实现了市场决定价格，做到了产品优质优价，保障了农民收益，并有效激活了产业链条。

（二）调整完善农业补贴制度

农业补贴是当今世界各国普遍采取的农业支持保护政策。2002年，中国的农业补贴政策在部分县市进行试点，2004年扩展到全国范围。十八大以来，党中央、国务院坚持不断完善农业支持保护制度。2016年，全面推行"农业支持保护补贴"制度。2017年进一步提出，探索实行财政支农资金"大专项+任务清单"管理方式，推广政府和社会资本合作，撬动金融资本和社会资本更多投向农业农村。现有农业补贴政策在增加农民收入、支持农业生产方面表现出了很好的效果，但是补贴目标仍然不够清晰、作用发挥受到一定的障碍，亟待进一步完善。改革的基本思路主要有：

第一，明确补贴目标，探索实施目标收入补贴制度。建立农民从农业生产经营中获得稳定收入的"安全网"。在目标价格补贴确立的同时，探索建立目标收入补贴制度，稳定农民农业经营收入。尤其是在粮食主产区和其他重要农产品主产区，根据历史单产和农作物播种面积，为农民提供单位经营土地面积的保底收入。探索建立营销贷款援助制度，由农业部门与金融监管部门共同建立能够适应中国国情的农产品信贷公司，以未来收获的农产品为抵押担保，为农民提供生产经营性贷款。

第二，转变补贴体制，提高财政支农资金使用效率。归并整合涉农资金，集中财力物力，提高农业综合生产能力。继续开展粮棉油糖高产创建，支持种粮大户、家庭农场、农民合作社、产业化龙头企业等新型经营主体开展高产示范。继续健全和完善粮食主产区利益补偿机制，根据主产区对国家粮食安全的贡献，增加一般性转移支付和产粮大县奖励补助。

第三，调整补贴思路，建立财政支持"三农"长效机制。探索并完善农产品目标价格补贴制度，及时公布农产品的目标价格，尝试一次性出台未来三到五年的指导性目标价格，努力形成农业补贴随生产成本、市场形势变化的长效机制。完善政策性农业保险制度，加大保险保费补贴力度，开发以农业收入为标的的农业保险产品。加大财政投入力度，推进农业防灾减灾、稳产增产关键技术补助政策的常态化，开展病虫害统防统治补贴等新的联技计补政策试点。

第四，扩大补贴对象，促进补贴向新型经营主体倾斜。建立补贴向新型经营主体倾斜的新机制。在有条件的地方探索开展按实际粮食播种面积或产量对生产者补贴试点，提高补贴精准性、指向性。从国家农机购置补贴中划出专门资金，对农机大户和合作社进行购机补贴。采取以奖代补的方式，对部分服务范围广、操作水平高、信用评价好的农机大户或者合作社，直接奖励大型农机具或重点作业环节农业机械。探索以农业补贴作为生产经验性贷款抵押物的信贷制度，以财政部门农业补贴数据库为基础，摸清农户每年的补贴收益，建立健全相关制度。

五、聚焦：问题·思考·对策

乡村振兴战略是在中国"三农"领域改革发展取得巨大成就基础上，以农业农村全面现代化为目标对"三农"事业发展的战略谋划。中国农业农村发展成就前所未有，但面临的困难和挑战也不容忽视，发展不平衡不充分问题在乡村最为突出。其中一个重要方面就是，制度性约束和体制机制障碍仍然存在。只有抓好农村改革，才能有效破解这些制约和挑战，不断拓展农业农村发展新空间。

（一）问题与思考

第一，农村基本经营制度需要继续巩固和完善。迄今为止，分散经营的内涵已从家庭承包经营向家庭经营、集体经营、合作经营、企业经营共同发展的方向转变，统一经营的内涵也已从集体经济向集体经济、农民新型合作组织、农业社会化服务组织、农业企业组成的多元化、多层次、多形式经营服务体系的方向转变。总的来看，以家庭承包经营为基础、统分结合的双层经营体制，已全面转向多层次、立体式、复合型的现代农业经营体系。同时，随着城乡经济社会的快速发展，农村基本经营制度的一些固有缺陷开始显现，集体经济组织"统"的职能发挥不足、家庭经营过于分散等方面的原因导致农民增收、农业增效的难度加大。农村土地细碎化严重，降低了农地的规模经营效益和粮食产量。农村土地所有权界定不清，影响了农地利用效率和农业长期发展。乡村振兴背景下，巩固和完善农村基本经营制度，就要建立健全以农户家庭经营为基础，合作组织、集体组织、政府组织、社会组织、农业企业为骨干，市场交换、联合合作、公共供给等多种方式联接的充满活力、经济高效、利益共享、风险共担的立体式复合型现代农业经营体系，发展农业适度规模经营，提高农业质量效益和竞争力。

第二，农村土地制度系统性、联动性不足。尽管农村承包地与其他"三块地"改革正在加紧部署，并取得了一定成效，但从整体上看，改革的系统性、联动性不足，制约着土地制度改革综合效应的发挥。一方面，承包地退出机制探索缓慢，至今没有破题，在进城务工农户"退出权"保障上面临掣肘；另一方面，"三权分置"制度设计还需进一步完善，特别是土地经营权的内涵界定与保护、土地经营权抵押功能的实现等改革滞后，没有充分实现土地要素供给功能。农村"三块地"改革试点的推进速度完全不一样，特别是宅基地与征地制度的改革进展缓慢，目前的突破都来自集体经营性建设用地入市部分的改革。集体经营性建设用地入市改革有着更多的先天优势，不仅改革的法律障碍较小，而且产权关系相对简单，各地在试点之前也有了不同程度的地方性探索。与之相比，宅基地管理制度与征地制度改革就艰难很多。对于试点地区而言，宅基地的福利性分配方式和物权性质的使用权如何协调、无偿获得的宅基地如何有偿退出、新的分配和退出方式如何确保分配公平，都是一堆待破解的难题。征地制度改革方向明确，但是却一样找不到出路。征地制度改革大致方向应该是以后只征收公益性用地，新增经营性建设用地不征收，同时提高征地的补偿标准，补偿方式多样化。但是，征地范围缩小后腾出的新增经营性建设用地以何种方式进入市场变成难题。

第三，深化农村集体产权制度改革面临现实挑战。这项改革是对现有农村社会生产关系的重大调整，影响面广、难度大、利益关系复杂。从目前来看，推进这项改革还面临一系列的现实挑战，主要有以下四点：一是各地改革基础条件和实际情况千差万别。由于历史和现实等多种原因，中国不同地区农村拥有集体资产的属性、构成以及规模各不相同。集体资产分布极不均衡，东部地区资产总额超过了全国的四分之三，部分发达村资产数以亿计，但大多数均为"空壳村"、负债村，区域、个体差别较大，情况十分复杂。二是改制后的法人治理结构尚未有效建立。试点地区新成立的集体经济组织，在形式上普遍按照现代企业制度设立了股东代表大会、董事会和监事会。但从实际运作来看，股份合作社在人事安排上仍然受到行政力量的干预，村社干部交叉任职现象严重。有的股份合作社更像一个巨型的家族企业，民主决策、民主管理和民主监督等问题突出。三是农民股份权能实现缺乏有效途径。由于集体资产股份具有福利分配性，为了防止社区利益外溢，一般严格限制股东的独立处置权。目前，现行法律对集体资产股份的有偿退出和继承没有明确规定，各地尚未明确有偿退出的范围、条件和程序，也没有解决具备法定继承人资格的非集体成员的继承问题。四是集体经济缺乏长效发展机制。有的地区农村集体产权制度改革虽然已经基本完成，但在集体经济可持续发展方面面临着巨大挑战。一些集体经济薄弱村，基本上无任何资产可言，有的甚至负债累累；一些集体经济发达村，往往以租赁物业为主，产业结构单一，缺乏优良的经营性资产，没有形成稳定的收入来源。

第四，需要进一步完善农业支持保护制度。对农业予以支持保护是世界各国的普遍做法和成功经验。今后一个时期，应坚持"力度不减、结构优化、重点突出、适度倾斜"的原则，下大气力健全完善中国农业支持保护政策体系。在低标准、广覆盖普惠性补贴的基础上，重点补主产区、适度规模经营、农民收入、绿色发展。农产品收储制度和价格形成机制改革涉及多元利益主体，农民收入会不同程度地受到不利影响，"市场定价、价补分离"对水稻和小麦两种口粮的适用性还有待深入分析，统筹协调各品种之间收储制度改革与补贴激励方式仍存在多方面的困难。因此，今后推进改革应坚持底线思维，把保证粮食安全和农产品有效供给作为改革的根本前提，协同发展市场和政府两只手的作用，坚持市场化改革取向和保护农民利益并重，充分发挥部门、地方和各产业主体的参与积极性。

（二）对策与建议

第一，巩固和完善农村基本经营制度。应重点做好三个方面：一是始终坚持家庭经营的基础地位。从世界各国农业发展实践来看，家庭经营都是最普遍的农业经营形式。完善农村基本经营制度，不是要放弃家庭经营，而是要通过多种途径方式把家庭经营引入现代农业发展轨道。二是加快培育新型农业经营主体。新型农业经营主体的发展成长与农地制度演进相伴而生，呈现高度的同向一致性。中国农地制度的灵活性和包容性，促使家庭农场、合作社、企业、社会化服务组织等多元新型农业经营组织大量出现，填补了农村劳动力转移进城腾出的农业就业空间，比较好地克服了"谁来种地""地怎么种好"等农业发展制约因素。三是充分发展适度规模经营的引领作用。农业适度规模经营是一个持续动态的概念，核心不是"规模"而是"经营"，通过土地经营权的流转，使土地向能种地、爱种地的新型经营主体集中，"三权分置"提供了制度和政策保障。在技术进步和装备不断改善的条件下，要重新认识农业如何经营的问题，现代农业并非只有土地规模经营一条出路。通过规模经营扩张产生规模效应，通过结构调整产生比较优势，通过资源集中实现绿色发展，都可以促使中国农业实现从弱势到强势的转变。所以，在今后相当长时期，农地规模经营和服务规模经营都将成为中国现代农业发展并行不悖的双重策略。从中国人地关系紧张的发展趋势来看，农业服务规模经营似应比发展土地规模经营更具价值和发展空间。

第二，深化农村土地制度改革。推进农村土地制度改革，是关乎"四化同步"的关键之举。应始终坚守土地公有制性质不改变、耕地红线不突破、农民利益不受损三条底线，始终坚持维护好、实现好、发展好农民权益这个出发点和落脚点，着眼长远进行系统性重构。建议进一步做好三个方面：一是抓紧完成土地承包经营权确权登记颁证工作。加大工作力度，加快确权进度，确保如期完成预定政策目标。同时，应尽快明确"长久不变"政策内涵，加快建立农村土地承包经营权渐进性、市场化退出机制，及早谋划下一轮土地延包实施办法。二是以"三权分置"理论为指导，在依法自愿有偿流转土地经营权上下足功夫。通过经营权让渡、经营权共享和经营权细分流转等途径办法，探索发展土地托管、股份合作、联耕联种等多种形式农业适度规模经营，让农民成为发展现代农业的积极参与者和真正受益者。应尽快在法律层面上明确承包权和经营权如何分离、经营权物权属性、抵押担保和再次流转等问题。三是稳妥推进农村集体建设用地管理制度改革，尽早实现与国有建设用地同地同权。允许农村集体建设用地通过出让、租赁、入股等形式，与投资机构、开发企业合作开发经营，共享收益。维护农户依法取得的宅基地使用权，积极探索农村宅基地有偿使用和有偿退出机制。允许通过村庄整治、宅基地整理等方式节约的建设用地，优先保障乡村休闲旅游养老等新产业新业态发展需要。

第三，推进农村集体产权制度改革。主要有两个方面：一方面，抓紧制定《农村集体经济组织法》，明确农村集体经济组织的产权边界及有限参与市场竞争的特殊法人地位。应研究设计一套特殊的法律保护制度与政策支持体系，对农村集体经济组织的名称、概念、成员范围、组织形式、组织机构、经营机制、财务管理、责任财产范围和责任形式、权利、义务等内容作出明确规定，确定农村集体经济组织行权范围与产权边界，充实农村集体产权权能。建议逐步将国家各级各类财政支农投入产权化、股份化，量化给村集体，量化到成员。鼓励地方开展资源变资产、资金变股金、农民变股东等改革，逐步建立健全农村产权流转交易市场机制，不断增强农村集体经济组织的活力、实力以及带动农民就业增收的能力。对新设立的农村集体经济组织，政府应当在一定的期限内给予一定的支持和优惠政策。现阶段，建议股份分红暂不征收个人所得税，或者采取"先征后返"的方式用于农村公共服务供给和农村社会事业发展。另一方面，尊重基层自主选择权，提倡各地从实际出发探索发展集体经济的有效路径。在符合规划前提下，允许集体经济组织利用闲置的各类房产设施、集体建设用地等，发展新产业新业态。在集体建设用地利用方面，各地可以综合考虑自身条件、历史沿革和发展环境，加强村与村合作，探索不同的区域统筹发展机制。既可以由全部镇域内村集体经济组织联合建立统筹平台、统一经营，又可以由部分村集体经济组织联手共建；既可以自主开发、自主经营，又可以联合开发、引入社会资本。条件成熟的，还可以实现更大范围的区域统筹和更高层面的功能统筹。在风险可控的前提下，可以鼓励经济实力较强的村集体尝试参与股权投资、城市开发和基础设施建设，引导农村集体以资产管理向资本运营转变。有条件的地方，可以以资本为纽带，通过集体资产管理体制变革，建立集体资本授权运营新机制。

第四，完善农业支持保护改革。一是应把握好改革的时机、节奏和力度。坚持"分类实施、循序渐进、先易后难、平稳过渡"策略，在综合考虑国内外市场形势的前提下，健全完善玉米生产者补贴政策，进一步推进大豆生产者补贴改革，审慎探索水稻、小麦等口粮价补分离的时机。二是应加强收储、补贴、保险等改革措施的联动。通过定向降准、财政贴息等货币金融政策，结合税收、补贴等财政杠杆，动态调节燃料乙醇、稻米油等粮食深加工企业的产能，发挥其对粮食市场的调控作用。三是加快构建绿色生态导向的补贴制度体系。过去，中国农业支持保护政策的目标主要指向增加农产品产量。今后，应强调"保供给""提质量""优生态"协调并行，重点支持农产品提质增效、修复治理农业生态、建设高标准农田、培育农村新产业新业态。四是不断创新财政支农资金使用管理方式。继续推动涉农资金整合，加快实现财政支农投入集中集约使用。全面推行以奖代补、先建后补、提供担保等办法，充分发挥财政资金的"撬动"作用，以特许经营、参股控股等方式，吸引社会资本特别是金融资本参与农林水利、农村基础设施和公共服务项目建设营运，尽快改变农业支持保护政策主要依靠财政投入的格局。

第九章 人才支撑与乡村振兴

执笔人：张效榕

根据中央的指导方针，解决乡村的人才支撑问题是振兴乡村的关键所在。实现人才支撑最主要的是发展并壮大从事农业的人员队伍，这是关系农业长远发展，特别是现代农业建设的根本大计和战略举措。为实现人才支撑，可采取加强新型职业农民培训、加强农村专业人才队伍建设、发挥科技人才支撑作用，以及鼓励社会各界投身乡村建设等措施。虽然各方都在努力解决人才支撑问题以实现乡村振兴，但是在各项措施的推行过程中依旧面临着大大小小的一些问题。

实施乡村振兴战略是党在十九大作出的重要战略部署。2018年中央一号文件《关于实施乡村振兴战略的意见》强调："实施乡村振兴战略，必须破解人才瓶颈制约。要把人力资本开发放在首要位置，畅通智力、技术、管理下乡通道，造就更多乡土人才，聚天下人才而用之。"乡村振兴，根本在政策支持，出路在制度创新，要害在人才支撑。[①] 人才是行业发展的基础，尤其是在农业现代化程度不断提高的背景下，农业的发展亟需一批懂农业、爱农村、爱农民的"三农"人才，使之推动农业现代化的发展进程。只有汇聚各类农业人才能够为乡村振兴注入更多动力，进而实现乡村振兴。其中，大力培育新型职业农民、加强农村专业人才队伍建设、发挥科技人才支撑作用、鼓励社会各界投身乡村建设等是实现乡村振兴的重要抓手。

[①] 《走中国特色社会主义乡村振兴之路——学习贯彻中央农村工作会议精神》，新华社，2017年12月29日。

一、新型职业农民与乡村振兴

发展并壮大新型职业农民队伍，对农村经济社会的发展、乡村振兴战略的实现起着重要作用。据中共中央组织部、原农业部、统计局等部门联合统计，截至2015年底，全国新型职业农民总量达到1272.21万人，其中生产型新型职业农民616.67万人，经营型新型职业农民348.99万人，技能服务型新型职业农民306.54万人，社会服务型新型职业农民167.87万人，技能带动型新型职业农民252.22万人。[1] 未来中国将拥有更多的新型职业农民投身于农业，为农村发展注入更多动力。

（一）新型职业农民的提出

2012年，新型职业农民首次出现于中央一号文件。该年的中央一号文件从加快农业科技创新、促进农业科技成果推广应用的角度出发，明确指出"大力培育新型职业农民"。同时，文件提出了加快中等职业教育免费进程，落实职业技能培训补贴政策，以提高科技素质、职业技能、经营能力为核心，大规模开展农村实用人才培训等新型职业农民培育的具体要求。

2013年，农业部对新型职业农民进行了定义，即以农业为职业、具有一定的专业技能、收入主要来自农业的现代农业从业者。[2] 具体包括以下三类人群：第一，生产经营型职业农民。包括

---

[1] 杭大鹏主编：《2016年全国新型职业农民发展报告》，中国农业出版社2017年版，第2—3页。

[2] 农业部办公厅：《农业部办公厅关于新型职业农民培育试点工作的指导意见》，2013年。

以农业为职业、占有一定的资源、具有一定的专业技能、有一定的资金投入能力、收入主要来自农业的农业劳动力。主要是家庭农场主、农民专业合作社理事长、农业企业（包括农村电商）的创办人等。此外，专业种植户、专业养殖户等，与农业高度相关、一二三产业融合链条中的农户（如以加工初级农产品为主的农户和农家乐等）等也属于生产经营型职业农民。第二，专业技能型职业农民。包括在农民合作社、家庭农场、专业大户、农业企业等新型生产经营主体中较为稳定地从事农业劳动作业，并以此为主要收入来源，具有一定专业技能的农业劳动力，主要是农业工人、农业雇员（一年6个月以上）等。第三，社会服务型职业农民。包括在社会化服务组织中或个体直接从事农业产前、产中、产后服务，并以此为主要收入来源，具有相应服务能力的农业社会化服务人员。主要是农村信息员、农村经纪人、农机服务人员（农机手及农机专业修理人员）、统防统治植保员、村级动物防疫员、农资经销人员以及在其他领域（如沼气、动物防疫等）专门为农业各环节提供社会化服务人员。[①]

（二）新型职业农民的发展

自2012年新型职业农民概念提出后，中央陆续出台了多项有关新型职业农民发展的文件。其中，2013年中央一号文件强调："大力培育新型农民和农村实用人才，着力加强农业职业教育和职业培训。充分利用各类培训资源，加大专业大户、家庭农场经营者培训力度，提高他们的生产技能和经营管理水平。制定专门计划，对符合条件的中高等学校毕业生、退役军人、返乡农民工务农创业给予补助和贷款支持。"2014年中央一号文件在扶持发展

[①] 杭大鹏主编：《2016年全国新型职业农民发展报告》，中国农业出版社2017年版，第2页。

新型农业经营主体部分提出："加大对新型职业农民和新型农业经营主体领办人的教育培训力度。"2015年中央一号文件在提升农村公共服务水平部分提出："积极发展农业职业教育，大力培养新型职业农民。"2016年中央一号文件明确提出"加快培育新型职业农民"的国家战略，并强调"将职业农民培育纳入国家教育培训发展规划，基本形成职业农民教育培训体系，把职业农民培养成建设现代农业的主导力量。办好农业职业教育，将全日制农业中等职业教育纳入国家资助政策范围。依托高等教育、中等职业教育资源，鼓励农民通过'半农半读'等方式就地就近接受职业教育。开展新型农业经营主体带头人培育行动，通过5年努力使他们基本得到培训。加强涉农专业全日制学历教育，支持农业院校办好涉农专业，健全农业广播电视学校体系，定向培养职业农民。引导有志投身现代农业建设的农村青年、返乡农民工、农技推广人员、农村大中专毕业生和退役军人等加入职业农民队伍。优化财政支农资金使用，把一部分资金用于培养职业农民。总结各地经验，建立健全职业农民扶持制度，相关政策向符合条件的职业农民倾斜。鼓励有条件的地方探索职业农民养老保险办法"。2017年中央一号文件在开发农村人力资源章节中指出："重点围绕新型职业农民培育、农民工职业技能提升，整合各渠道培训资金资源，建立政府主导、部门协作、统筹安排、产业带动的培训机制。"2018年中央一号文件提出："大力培育新型职业农民。全面建立职业农民制度，完善配套政策体系。实施新型职业农民培育工程。支持新型职业农民通过弹性学制参加中高等农业职业教育。"

各部委相继出台文件强调发展新型职业农民培育，积极发展现代农业职业教育大力培育新型职业农民、加强民族地区职业教育、建立公益性农民培养培训制度，开发精品教材、整合教育培训资源，并鼓励农村青年农民在农村创业兴业，造就高素质的新型农业生产经营者队伍，为农业可持续发展提供坚实的人才保障。此外，原农业部还在全国多个县市开展新型职业农民培育试点，在不断试点的过程中，逐渐形成了"三位一体、三类协同、三级贯通"的新型职业农民培育制度体系。其中，中央财政安排农民培训补助资金，支持开展新型职业农民培育工作。

（三）新型职业农民培育模式

新型职业农民的培育，能够对农民在产前、产中以及产后环节所出现的问题或困难给予解决和引导。通过系统的职业教育，能够培育出一批具备较高文化水平、较高技能素质、较强经营能力的新型职业农民。同时，能够引导小农户使用现代经营管理方式、技术手段，加快农户与现代农业发展有机衔接，从而为乡村振兴的"三农"队伍建设提供智力支持。具体来说，新型职业农民的培育主要包括以下模式：

1. 政府主导类的新型职业农民培育模式

政府主导的培育模式主要是指政府牵头统筹新型职业农民工作，根据新型职业农民培育对象的文化层次和培育需求，分别对生产经营型、专业技能型和社会服务型的职业农民，组织教育培训机构开展从培训到中职、高职教育的多层次培育。其中，政府起主导作用，并负责协调财政、农业、教育、金融、保险等部门共同出台扶持政策，同时提供有利于新型职业农民发展的政策环境。

2. 多方联动类的新型职业农民培育模式

一是产业主导的培育模式。以产业发展为主导，在政府部门的指导下，培训机构开展产业教育培训和科技指导服务，共同完成新型职业农民培育的模式。此外，根据当地农业优势产业，政府对农业院校学生定向招生、专项培训，能够有针对性地促进新型职业农民培育与农业产业相结合，在解决农业院校学生就业问题的同时，为当地农业发展留住一批高素质新型职业农民，促进当地农业经济的发展。

二是实践操作为主导的培育模式。通过农业龙头企业，为新型职业农民的培育提供实际操作演练的设备、场所，以及产品研发、生产、销售等多方位的实践机会。此外，政府在新型职业农民培育过程中起政策引导、资金扶持以及宏观管理的作用，为新型职业农民的培育提供保障；农业院校为新型职业农民提供专项课程训练。在培育新型职业农民过程中，拓展新型职业农民的思维，增强创新能力和实践能力，并提高培育新型职业农民规范生产的意识。通过"政府+学校+企业"的联动，促进新型职业农民在创业兴业实践中发展成长，带动行业发展。

三是新型农业经营主体带动为主导的培育模式。以当地种养大户、家庭农场经营者、农民专业合作社领办人和社会化服务体系专业技能人员等新型农业经营主体的经营者为重点培养对象，发展新型职业农民队伍。在新型职业农民培育过程中，依托家庭农场、农民专业合作社等新型农业经营主体，结合农时季节对新型职业农民进行技术示范指导，创造有利于农业新型职业农民培育发展的良好环境。此外，依靠政府与新型农业经营主体的力量，整合多方资源打造包含信息、技术、政策、销售等模块为一体的新型职业农民服务平台，为新型职业农民的成长提供服务，并促进其带动周边农户。

（四）小结

新型职业农民是中国农业生产的重要主体，新型职业农民队伍的壮大与发展能够提高农业生产力。新型职业农民的培育，能够带动农业农村的发展，实现乡村振兴，并加快小农户与现代农业的有机衔接。中国未来将拥有更多的新型职业农民，农业部在2017年1月出台的《"十三五"全国新型职业农民培育发展规划》提出"到2020年，新型职业农民队伍不断壮大，总量超过2000万人，务农农民职业化程度明显提高"。2017年5月，农业部印发《关于加快构建政策体系培育新型农业经营主体的意见》，该文件强调农业部与多部门实施新型农业经营主体培育工程，2018年将培育100万以上新型职业农民。此外，2018年《农业部关于大力实施乡村振兴战略加快推进农业转型升级的意见》指出，实施新型职业农民培育工程，全面建立职业农民制度，实施新型职业农民培育工程，每年培训100万人次；支持以新型职业农民为主体的农村实用人才，通过弹性学制参加中高等农业职业教育。[①]

二、加强农村专业人才队伍建设

2018年中央一号文件指出，要"扶持培养一批农业职业经理人、经纪人、乡村工匠、文化能人、非遗传承人等"，以加强农村专业人才队伍建设。此外，该文件针对农村专业进行了宏观工作的部署，如"建立县域专业人才统筹使用制度，提高农村专业人才服务保障能力。推动人才管理职能部门简政放权，保障和落实基层用人主体自主权。推行乡村教师县管校聘。实施好边远贫困地区、边疆民族地区和革命老区人才支持计划，继续实施'三支一扶'、特岗教师计划等，组织实施高校毕业生基层成长计划。支持地方高等学校、职业院校综合利用教育培训资源，灵活设置专

[①] 《农业部关于大力实施乡村振兴战略加快推进农业转型升级的意见》，《农村工作通讯》2018年第4期，第5—10页。

业（方向），创新人才培养模式，为乡村振兴培养专业化人才"。农村专业人才是一类以农业为职业的、具有一定的专业技能的现代农业从业者。其中，农村专业人才中职业经理人、经纪人、乡村工匠等属于新型职业农民中社会服务类型的职业农民，即在社会化服务组织中或个体直接从事农业产前、产中、产后服务；而非物质文化遗产传承人、文化能人属于生产经营类型的职业农民，即以农业为职业、占有一定的资源、具有一定的专业技能。整体而言，专业人才队伍建设可以与新型职业农民培育相结合，从教育培训、队伍管理角度入手。

（一）建立教育培训制度

务农农民是中国农业生产经营主体的重要组成部分，同时也是实现小农户与农业现代化有机衔接的重要落脚点。务农农民的科学文化素质、技能水平和经营能力直接决定着农业生产力水平。为其提供职业教育培训，能够有效、快速地提升其生产效益和生产力，如中等职业教育和农业系统培训。此外，教育培训能够将专业技术、技能和经营管理知识传授给农民，提升岗位适应性和工作能力，使其有效运用新的技术成果和手段，进而不断提高农业生产经营效率。其中，可以将具有一定文化基础和生产经营规模的农民，培养成为具有新型职业农民能力素质的现代农业生产经营者，进而快速扩大专业人才队伍。

具体而言，教育培训可根据人群的不同进行分类培训。第一，为正在务农的农民提供免费的教育培训。建立中等职业教育免学费制度，并对误工、误餐等进行补助，通过实行农学结合弹性学制，采取"送教下乡"等教育模式，鼓励和吸引务农农民参加农科学历教育，培养具有农科中高等职业教育水平的新型职业农民。此外，对没有参加农科职业教育的务农骨干农民进行免费、分产业、全生产经营周期的农业系统培训，培养具有与现代农业发展需要相适应的科技文化素质、技能水平和经营能力的新型职业农民。第二，为返乡农民工和农村退伍军人进行免费培训。对从事农业生产经营或在农业领域创业的返乡农民工和农村退伍军人进行全程免费培训，帮助他们提高职业技能和经营能力。第三，为已具备一定专业技能的人才提供再教育培训。此类教育培训的目的在于更新其技术、管理方式，优化其知识体系，提高其市场竞争力。其中，需建立与干部继续教育、工人岗位培训类似的经常性教育培训制度，明确教育培训内容、时间、方式、机构和经费保障。从而，使农民及时了解和掌握农业产业政策的调整、农业科技的进步和农产品市场的变化，提高农业生产经营效益。[①]

（二）专业人才队伍管理和发展

农业专业人才队伍的建立需要进行严格把关，加强整体队伍的技能水平，提高其生产力。其中，认定管理是培育的重要环节，公平公正、科学合理地对专业人才进行评价，充分发挥专业人才在实施乡村振兴战略中的示范带动作用和支撑作用。

1. 专业人才队伍的管理

专业人才认定主要包含三个方面的内容：第一，专业人才要具备一定的专业技能，如获得相应专业技能证书。第二，专业人才还应具备职业道德，如商品农产品质量过关、无欺骗行为及积极发展农业生产服务。其中，可以将是否按照正规程序注册农产品商标、申请无公害农产品认证、绿色食品认证、有机食品认证或其他符合国家标准的农产品认证作为考核标准。第三，专业人才管理还应综合考虑个人的整体水平，如受教育程度、生产经营

---

① 王守聪、刘天金：《新型职业农民培育途径和扶持政策研究》，中国农业出版社2015年版，第24页。

规模、经营收入等。此外，在认定过程中还应对专业人才进行认定后的动态管理，如对专业人才队伍中发生严重农产品质量安全事故、破坏农业生态资源发生严重面源污染、侵害农业雇工权益及伤害农户利益的人员进行管理，确保专业人才队伍带动农民发展的作用以及支撑产业发展的作用。

2. 专业人才队伍的发展

支持地方高等学校、职业院校综合利用教育培训资源，灵活设置专业（方向），创新人才培养模式，为乡村振兴培养专业化人才。农村职业教育的基础以义务教育为主体，同时包括普通高中教育和其他学历教育。在培养专业化人才过程中，应大力促进职业教育和普通教育、中等和高等职业教育的协调发展，健全农村专业人才培养平台。此外，推动职业教育和普通教育办学资源的共享和有机衔接。在保证教育质量的条件下，允许中等和高等职业教育学校灵活设置专业及方向，扩大招生群体，并对教学计划大纲、课程安排按照农业实际情况进行总体设计、调整及统筹。如建立健全继续教育制度，支持和鼓励返乡农民工接受职业教育。

实施边远贫困地区、边疆民族地区和革命老区人才支持计划，继续实施"三支一扶"、特岗教师计划等，组织实施高校毕业生基层成长计划。加强对农村经济困难家庭学生接受职业教育培训情况的资助、跟踪管理与服务。通过职业教育系统"培训一人，输出一人，帮扶一家，带动一片"。此外，以对农村经济困难家庭提供特殊扶持为重点，建立促进农村学生优先、全面参加职业教育的制度。提高职业教育的社会吸引力，从国家政策上鼓励农村学生优先参加职业学习。同时，以县为单元建设县域职业教育培训网络，把农村文化技术学校与中小学、职业教育学校有机结合。紧密结合农业生产的实际，围绕产业发展，积极探索和创新人才培养模式，分产业、分品种地培养专门人才。最后，积极利用广播、电视、网络等形式，组合资源要素，开展送职教下乡、进村、进社区活动。为边疆民族地区、革命老区培养专业人才，带动当地农业发展。

（三）小结

农村专业人才长期工作在农村，熟悉农业政策，服务农民生活。加强这部分群体队伍的建设，能够为新时代农业发展提供人才支撑，并促进乡村振兴。同时，加强农村专业人才队伍的建设，能够促进农村整体农业生产水平，促进农户了解并合理使用科学技术生产管理田间作物。此外，加强农村专业人才队伍建设，不仅需要对当前务农农民、返乡农民工、农村退伍军人等进行教育培训，还需要定期对具备一定专业技术的务农农民进行知识体系更新，提高整体务农人群的专业技术水平。

三、发挥科技人才支撑作用

农业现代化是中国现代化的重要组成部分，随着中国农业现代化进程不断加快，农业生产过程日益专业化、协作化，这对高新技术产生了较高的需求。此外，在农业分工越来越细致、科学及专业的背景下，发展现代农业也需要农业科技人才的支撑。而提高农业现代化水平的关键在于提高农业的生产力，这就更需要发挥农业科技人才在农业生产中的支持作用。其中，农业科技人才是指受过专门教育和职业培训，掌握农业行业的某一专业知识和技能，专门从事农业科研、教育、推广服务等专业性工作的人员,包括农业科研人才、农业技术推广人才、农村实用人才等。①中国农业科技人才的培养,包括农科研究生教育、本科生教育及中高等农业职业教育。

(一)农业科技人才现状

1. 农业科技人才数量

2015年,中国共培训鉴定44万名农业技能人才,针对150名农业科研杰出人才及其创新团队进行专项经费资助,并组织出国(境)研修。同年,培训80万人次农业科技人员,进行基层农技人员知识更新培训。以广东为例,广东农业科研和技术开发机构基本情况如下(见表9-1)。整体而言,2000—2015年,广东农业科研和技术开发的职工人数先降后升,从事科技活动的人员数量保持稳定增长态势。

表9-1 广东农业科研和技术开发机构基本情况

项目	机构数/个	职工人数/人	从事科技活动人员/人	高级职称/人	中级职称/人	其他/人	经费收入总额/万元	政府拨款/万元
2000	94	6179	3149	492	806	—	80061	27640
2005	73	4577	2731	564	742	736	56023	36105
2010	74	4737	3040	706	829	1505	113262	87151
2011	74	4680	3026	679	825	1522	111675	83770
2012	71	4654	3101	750	840	1511	122042	91091
2013	77	5269	3541	899	1021	1621	160079	119740
2014	74	4969	3438	957	1050	1431	153145	114807
2015	76	4983	3502	1012	1056	1434	205405	157170

数据来源:《广东农村统计年鉴2016》。

---

① 宋华明、余柳、单正丰:《现代农业发展与农业科技人才分层培养:问题与对策》,《南京农业大学学报》(社会科学版)2014年第4期,第120—125页。

2. 农村实用人才

农村实用人才是指在农村有一定的农业专业知识和专门技能，能够在农村经济社会发展中起到示范带头作用，为当地农村经济发展作出积极贡献，并得到群众认可的人。农村实用人才具有一定的知识或技能，能够起到示范和带头作用，为当地农业和农村经济发展作出积极贡献。农村实用人才既包括乡村土生土长的实用人才，又包括城镇服务于农村的实用人才，从更广意义上讲还应包括凡能够直接服务于农村经济社会发展的人才都是农村实用人才。

中国针对农村实用人才实施了多项政策。如农村实用人才带头人培养、农村实用人才创业培训等活动。其中，原农业部先后制定了《农村实用人才带头人示范培训考核管理办法》《农村实用人才带头人和大学生村官示范培训班班主任工作规范》等规章制度，不断提升培训工作的制度化、规范化、科学化水平。培训班以提升理念、开阔思路和增强能力为核心，将培训课程分为经验传授、专题讲座、现场观摩、研讨交流四个教学板块，把新农村建设的生动实践现场作为培训课堂，邀请优秀的基层党组织负责人登上讲台现身说法，逐步探索形成了"村庄是教室、村官是教师、现场是教材"的培养模式。此外，农业部于2008年便在全国11个省启动1万名农村实用创业人才培训试点工作。农村实用创业人才培训按照"政府推动、部门监管、学校培训、地方扶持、农民创业"的思路，坚持公平公正、突出实效的原则，根据农民意愿培训，着重在五大产业（种植业、畜牧业、水产业、农产品加工业、农村服务业）开展培训，对学员进行三年跟踪服务。通过培训和政策扶持，使学员树立创业理念、增强创业意识、掌握创业技巧、提高创业能力，促进学员提高经营水平、扩大经营规模、领办经济合作组织、创办农业企业，着力培养造就一批现代农民企业家，为现代农业发展和社会主义新农村建设提供有力的人才保证和智力支持。

《农村实用人才和农业科技人才队伍建设中长期规划（2010—2020年）》指出，要进一步扩大人才规模、改善人才质量，到2020年农业科技创新人才增加到70万人，具有研究生学历的比例达到30%；农村实用人才增加到1800万人，具有中专以上学历的比例达到10%以上。

（二）发挥科技人才支撑作用

现代农业是"接二连三"、功能多样的农业产业。现代农业的发展，需要拓宽农业技术的范畴并建立现代农业技术体系；需要在提高土地产出率和劳动生产率的同时，提高要素的利用率以及质量安全。因而，重视科学技术、发挥科技人才在农业产业中的支撑作用至关重要。其中，发挥科学技术在乡村振兴中的支撑作用，不仅取决于科学技术本身的应用效率及其对农业农村的适用性，还取决于科技应用主体对技术进步的适应能力，以及与技术进步、推广应用相关的体制机制的变革。[①] 发挥科技人才支撑作用可以从以下几方面入手：

全面建立高等院校、科研院所等事业单位专业技术人员到乡村和企业挂职、兼职和离岗创新创业制度，保障其在职称评定、工资福利、社会保障等方面的权益。探索公益性和经营性农技推广融合发展机制，允许农技人员通过提供增值服务合理取酬。推进科技体制改革，放活科技人员和科技成果，健全种业等领域科研人员以知识产权明晰为基础、以知识价值为导向的分配政策。深化基层农技推广体系改革，推进公益性农技推广机构与经营性

---

① 黄祖辉：《准确把握中国乡村振兴战略》，《中国农村经济》2018年第4期，第2—12页。

服务组织融合发展，探索提供技术增值服务合理取酬机制。全面实施农技推广服务特聘计划，强化农科教协同推广。[1] 提高农业科技人员收入，使其有时间与经历投入科研，提高农业科研成果转化和转让中科研人员的收入分配比例，积极探索科技成果以专利入股等形式参与收益分配。增强农业科研单位和人员与基层农技推广机构、企业、农民之间的合作社关系，引导和鼓励科研机构和科技人员更多地向农业生产经营单位和农民服务，更多地开发适用、实用的农业技术，充分利用现代化的信息技术和信息网络转化农业科技成果，提高农业科研成果转化率。[2]

健全种业等领域科研人员以知识产权明晰为基础、以知识价值为导向的分配政策。培育农业科技成果转化和交易市场，建立健全农业科技成果转化和交易的法律法规体系，规范农业科技成果转化和交易行为，探索新型成果转化和交易模式，为农业科技成果转化及市场交易提供便利条件和措施保障，推进农业科技产业化。此外，依托战略性核心关键技术研究和共性科技研究项目，形成学科之间联合与协作的创新体系和科研平台。以开展战略研究、制定发展规划为导向实施创新基地建设，集中组织实施重大创新项目，创建精干高效的跨学科优秀人才队伍。

深入实施农业科研杰出人才计划和杰出青年农业科学家项目，全面实施农技推广服务特聘计划。2015 年，国家实施农技推广"特岗计划"，在 13 个省招聘特岗农技员 1 万余名，为基层农技推广队伍补充了新生力量。此外，各地举办人才激励计划。如江苏设立的"种业人才奖励基金"，内蒙古设立的"青年创新基金"，

---

[1] 《农业部关于大力实施乡村振兴战略加快推进农业转型升级的意见》，《农村工作通讯》2018 年第 4 期，第 5—10 页。

[2] 韩俊：《中国农村改革（2002—2012）》，上海远东出版社 2012 年版，第 445 页。

吉林与山东开展的"万名兴农带福之星"。2015年,"农业科教兴村杰出带头人"和"全国杰出农村使用人才"资助项目54人,资助金额为每人5万元。[①]此外,《中等职业学校新型职业农民培养方案》为农民接受中等职业教育提供了方便和保障。

(三)小结

现代化的农业物质装备、科学技术,是现代农业的重要标志。同时,科技成为提高农业生产力的重要手段。在农业分工越来越细致、科学及专业的背景下,需要发挥科技人才在乡村振兴战略中的支撑作用,带动农业农村的发展。通过发挥科技人才作用,实现中国农业在关键技术领域、核心技术取得突破,使中国农业科技达到世界先进水平。同时,促进农业科技成果的转化,满足当前现代农业的发展需求,提高农业生产力,进而推动农业现代化的发展,促进乡村振兴。

四、鼓励社会各界投身乡村建设

随着农业现代化水平的不断提高,乡村振兴战略的实施,需要一批懂技术、掌握科学管理方式、具备创新能力的人。在新时代下,创新型人才、经营人才、管理人才、技术能手等不仅需要从农村本地培训,也需要城市向农村输送或者回流。在培养乡土人才的同时,鼓励社会各界投身乡村建设,发展农村。2018年中央一号文件指出,鼓励社会各界投身乡村建设需从以下几方面入手:建立有效激励机制,以乡情乡愁为纽带,吸引支持企业家、

---

① 中华人民共和国农业部:《2016中国农业发展报告》,中国农业出版社2016年版,第84页。

党政干部、专家学者、医生、教师、规划师、建筑师、律师、技能人才等，通过下乡担任志愿者、投资兴业、包村包项目、行医办学、捐资捐物、法律服务等方式服务乡村振兴事业。吸引更多人才投身现代农业，培养造就新农民。发挥工会、共青团、妇联、科协、残联等群团组织的优势和力量，发挥各民主党派、工商联、无党派人士等积极作用，支持农村产业发展、生态环境保护、乡风文明建设、农村弱势群体关爱等。

（一）完善激励体制机制

如前所述，要建立有效激励机制，以乡情乡愁为纽带，吸引支持各界人士，通过各种方式服务乡村振兴事业，引导更多的企业家成为职业农民。以规模化、高科技支撑的农业经济吸引城市中的企业家，引导其将资金用于广阔的农村市场。城市企业家进入农村，不仅可以为农村发展快速注入新的活力，而且可以迅速突破传统农业的种养殖限制，发展农村的规模化经营，扩大农产品加工、包装、物流等二三产业的服务。同时，企业对土地的规模经营也必然会促进原有土地上的农民转化为农业产业工人，在农业生产环节获取更多的现金收益和更多的发展机会。[①] 此外，加快制定鼓励引导工商资本参与乡村振兴的指导意见，落实和完善融资贷款、配套设施建设补助、税费减免、用地等扶持政策，明确政策边界，保护好农民利益。通过引导工商资本下乡共同参与乡村振兴，激发企业投资农业农村的热情和活力，可以带动人力、财力、物力以及先进技术、理念、管理等进入农村，进而推动产业发展、农民增收。

---

① 孔祥智：《农业现代化国情教育读本》，中国经济出版社 2015 版，第 256 页。

（二）发挥群体组织在乡村建设中的作用

发挥工会、共青团、妇联、科协、残联等群团组织的优势和力量，发挥各民主党派、工商联、无党派人士等的积极作用，支持农村产业发展、生态环境保护、乡风文明建设、农村弱势群体关爱等。如，中国农村专业技术协会是在中国科协直接领导下，由基层农村专业技术协会、农村专业合作组织及全国从事农业农村专业技术研究、科学普及、技术推广的科技工作者、科技致富带头人等自愿组成，依法登记成立的非营利性科普社团。中国农村专业技术协会是在中国农村经济体制改革中，由农民自发组织、自发创办、自愿参与、自我管理、自主发展的群众性经济合作组织。它的出现，有利于提高农民的组织化程度，推动农业产业化发展，促进农业科技推广应用，已成为推动农村改革发展的重要力量。中国农村专业技术协会自成立以来，在全国依托科协组织陆续建立起省、地、县三级农村专业技术协会组织，其自身也建立了相应的职能部门，并按照专业类别建立起相应的委员会和技术交流中心，于2014年与农业部联合发文确立了农村专业技术协会社会化服务体系的地位。全国有各类农村专业技术协会110476个，个人会员1487万人，覆盖粮食作物、果蔬、水产等上百个专业。中国农村专业技术协会自成立以来，基本形成了上下一体、左右相连，完整的具有协会特色的新型社会化服务体系。其在农业农村发展中具有重要作用，不仅促进了农业科技创新和实用技术推广，还提高了农民组织化程度和农业社会化服务水平，推动了传统农业向现代农业的转变。

（三）发挥青年及妇女在乡村建设中的作用

吸引青年人投身现代农业，培养造就新农民。青年是最富活力的创业力量,组织实施现代青年农场主培养计划是贯彻落实中央决策部署、拓宽新型职业农民培育渠道的重要举措,是激发农村青年创造创新活力、吸引农村青年在农村创业兴业的重要手段,将为现代农业发展提供强有力的人才支撑。原农业部同教育部、团中央组织实施现代青年农场主培养计划,采取培育一批、吸引一批、储备一批的方法,经过培训指导、创业孵化、认定管理、政策扶持和跟踪服务等系统的培育,在全国形成一支创业能力强、技能水平高、带动作用大的青年农场主队伍,为现代农业发展注入新鲜血液。[①] 其中,对回乡从事农业生产经营和在农业领域进行创业的农业院校,特别是中、高等农业职业院校毕业生,在就业补贴、土地流转、税费减免、金融信贷、社会保障等方面给予扶持、鼓励、引导、吸引农业院校学生到农业领域就业创业。建立农业院校定向招生支持制度,对定向招录农村有志青年特别是种养大户、家庭农场主、合作社领办人等子女的"农二代"的,在生均拨款、实训基地建设等方面给予倾斜,鼓励和支持农业院校设立涉农专业,为培养新生代职业农民创造条件。

实施乡村振兴"巾帼行动"。2018年2月,中华全国妇女联合会发布《关于开展"乡村振兴巾帼行动"的实施意见》。该意见指出,妇女是推动农业农村现代化的重要力量,是乡村振兴的享有者、受益者,更是推动者、建设者。其提出了五项实施巾帼行动的具体方法,如加强思想引领,动员农村妇女积极投身乡村振兴战略;实施"农村妇女素质提升计划",提高农村妇女参与乡村振兴的素质和能力;开展"美丽家园"建设活动,引领农村妇女共建共享生态宜居新农家;拓展寻找"最美家庭"活动内涵,以文明家风促进乡风文明;持续深化"巾帼脱贫行动",增强贫困

---

① 中华人民共和国农业部:《2016中国农业发展报告》,中国农业出版社2016年版,第115页。

妇女群众获得感。具体而言，"农村妇女素质提升计划"要求"加大网络教育培训工作力度，增强农村妇女网络学习意识，开发多种形式网络教育培训课程，不断扩大妇女受训范围。面向农村妇女骨干、基层妇联干部和返乡下乡创业女大学生、女农民工等群体，开展现代农业实用技术、电子商务、乡村旅游、手工制作等示范培训，帮助农村妇女提高适应生产力发展和市场竞争的能力，在更广领域、更深层次参与农业农村现代化建设"。在开展"美丽家园"建设活动方面，该意见指出"妇女从家庭做起、从改变生活和卫生习惯入手，清理整治房前屋后环境，清除私搭乱建、乱堆乱放，全面净化绿化美化庭院"。此外，在"巾帼脱贫行动"方面，该意见要求"以帮扶深度贫困地区妇女为重点，以增强贫困妇女内生动力和脱贫能力为突破口，以更有力的举措、更精细的工作，进一步抓实抓牢立志脱贫、能力脱贫、创业脱贫、巧手脱贫、互助脱贫、健康脱贫、爱心脱贫七项重点任务"。北京门头沟区清水镇组织当地家庭妇女成立了阿芳嫂黄芩种植专业合作社，生产黄芩茶。随着合作社的发展，野山茶的生产工艺形成了自动化流水线作业，解决了清水镇及周边乡镇妇女的就业问题，带动了当地农业农村的发展。

（四）小结

社会参与是乡村振兴的重要力量和关键。社会参与的主要力量包括企事业单位、社会团体、民间组织与志愿者，通过自主参与、合作参与、协同参与等方式对乡村建设提供服务、援助及投资等。此外，乡村建设是一项系统工程，在政府作为主导、多元参与以及协同市场与社会力量的背景下，需要充分调动各界积极性，为乡村建设提供持续的动力。其中，建立人才对接平台，鼓励支持返乡创业人员、新乡贤、志愿者及具有乡村情怀的能人贤达投身乡村建设。积极引导高校及研究机构利用其科研优势为乡村建设提供技术支撑。建立和完善社会参与乡村振兴战略的体制机制，营造氛围，以乡情乡愁为纽带，吸引支持企业、高校、事业单位等多方面的人才投身乡村建设，进而提高农业农村组织化程度和社会化服务水平。同时，为青年、妇女提供平台，提供技术与资金支持，提高其适应生产力发展和市场竞争的能力，共同发展乡村，推动传统农业向现代农业的转变。

五、聚焦：问题·思考·对策

（一）问题

在决胜全面建成小康社会、全面建设社会主义现代化国家的重大历史时期，实施乡村振兴具有重大战略意义。根据中央的指导方针，解决乡村的人才支撑问题是振兴乡村的关键所在。实现人才支撑最主要的是发展并壮大从事农业的人员队伍，这是关系农业长远发展，特别是现代农业建设的根本大计和战略举措。为实现人才支撑，可采取加强新型职业农民培训、加强农村专业人才队伍建设、发挥科技人才支撑作用，以及鼓励社会各界投身乡村建设等措施。虽然各方都在努力解决人才支撑问题以实现乡村振兴，但是在各项措施的推行过程中依旧面临着大大小小的一些问题。

一是农业人才队伍培育体系不健全。目前，中国亟须一批农业人才发展农业农村，带动农民增收。这批人才涵盖了新型职业农民、农村专业人才、科技人才等，其培养规模大、类型多、要求高以及时间紧等问题日益突出，但目前的教育培育能力无法满足如此规模的队伍，加之培训的社会资源分散，人才队伍培育无法满足农业发展的需求。这些日益突出的矛盾，加大了发展和壮大农业人才队伍的工作压力。

二是农业职业教育吸引力不强。让农民成为令人羡慕的职业，是农业职业教育最为期待的社会环境。当前，在农业职业教育体系中，中国职业院校里农科专业的吸引力不强，面临招生困境，使得农业科技专业的人才数量不足。其主要体现在，全国高等职业院校农科专业学生、中等职业学校农科专业学生占总体学生数量的比例较低，农业院校所招收的农科专业学生与中国农业体系能够承载的劳动力的比例失调。此外，由于经营农业收益较低，多数农科专业的毕业学生回农村务农或创业的意愿较低，使得农业的人才数量更为短缺。

三是农民接受与实践相关的再教育较为困难。部分务农农民具有强烈的学习意愿，但是却受到经济、生产、时间、地点等条件的限制，既很难进入传统围墙式的职业院校学习，又很难通过自我学习获得必要的知识和技能。尤其是农民职业技能培训与农业中、高等职业教育脱节，农业高等职业教育又与农业普通高等教育脱节，难以满足农民多层次、多元化的教育培训需求。

(二) 思考

现代农业的发展，亟需一批能够适应现代农业发展要求、自身具备较高的能力素质的人。培育一批符合现代农业发展需求的人才，使之能够在农业结构调整中选择适合自己的优势特色产业，在市场变化中按需生产，在生产过程中能够应用新品种、新技术和新装备。此外，这批人才还需适应产业链升级对管理、组织能力的要求，能够应对农业生产经营过程中随时可能发生的自然风险、市场风险和农产品质量安全风险，同时有能力搭建农产品品牌、拓展农产品市场等。

随着农业现代化水平的提高，对从事农业生产经营的人的要求愈来愈高，而要具备应对新形势新时代的要求的能力，需要人才队伍进行不断的实践和总结经验，并依靠教育培训将其传递给更多的人。在乡村振兴战略的支持下实现人才支撑，一方面，需要建立并完善农业教育培训体系，加强中央农业广播电视学校与涉农大学、农业职业院校、农业科研部门等单位的协同合作关系，建立起职业培训与中、高等职业教育及应用相互衔接的现代农业职业教育体系。在实际培训过程中，要特别注意培训内容与实际相结合，注重培养农民的现代农业职业技术技能，并建立技术技能培训与中等职业教育相衔接的送教下乡、农学结合、弹性学制教育制度。另一方面，在满足农民的基本职业培训需求后，应当关注职业农民的高层次教育需求。相关部门及其工作人员需要积极创建现代农业开放大学，发展高职、职业本科甚至更高学历的教育培训，延伸基础层面的职业农业教育培训内容及培训体系，为有意愿继续教育的职业农民提供提升自我的机会。通过建立基础的农民职业培训体系和高层次的职业培训体系，满足职业农民不同层次的需求，为不同的农业部门培养不同类型的专业人才，进而实现乡村振兴中的人才支撑。

（三）对策

实现乡村振兴的根本在政策支持，出路在制度创新，要害在人才支撑。即使在实现人才支撑的过程中面临许多的现实问题，我们依旧需要培育农业人才，让农民成为令人羡慕的职业。

首先，大力培育农业人才。在完善和健全"三位一体"的新型职业农民培育模式下，加大对专业大户、家庭农场经营者、合作社领班人的培训力度，开展职业农民职称评定。建立专业人才、科技人才参与乡村振兴机制，充分发挥农村党员致富带头人、优秀青年企业家带头模范作用，同时鼓励社会各界投身乡村建设，吸引青年回村、乡贤回归，扩大农业人才队伍。制定并执行有效的中长期培训计划，培育一批知识型、技能型、创新型的新型职业农民队伍，从而优化农业从业者结构及改善农村人口结构。

其次，建立完善的农业人才队伍体制机制。一方面，完善农民教育培训、认定管理以及政策扶持制度。持久有效地开展农业基础教育和技术教育，培养一大批有文化、懂技术、善经营、会管理的农业经营者。在培育过程中，有针对性地政策扶持和跟踪服务，发挥农业人才的支撑作用。另一方面，建立县域专业人才统筹使用制度，提高农村专业人才服务保障能力。全面建立高等院校、科研院所等事业单位专业技术人员到乡村和企业挂职、兼职和离岗创新创业制度，保障其在职称评定、工资福利、社会保障等方面的权益。探索公益性和经营性农技推广融合发展机制，允许农技人员通过提供增值服务合理取酬。①

最后，建立多元联合发展机制。要引导农业人才之间的联合与合作，鼓励其牵头或参与组建合作社、协会或联盟、现代农业联合体，鼓励其与专业大户、家庭农场建立稳定利益联结机制，提高农业组织化程度。顺应专业大户、家庭农场及合作社的成长规律，鼓励各地农业人才立足当地实际，探索新型经营主体发展的有效路径，创新组织形式和运行机制，提升主体经营绩效。

---

① 罗丹、刘涛、李文明：《夯实乡村振兴体制机制保障》，《中国农民合作社》2018年第5期，第11—12页。

第十章 乡村振兴：钱从哪里来

执笔人：董 翀

尽管中国农村金融市场化改革不断推进，但由于政府主导农村金融改革模式的"路径依赖"，在未来一定时期内，财政资金引导、国有金融资本主导的投融资机制仍会是农村产业领域中最重要的部分。农村产业领域的资产证券化、保险、产业基金、融资租赁和各类互联网金融形式等投融资机制创新虽然较多，但都在极大程度上依赖财政资金和国有金融资本的大力支持，民间资本参与不足、话语权弱且局限于少数特定产业领域，农村金融财政化的问题在一定时期内仍会继续存在，市场在农村金融资源配置中的决定性作用在短期内仍难以充分发挥。

乡村振兴既是国家进入新时代的发展战略，更是广大农民的内心所向。没有农业就无从谈农村，实施乡村战略，核心还是在于产业兴旺。产业兴旺是乡村振兴的基础，也是推进经济建设的首要任务。实施乡村振兴战略，需要以农业为中心拓展多种产业，要振兴农业，提高农业竞争力，充分挖掘农业多功能性，延长农业产业链条，大力发展农业农村服务产业，推进农村一二三产业融合发展。

乡村振兴战略的实施需要大量资金投入的保障和支持。2018年中央一号文件《中共中央 国务院关于实施乡村振兴战略的意见》提出，开拓投融资渠道，强化乡村振兴投入保障，要健全投入保障制度，创新投融资机制，加快形成财政优先保障、金融重点倾斜、社会积极参与的多元投入格局，确保投入力度不断增强、总量持续增加。这既明确了乡村振兴战略实施的资金保障渠道，也对财政支农体系、金融支农体系及农村产业多元投融资机制创新提出了明确的要求。

一、财政资金：四两拨千斤

财政是实施乡村振兴战略的重要政策工具，财政资金为农村各项事业发展提供财力保障，支持各项"三农"政策的顺利实施。2018 年中央一号文件明确提出"确保公共财政更大力度向'三农'倾斜"的要求，并提出加快建立涉农资金整合的长效机制，通过更多财政资金撬动更多金融资金和社会资金投向乡村振兴。由于农村要素市场和商品市场发育均不够完善，农村各产业的生产经营风险相对较高，金融机构提供农村金融服务的成本高、风险大，在农村开展金融业务的积极性不足，金融资本不愿意进入农村。财政政策通过调整政府内部的资源配置结构，引导非政府部门合理地进行资源配置，并借助税收优惠、增加投资和补贴等方式调整财政资金的转移力度，从而促进产业发展、优化收入分配和稳定经济增长。因此，在理清政府和市场边界的基础上，财政资金主要发挥以点带面的杠杆作用。

乡村振兴意味着农业生产基础设施建设、扶贫、农业综合开发、农村综合改革等各领域的配合发力。这些领域有较强的公共物品属性，其良好发展会为全社会带来非常大的正外部性，而助力其发展的投资者却难以在短期内获得明显收益。因此，这些领域必须得到财政资金长期稳定的支持。财政资金须充分发挥杠杆作用，积极引导社会资本流入，扩大投资规模，以满足城乡居民日益增长的对农村公共产品的需求。在基础设施建设方面，财政资金通过设立专项建设基金和专门的政策性金融机构，借助补贴和奖励手段引导各类金融机构和民间资本参与农村基础设施建设；通过直接投资和奖补措施，引导各类机构提供半公益性的基础设施服务及建立其他公共产品服务平台。在扶贫方面,财政资金通过各类补贴支持贫困户发展种植业、养殖业、民族手工业和乡村旅游业,采纳农业优良品种和先进实用农业生产技术,并对贫困户家庭劳动力接受职业教育、参加实用技术培训给予补助,通过在贫困地区建立村级发展互助资金,弥补传统金融机构在贫困地区的金融服务空缺。同时,财政资金可利用各类补贴机制促进农村综合改革,鼓励农村要素市场产品创新,促进农村金融机构改革,构建农村金融风险分担体系,通过财政补贴、担保和税收减免降低金融机构在农村地区的运营成本,鼓励涉农金融机构,特别是各类新型农村金融机构在农村发展业务。此外,在农业综合开发领域,财政资金在发力于农村一二三产业基础设施建设、着力完善农村要素市场的基础上,积极利用市场机制发挥杠杆作用,吸引金融机构信贷资金和社会资金向农业综合开发领域渗透。

2008—2016年,国家财政用于农林水的各项支出不断增加,从4397.6亿元增加至16768.4亿元(见表10-1)。八年间,农业、林业、水利和南水北调4项支出之和增长了2.24倍,扶贫支出增长了6.1倍,农业综合开发和农村综合改革支出均增长了1.4倍。2017年,财政支农投入继续增加,在基础设施建设方面,优化中央基础设施建设投资的支出结构,集中用于重大水利工程、新一轮农网改造升级等,规范推行PPP模式(公私合营模式)。2017年全国PPP综合信息平台管理库中,农业领域项目68个,投资额达627亿元。在一事一议财政奖补机制方面,中央财政投入185.7亿元,进行加强规范引导,健全奖补机制。在扶贫方面,2008—2016年八年间,财政扶贫支出占农林水各项支出的比重从7.3%增长至13.6%。2017年3月5日,李克强总理在政府工作报告中提出,中央财政专项扶贫资金增长30%以上,财政资金利用各种补贴发展产业扶贫，对扶贫贷款实施补贴，并着力于支持在贫困地区修建小型公益性生产设施、小型农村饮水安全配套设施、贫困村村组道路等，支持扶贫对象实施危房改造、易地扶贫搬迁。在农业综合开发方面，支持完成粮改饲面积超过 1300 万亩，耕地轮作休耕制度试点 1200 万亩，重金属污染耕地修复治理 242 万亩，引导种植结构调整，促进耕地地力保护。投入农机购置补贴资金 186 亿元，扶持 159 万农户购置机具 187 万台（套），进一步提升了农业物质技术装备水平，促进了全国农作物耕种收综合机械化水平的提升。同时，着力推进土地整治，建设高标准农田 2500 万亩，高效节水灌溉面积新增 2165 万亩，并支持 18 个省份开展田园综合体建设试点示范，启动了 41 个国家现代农业产业园创建。在农村综合改革方面，扶持村级集体经济发展试点省份扩大到 23 个，安排 50 亿元资金支持试点[①]；通过贴息、PPP 等方式，完善粮食等重要农产品价格形成机制和收储制度，筹建中国农垦产业发展基金，推进全国农业信贷担保体系建设等。

表 10 - 1　国家财政用于农林水各项支出

（单位：亿元）

年份	农业	林业	水利	南水北调	扶贫	农业综合开发	农村综合改革
2008	2278.9	424.0	1122.7	—	320.4	251.6	—
2009	3826.9	532.1	1519.6	—	374.8	286.8	—
2010	3949.4	667.3	1856.5	78.4	423.5	337.8	607.9
2011	4291.2	876.5	2602.8	68.9	545.3	386.5	887.6

① 《财政支农更精准》，《经济日报》2018 年 2 月 23 日。

(续表)

年份	农业	林业	水利	南水北调	扶贫	农业综合开发	农村综合改革
2012	5077.4	1019.2	3271.2	45.9	690.8	462.5	987.3
2013	5561.6	1204.3	3338.9	95.6	841.0	521.1	1148.0
2014	5816.6	1348.8	3478.7	69.6	949.0	560.7	1265.7
2015	6436.2	1613.4	4807.9	81.8	1227.2	600.1	1418.8
2016	6250.4	1676.9	4408.6	66.0	2284.4	610.8	1471.3

数据来源：《口国农村统计年鉴2017》。

2018年中央一号文件对财政支持乡村振兴、发挥杠杆作用的路径作出明确要求，提出切实发挥全国农业信贷担保体系作用，通过财政担保费率补助和以奖代补等，加大对新型农业经营主体支持力度；加快设立国家融资担保基金，强化担保融资增信功能，引导更多金融资源支持乡村振兴；支持地方政府发行一般债券用于支持乡村振兴、脱贫攻坚领域的公益性项目；稳步推进地方政府专项债券管理改革，鼓励地方政府试点发行项目融资和收益自平衡的专项债券，支持符合条件、有一定收益的乡村公益性项目建设；等等。各地也因地制宜积极利用财政资金撬动社会资本。以河北为例，河北在2016年投入5亿元、在2017年投入10亿元的省级财政资金到开发区建设当中，通过投融资平台建设和设立产业引导基金等方式，撬动了493亿元的社会资本，使48家开发区得到了支持。[1]

---

[1] 《15亿元财政资金撬动493亿元社会资本》，《河北日报》2017年11月21日。

二、拓宽资金筹集渠道

（一）拓宽资金筹集渠道的基础性支持

2018年中央一号文件提出，开拓投融资渠道，强化乡村振兴投入保障，实施乡村振兴战略，在拓宽资金筹集渠道方面，调整完善土地出让收入使用范围，进一步提高农业农村投入比例；改进耕地占补平衡管理办法，建立高标准农田建设等新增耕地指标和城乡建设用地增减挂钩节余指标跨省域调剂机制；推广一事一议、以奖代补等方式，鼓励农民对直接受益的乡村基础设施建设投工投劳，让农民更多参与建设管护。拓宽资金筹集渠道需要广泛引入多种形式的社会参与，这离不开农村产权制度改革的配套支持。农村经营主体发展一二三产业、进行相关产业固定资产投资面临巨大融资困难，一个重要原因就是集体所有资产的产权不明晰。土地、宅基地、农房等资源性资产和牲畜棚圈、自建仓储设备等经营性资产是农业经营主体的主要资产，且具有一定的价值，但产权不明晰导致其交易受限，因而无法被用于物权担保物以帮助农业经营主体获得金融机构的融资。

产权登记交易市场的发展，能有效促进农村产业投融资机制的创新，拓宽资金筹集渠道。对此，中央也在政策层面指出了方向。2014年，国务院办公厅在《关于金融服务"三农"发展的若干意见》中提出，创新农村抵（质）押担保方式，制定农村土地承包经营权抵押贷款试点管理办法，在经批准的地区开展试点，慎重稳妥地开展农民住房财产权抵押试点，健全完善林权抵押登记系统，扩大林权抵押贷款规模，推广以农业机械设备、运输工具、水域滩涂养殖权、承包土地收益权等为标的的新型抵押担保方式。2015年中央一号文件指出，对土地等资源性资产要抓紧抓实土地承包经营权确权登记颁证工作，对经营性资产要明晰产权归属，充分发挥县乡农村土地承包经营权、林权流转服务平台作用，引导农村产权流转交易市场健康发展。同年，中国人民银行会同相关部门联合印发《农村承包土地的经营权抵押贷款试点暂行办法》和《农民住房财产权抵押贷款试点暂行办法》，要求金融机构、试点地区和相关部门推进落实"两权"抵押贷款试点。2017年中央一号文件进一步提出，加快推进农村承包地确权登记颁证，全面加快"房地一体"的农村宅基地和集体建设用地确权登记颁证工作，深化集体林权制度改革，推进水资源使用权确权和进场交易，加快农村产权交易市场建设，等等。

农村产业风险分担机制能有效保护社会资本进入农村产业领域的积极性，但是其往往意味着高成本、高价格、高风险运营，因而需要政府的大力支持才能实现持续经营。以农业保险为例，当前中国农业保险供给基本形成以政策性保险为主，由国家补贴的商业保险为辅的运行体系。政策性农业保险的承保品种涵盖农副产品、农业种植设施、农业生产工具等，政府的财政补贴包括对农业经营主体的保费补贴、对承担政策性农业保险业务的保险公司的经营费用补贴以及对特定风险赔偿的财政性补贴。商业性农业保险的主要模式是政银保互联。政银保互联模式是，缺少合格抵押担保的农业经营主体在申请贷款时购买指定保险，银行为保险的第一受益人，将其作为抵押替代来获得贷款。其以农户最常持有的政策性农业保险为基础，配合人身意外伤害保险和贷款保证保险中的一种或者多种。政府通过直接补贴保费与农业经营主体分摊保险成本，或利用财政资金设立风险补偿基金，为农业经营主体向银行申请信用贷款提供保证和损失代付。

近年来，一些地区开始了农产品价格指数保险与"保险+期货"等承保价格风险的探索。价格指数保险本质上是一种"看跌期权"，其使农业经营主体有机会利用市场价格风险管理工具转嫁价格风险，有助于政府利用市场机制探索农产品价格形成机制改革，也有助于保险公司创新风险的集合与分散方式，从而服务于现代农业发展。农业保险是当前国际金融市场管理粮食价格风险最有效的手段之一，"保险+期货"模式的探索，对于粮价波动风险和农户收入变动风险的市场化管理来说是一种有益的尝试。①

（二）农村产业发展的多元化资金来源

1. 来自股票市场、债券市场与资产证券化

2014年《关于全面深化农村改革加快推进农业现代化的若干意见》中提出，支持符合条件的农业企业在主板、创业板发行上市，督促上市农业企业改善治理结构，引导暂不具备上市条件的高成长性、创新型农业企业到全国中小企股份转让系统进行股权公开挂牌与转让，推动证券期货经营机构开发适合"三农"的个性化产品。证券市场能够为农业企业提供大量的资金支持，并且有助于建立清晰的农业企业产权制度。在证券市场上通过出售、转让、托管、资产折股、兼并和收购等方式盘活农业存量资产，引导资金流向，有助于调整农村产业结构，整合农业资源，促进农业规模化和产业化发展。农业资产证券化的常见形式是信贷资产证券化，其基础资产通常是融资租赁债权或项目贷款。2015年8月，银监会下发《关于做好2015年农村金融服务工作的通知》，要求支持符合条件的银行业金融机构发行"三农"专项金融债，增加支农信贷资金来源，优先对涉农贷款开展资产证券化和资产

---

① 参见张承惠、潘光伟等：《中国农村金融发展报告2016》，中国发展出版社2017年版。

流转试点。监管机构对涉农贷款信贷资产证券化的支持，有利于盘活用好涉农信贷存量，提高资金使用效率，让更多资源投向农村金融薄弱环节。但是，由于涉农贷款企业普遍资产规模较小、盈利能力较弱，导致外部评级较低，不利于产品设计和发行，涉农贷款的资产证券化程度总体偏低。

农村基础设施 PPP 项目的资产证券化是当前比较热门的农业资产证券化形式，其基础资产一般是可预期的财政补贴或收费权。近年来，中国农村固定资产投资完成额持续下降，2016 年为 9964.9 亿元，同比下降 4.27%（见 10-2）。而第一产业生产总值持续增长，2016 年为 63671 亿元，同比增长 4.61%。[①] 2017 年 8 月，国家发改委发布了关于印发《农业产业融合发展专项债券发行指引》的通知，提出重点支持产城融合型、农业内部融合型、产业链延伸型、农业多功能拓展型、新技术渗透型和多业态复合型六类农村产业融合发展项目的企业债券发行。农村产业融合发展专项债券的发行，将有助于推动农村产业融合发展与新型城镇化建设有机结合，促进农业产业链向上下游延伸及相关一二三产业的深度融合，并将信息技术、物联网等新技术引入农业领域，从而有助于丰富农村新业态，优化产业组织方式和利益联结机制。

表 10-2 农村住户固定资产投资情况

年份	农村住户固定资产投资完成总额/亿元	农林牧渔业固定资产投资完成额/%	农林牧渔业固定资产投资完成额占比/%
2013	10546.7	2077.6	19.7
2014	10755.8	1999.8	18.6

[①] 于清如：《〈农村产业融合发展专项债券发行指引〉解析》，大公国际资信评估有限公司网站 2017 年 8 月 31 日。

（续表）

年份	农村住户固定资产投资完成总额/亿元	农林牧渔业固定资产投资完成额/%	农林牧渔业固定资产投资完成额占比/%
2015	10409.8	1980.3	19.0
2016	9964.9	2079.2	20.9

数据来源：《中国农村统计年鉴2017》。

2. 来自政府与企业设立的产业基金

涉农产业基金是产业基金与现代农业发展相结合的投融资制度创新。涉农产业基金借助发展新技术、挖掘新市场和开拓新领域，通过以原始基金为基础、吸纳其他社会资本进入基金，兼并、收购及政企合作等多种形式壮大资本和人力团队进行强强联合。涉农产业基金不仅为农业产业发展提供了规模大、期限长的资金支持，而且引入了农业领域最稀缺的人力资本，作为一种集合投资产品，其要求回报不仅包括资金借贷利率与风险溢价，而且包括基金管理团队的人力资本回报。

政府设立农村产业投融资平台、建立产业发展基金，意在引导社会金融资本投入农村产业，激励产业发展。2012年12月底，财政部联合中国农业发展银行、中国信达资产管理股份有限公司和中信集团股份有限公司等股东单位发起设立中国农业产业发展基金，并于2013年开展实质运营，通过与农业银行、建设银行、交通银行、光大银行等多家金融机构签订战略合作协议，以投贷结合的方式，利用40亿元资本金撬动约700亿元信贷资金投向农业领域。同时，将资金的无偿使用转变为一定的投资回报约束，激励农业产业化龙头企业提高生产经营效率。2017年，财政部又牵头筹建中国农垦产业发展基金。农垦基金计划规模500亿元左右，首期规模100亿元，其中中央财政出资20亿元，其他社会资本80亿元。政府主导的农业产业基金以实现政府的产业政策为目标，通过基金合约将资金和人力资本配置到农业产业中，促进农业产业的专业化和现代化，但并不追求高额回报，只要求合理回报。

进行战略投资的涉农企业的主要目标是进入农业新兴产业，或丰富和延伸自己的产业链。随着各种农业政策的明确和农业产业组织创新的不断深化，以盈利为目的的私募和风投资本越来越青睐农业领域的投资。其资金实力较强，投资更为专业，对资本市场的影响力较大。这两类投资机构追求相对高额的利益回报，其主要资金投向是规模化的农业产业发展，智能化、生态化的农业全产业链建设，以及生态休闲农业、现代农业园区等集生产、销售、服务、科研、娱乐、文化推广于一体的农村一二三产业融合发展项目。

近年来，涉农产业基金如雨后春笋般蓬勃发展。2017年，广东省农业供给侧结构性改革基金正式运行，确定了新希望集团、温氏集团等首批出资人，投资项目基本入库，落实母基金总规模440亿元，超过1∶3的财政撬动比例。其在资金募集、投资运作等方面进行了一系列安排，一是加强与农业产业化龙头企业、金融机构的合作，共同推进财政金融支农机制协同发展；二是设立产业细分子基金、地市子基金，撬动更多社会资金投入农业；三是通过与广东省农科院专家团队、省农业信贷担保公司以及保险机构的合作，实现对基金投资项目的服务、担保、保险联动。2018年初，人和控股宣布投入10亿元用于成立专项基金，打造出新的"智慧农业扶贫"模式。其采用智慧农业种植，培育出最优秀的种苗发往贫苦地区，并提供现代化农业服务平台，将农产品进行精细加工和再包装宣传，帮助农民创收。褚橙品牌旗下公司新平励志果业有限公司与广东前润并购投资基金管理有限公司举行了战略合作签约仪式，双方将成立文化教育产业、农业方向的基金，并将开展国际或国内产业整合与资本运作，发挥基金决策的灵活性，快速锁定优质资源，从而推动产业转型升级，实现业绩稳健的增长。协信控股子公司上海多利农业发展有限公司与陕西关天资本管理有限公司签订战略合作协议，双方共同发起100亿元产业基金布局农业小镇，用于对全国范围内的多利田园综合体项目的投资，推进落实以田园综合体项目为载体的标准化、品牌化、体验化、链条化的现代农业产业项目。四川成立了资金总规模达100亿元的宜宾五粮液乡村振兴发展基金，其采取"国资引导、社会领投"方式募资，引导金融资本、社会资本全面参与基金组建，现已筛选出包括酒、竹、茶等优势产业在内的约100个项目。①

3. 来自农业融资租赁

随着中国农业产业化、农民职业化和农村社区化趋势的日益显现，各类新型农业经营主体不断涌现并迅速发展。对于缺乏信用记录和合格抵押担保条件，却又有"大额、长期、集中"的规模化资金需求的新型农业经营主体来说，传统金融服务难以充分解决其融资难题。融资租赁不仅能解决农村因抵押担保不足而导致的融资困难，而且能够有效缓解购买大型农机设备时面临的一次性全额资金投入的巨大压力，并降低固定资产管理成本，从而增加经营资金的流动性，改善经营资金短缺的状况。

融资租赁以农机设备采购为切入点，既可以覆盖来自普通农户的相对"小额、短期、分散"的金融需求，又可以覆盖来自新型经营主体的"大额、长期、集中"的资金需求，这有助于丰富农村金融服务体系的层次。融资租赁通过以融物代替融资，将债

---

① 陈立耀：《中国8大农业产业基金》，农业行业观察网2018年3月26日。

权与资产所有权相结合的方式，将上游的资金供给方和下游的实体企业相联结，并以租赁物为载体，将惠农支农资金导向农业实体经济发展中。在融资租赁过程中，物权不发生转移，不需要新的抵押物。融资租赁的额度取决于租赁物的价值，在融资期限和首付方面也更为灵活。即使出现不良资产，也可以基于持续经营的视角将租赁物收回再租或通过二手流通市场进行转租，这能够降低农村金融服务"脱实向虚"产生的风险，并盘活闲置资产和设备的流通，提高作为租赁物的农机设备的使用效率。[①]

2008年以来，党中央和国务院多次出台文件提出利用融资租赁优势促进"三农"发展。2008年《国务院办公厅关于当前金融促进经济发展的若干意见》中提出，结合增值税转型完善融资租赁税收政策。2011年中央一号文件提出，探索发展大型水利设备设施的融资租赁业务。2014年中央一号文件提出，支持由社会资本发起设立服务"三农"的县域中小型银行和金融租赁公司。2015年《国务院办公厅关于加快融资租赁业发展的指导意见》中提出，积极开展面向种粮大户、家庭农场、农业合作社等新型农业经营主体的融资租赁业务，解决农业大型机械、生产设备、加工设备购置更新资金不足问题，通过融资租赁方式获得农机的实际使用者可享受农机购置补贴。2016年《国务院关于印发推进普惠金融发展规划（2016—2020年）的通知》中提出，鼓励金融租赁公司和融资租赁公司更好地满足小微企业和涉农企业设备投入与技术改造的融资需求。在国家政策的支持下，当前中国融资租赁在农村产业发展中的应用非常广泛，机械耕种设备、除机械耕种设备以外的其他农场设备、农产品和食品仓储设备、农产品加工设备、食品和饮料制造设备、原材料供应商所需设备、农产品

---

① 参见张承惠、潘光伟等：《中国农村金融发展报告2016》，中国发展出版社2017年版。

经销商所用设备、产品零售环节所需设备、农用设备供应商所用设备以及农业水利、能源等基础设施设备等均被覆盖于其业务范围内。融资租赁既有助于推进农业机械化水平的提高，同时也借助农业机械化发展深入到农业全产业链和农村全产业体系中，具有巨大的发展潜力。

4. 来自农村产业链金融

2015年《国务院办公厅关于推进农村一二三产业融合发展的指导意见》中明确提出，鼓励金融机构与新型农业经营主体建立紧密的合作关系，推广产业链金融模式。产业链金融依托产业链内部核心企业，借助应收账款、商业票据、银行票据等从金融机构进行融资。金融机构根据核心企业掌握的产业链信息，对其信用和风险进行量化评估，以此为依据放大核心企业的信用，对产业链的相关主体进行授信，并注入资金，从而实现其信用的资本化过程。产业链金融在一定程度上解决了"三农"金融领域的信息不对称问题，能利用产业链关系对资金用途进行监管和控制，确保资金服务于"三农"领域的实体经济，也降低了各环节经营主体获得支付结算、保险、信用融资等整套金融服务的成本。

从金融服务提供者的角度来看，产业链金融意味着对产业链本身及其核心企业的发展状况和经营风险的综合评估。产业链上的单个生产经营主体被纳入金融服务的范围的意义，不仅在于满足其融资需求，而且在于小规模生产经营主体的信用资本也得以体现和积累。而产业链上的核心企业在产业链金融服务系统中，发挥了金融联结的作用，既充当信用担保者，又充当实时监管者。因此可以扩大在产业链上的交易规模，增加对产业链上下游的控制和整合能力，提高产业链的垂直协作程度，从而有利于促进产业整体升级，实现相关产业的融合发展。

5. 来自互联网金融

随着中国互联网技术及相关基础设施的快速发展，农村互联网使用日益普及。截至2017年6月,中国农村网民数量达到2.01亿人,近34%的农村居民在使用互联网。[①] 互联网金融借助金融科技和大数据技术,大大缓解了农村金融市场长期存在的由于信息不对称导致的市场失灵问题,有效满足了农村金融市场的部分特定金融服务需求,互联网金融小额分散、跨越时间空间限制、灵活多变、响应迅速等特点,很好地契合了"三农"领域的金融服务需求,因而在短短数年获得了迅速发展。国内起步最早、规模最大的两大互联网金融平台——京东金融和蚂蚁金服,均于2015年正式开展农村金融业务,内容包括小额消费信贷、小额信用贷款、农业产业链信贷、保险、理财、支付等。此后,大批互联网金融平台涉足农村金融业务。其主导的业务模式是,电商平台借助交易信息积累的数据建立信用风控模型,在此基础上提供小额信用贷款,如蚂蚁金服推出的"借呗""花呗",京东金融推出的"京东白条"等;同时,农业产业链核心企业也基于多年积累的线下客户信用数据,利用互联网技术为供应链上下游的相关经营主体提供信贷,如新希望集团旗下希望金融推出的生猪养殖产业链金融服务;此外,涉农互联网金融平台自建线下信贷员团队收集新型农业经营主体的信用信息,或与线下小额信贷机构合作,借助其积累的农户信用信息优势,构建风控模型,并引入相关保险,通过尽调、抽样等方法筛选客户并发放贷款,如农金圈、蚂蚁金服与中和农信等推出的"线上+线下"熟人信贷。随着"三农"互联网金融的迅速发展,其服务内容也呈现多元化趋势,从单纯的农林牧渔等农业产业转向农村二三产业,提供服务的形态也在农业生产性资金融通、提供临时周转资金等主导形式的基础上,发展出消费金融、产业链金融、融资租赁、分期购买、公

[①] 参见李勇坚、王弢:《中国"三农"互联网金融发展报告2017》,社会科学文献出版社2017年版。

益性助农金融等多种形态。

面对互联网金融的迅猛发展趋势，国家层面的主要政策文件表达了较谨慎的支持态度。2015年《关于促进互联网金融健康发展的指导意见》中提出，鼓励互联网金融平台、产品和服务创新，激发市场活力；支持各类金融机构与互联网企业开展合作，实现优势互补，建立良好的互联网金融生态环境和产业链；推动信用基础设施建设，培育互联网金融配套服务体系，支持大数据存储、网络与信息安全维护等技术领域基础设施建设。2016年中央一号文件提出，引导互联网金融、移动金融在农村规范发展。2017年中央一号文件提出，鼓励金融机构积极利用互联网技术，为农业经营主体提供小额存贷款、支付结算和保险等金融服务。

2016年中央一号文件还提出了关于深化农业银行、邮储银行的三农金融事业部改革，支持农村商业银行、农村合作银行、村镇银行等农村中小金融机构立足县域，健全内部控制和风险管理制度，以及支持金融机构开展适合新型农业经营主体的订单融资和应收账款融资业务等内容。从根源上讲，如果不能解决信息不对称问题，降低农村金融业务的交易成本，传统金融机构在"三农"金融业务领域大显身手就只能是一种难以实现的美好愿望。大数据存储、分析和信用信息共享等互联网技术，能够降低这些金融机构开展农村金融业务的交易成本，借助互联网技术，金融机构能够提升开展"三农"金融服务的效率，降低服务成本。特别是互联网技术能够有效促进产业链的信息化和数据化进程，并推动农村各类资源、资产权属认定，推动部门确权信息与银行业金融机构联网共享，从而在当前信用体系不健全、资产权属不明确的融资环境下，大大推动农村产业领域中的订单融资、应收款融资等供应链金融业务的发展。

三、金融如何支撑乡村振兴

（一）来自银行类金融机构的资金

金融支持是农村产业发展的重要保障和有力支撑。银行类金融机构投放信贷资金是农村产业发展最重要的融资渠道，但是中国农村金融领域长期存在资金净流出的问题。传统金融机构的营利性定位和农村金融市场的较大不确定性，导致了"三农"领域的金融服务成本高、风险大。因此，传统金融机构不仅没能有效满足"三农"领域的资金需求，而且作为"抽水机"将农村闲散富余资金输送到城镇非农产业领域。近年来，政策性银行主要服务于大型生产商或采购商，对较分散的中小农业生产经营主体支持有限；商业银行向城市扩张的步伐加快，在"三农"领域的业务虽有发展，但仍不能完全满足需求，农信社等合作金融机构基本上全面商业化转型，在业绩压力下致力于拓展城市业务，"三农"业务受到挤压，这些都使得"三农"领域成为中国金融服务体系的短板。

2004年以来，历年的中央一号文件均强调充分发挥银行类金融机构对农村产业发展的支持作用，特别是2016年《关于落实发展新理念加快农业现代化　实现全面小康目标的若干意见》中明确提出，培育壮大农村新产业新业态，推动农村产业融合，推动金融资源更多向农村倾斜，加快构建多层次、广覆盖、可持续的农村金融服务体系，鼓励国有和股份制金融机构拓展"三农"业务，并具体提出深化中国农业银行三农金融事业部改革，创新国家开发银行服务"三农"模式，强化中国农业发展银行政策性职能，支持中国邮政储蓄银行建立三农金融事业部，创新村镇银行设立模式，引导互联网金融、移动金融在农村规范发展，扩大在农民合作社内部开展信用合作试点的范围等一系列内容。2017年中央一号文件继续提出，确保"三农"贷款投放持续增长，支持金融机构增加县域网点，落实涉农贷款增量奖励政策，深化农业银行三农金融事业部改革，加快完善中国邮政储蓄银行三农金融事业部运作机制，等等。2018年中央一号文件提出，坚持农村金融改革发展的正确方向，健全适合农业农村特点的农村金融体系，推动农村金融机构回归本源，把更多金融资源配置到农村经济社会发展的重点领域和薄弱环节，更好地满足乡村振兴多样化金融需求，普惠金融重点要放在乡村。

在为乡村振兴提供资金支持上，政策性银行、商业银行和合作金融机构分工各有侧重。2018年中央一号文件明确指出，明确国家开发银行、中国农业发展银行在乡村振兴中的职责定位，强化金融服务方式创新，加大对乡村振兴中长期信贷支持；加大中国农业银行、中国邮政储蓄银行三农金融事业部对乡村振兴支持力度；推动农村信用社省联社改革，保持农村信用社县域法人地位和数量总体稳定，完善村镇银行准入条件，地方法人金融机构要服务好乡村振兴。具体来说，农业基础设施建设、农业产业龙头企业带动特色经济引导产业化发展、农业科技贷款信贷支持、粮油收储贷款发放、财政贷款利费补贴资金和风险基金管理等方面的资金需求一般由政策性银行提供。而商业银行、合作金融机构和新型农村金融机构，则通过在农村增设分支机构或发起新型农村金融机构深入农村，或与已有农村金融服务机构合作，或与担保公司、行业协会等非银行金融中介机构合作，通过直接网点，或将自身的农业信贷业务外包、提供批发贷款，或结合非银行金融中介承担农业信贷风险条款，为农户和各类农业经营主体提供存、贷、汇、支付等基础金融服务，使其能够获得发展资金，把握发展机会。

近十几年来，金融机构投向"三农"的贷款规模持续稳定增加。2009—2017年，农村（县及县以下）贷款投放规模年均增长18.62%，农户贷款投放规模年均增长20.43%，农业贷款投放规模年均增长11.49%。根据《中国农村金融服务报告（2016）》的数据，自2007年创立涉农贷款统计以来，全部金融机构涉农贷款余额累计增长361.7%，九年间平均年增速为18.8%，涉农贷款余额从2007年末的6.1万亿元增加至2016年末的28.2万亿元，占各项贷款的比重从22%提高至26.5%。[1] 截至2017年12月末，全国涉农贷款余额达到30.95万亿元，同比增长9.64%。其中，农户贷款余额8.11万亿元，同比增长达到14.41%；农村企业及各类组织贷款余额17.03万亿元，同比增长6.97%；城市涉农贷款余额5.81万亿元，同比增长11.30%。[2] 同时，2013年以来，农村金融机构的总资产和总负债也实现了稳定持续增长，其占银行业金融机构的比例一直稳定在13%左右（见表10-3、表10-4）。

表10-3 2009—2017年金融机构"三农"贷款投向规模及增长

年份	农村（县及县以下）贷款		农户贷款		农业贷款	
	余额/万亿元	同比增长/%	余额/万亿元	同比增长/%	余额/万亿元	同比增长/%
2009	7.45	33.4	2.01	31.7	1.94	25.9
2010	9.8	31.5	2.6	29.4	2.3	18.3

---

[1] 《涉农贷款余额增至28.2万亿元》，《农民日报》2017年8月29日。
[2] 《2017年涉农贷款实现持续增长》，中国银行业监督管理委员会网站2018年2月2日。

（续表）

年份	农村（县及县以下）贷款		农户贷款		农业贷款	
	余额/万亿元	同比增长/%	余额/万亿元	同比增长/%	余额/万亿元	同比增长/%
2011	12.15	24.7	3.1	19.1	2.44	11.2
2012	14.54	19.7	3.62	15.9	2.73	11.6
2013	17.29	18.9	4.5	24.4	3.04	11.6
2014	19.44	12.4	5.36	19	3.4	9.7
2015	21.61	11.2	6.15	14.8	3.51	5.2
2016	23	6.5	7.08	15.2	3.66	4.2
2017	25.1	9.3	8.11	14.4	3.9	5.7

注：农村（县及县以下）贷款包括金融机构发放给注册地位于县及县以下的企业及各类组织的所有贷款和农户贷款。

数据来源：中国人民银行网站，http://wzdig.pbc.gov.cn。

表 10-4　2014—2017 年农村金融机构资产负债情况表

年份	总资产			总负债		
	年末余额/亿元	比上年同期增长率/%	占银行业金融机构比例/%	年末余额/亿元	比上年同期增长率/%	占银行业金融机构比例/%
2014	221165	16.52	12.83	204833	15.99	12.8
2015	256571	16.01	12.87	237417	15.91	12.89
2016	298971	16.51	12.87	277231	16.75	12.91
2017	328208	9.78	13	303953	9.64	13.05

注：农村金融机构包括农村商业银行、农村合作银行、农村信用社和新型农村金融机构。

数据来源：中国银行保险监督管理委员会网站，http://www.cbrc.gov.cn/chinese/newIndex.html。

（二）来自农村合作金融的资金

农村社区内部小规模经营主体具有"小而分散"的资金需求，以及缺乏有效抵押物和征信记录等硬信息却富于社会关系、社交圈层等软信息的特点，农村合作金融的非正式制度治理模式能以较低成本为其提供金融服务，从而在一定程度上满足其融资需求。农民资金互助作为农村合作金融的重要形式，通过汇集农村社区闲散资金为内部成员提供信贷，统筹管理农村社区内的资金，发挥联结农业经营主体和农村资金要素市场的作用，推动农业经营主体在供销、生产、消费和信用方面的合作，填补了农村地区的金融空白，并催生了竞争性农村金融市场。同时，农民资金互助组织借助自身的信息成本和监督成本优势，与商业银行等其他金融机构合作，一方面帮助农业经营主体获得了更多信贷资金，另一方面也降低了这些金融机构开展农村业务的交易成本，从而引导正规金融机构信贷资金更多地注入农村产业中，改善了农村正规金融与农业经营主体的关系，并促进农村地区良好信用环境的形成。

四、聚焦：问题·思考·对策

（一）财政资金

总体来看，财政资金支持乡村振兴主要发挥引导作用，其投入的相对数量较小，分配结构仍有待优化。2011年以来，全国财政农林水支出的绝对量虽然持续增加，但是年增长率呈下降趋势。2011年以来，农业固定资产投资（不含农户）的绝对量虽然也持续增加，占全年固定资产投资总额的比重也保持稳定略升，但是占比最高的 2017 年也仅占 3.3%，且年增长率从 2014 年开始下降幅度明显（见图 10 - 1、表 10 - 5）。结合第一产业增加值占 GDP 的比重和农村人口占全国人口的比重来考虑，第一产业增加值的占比和农村人口的占比连年下降，但是即使是与占比最少的 2017 年相比，农业固定资产投资的占比仍与其大大不匹配。同时，国家财政对农业投入的结构也不尽合理，财政支农资金用途比较分散，农村救济性支出及各项事业费占比较高，而对农业科技的投入严重不足。举例来说，近十年来，国家财政对农业综合开发的支出绝对量虽然有所提高，但其占财政农林水支出的比重却连年下降（见图 10 - 2）。财政资金使用效率低弱化了资金绝对数量增长的导向性和杠杆作用，虽然带动了金融机构涉农信贷资金和社会资本参与的增长，但增长幅度相对于乡村振兴的金融需求来说仍远远不够。

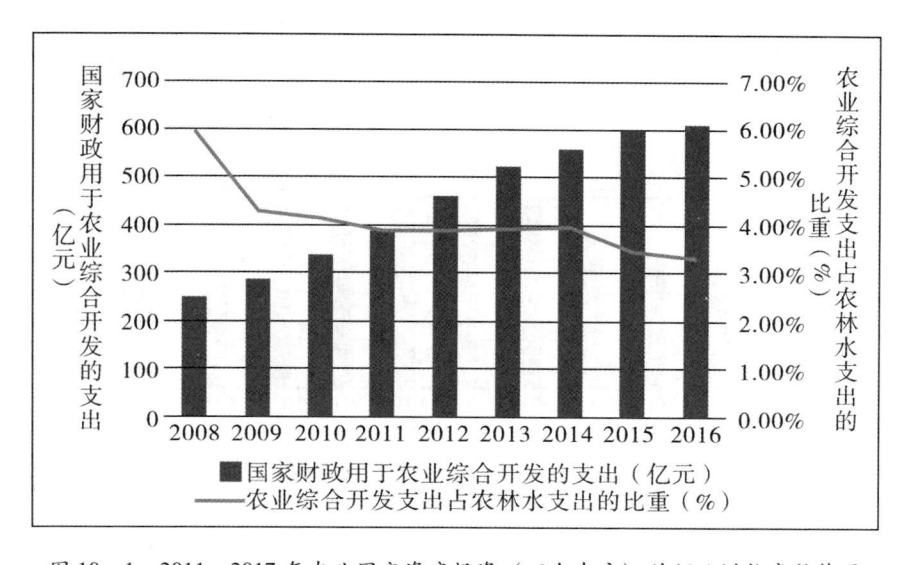

图 10 - 1 2011—2017 年农业固定资产投资（不含农户）总额及增长率趋势图

表 10-5 2011—2017 年第一产业增加值与农业固定资产投资（不含农户）总额、增长及占比

年份	第一产业增加值/亿元	第一产业增加值占比/%	农村人口/万人	农村人口占比/%	农业固定资产投资（不含农户总额）/亿元	比上年增长/%	占比/%
2011	47712	10.1	65656	48.7	6792	25	2.2
2012	52377	10.1	64222	47.4	9004	32.2	2.5
2013	56957	10.0	62961	46.3	9241	32.5	2.1
2014	58332	9.2	61866	45.2	11983	33.9	2.4
2015	60863	9.0	60346	43.9	15561	31.8	2.8
2016	63671	8.6	58973	42.7	18838	21.1	3.2
2017	65468	7.9	57661	41.5	20892	11.8	3.3

数据来源：国家统计局网站，http://www.stats.gov.cn/gjsj/ndsj/.。

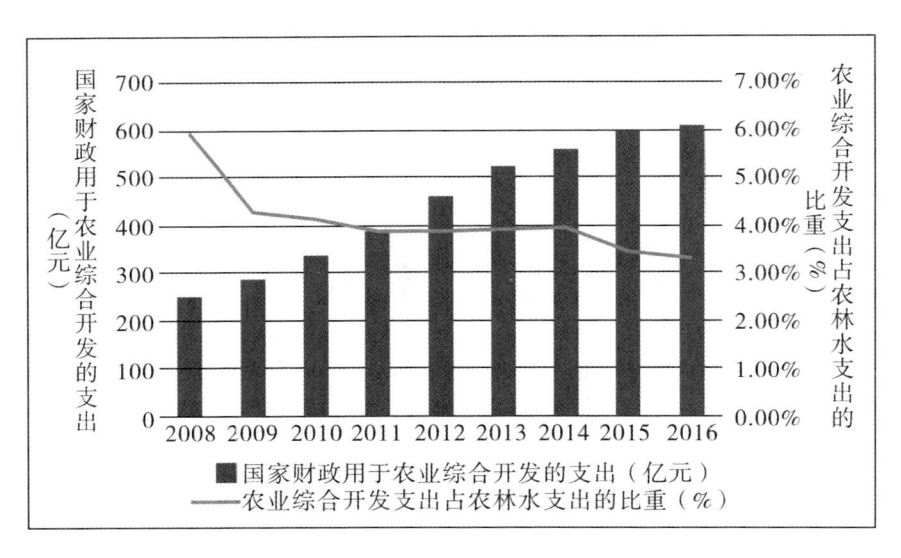

图 10-2 2008—2016 年国家财政用于农业综合开发的支出及占比

因此，应继续发力加大财政引导作用，通过定向税收减免、贴息、参股发展基金等方式，鼓励社会各方资本参与各类投融资

机制创新，激励其在农村产业领域积极发挥作用，充分利用各类投融资机制在农村产业领域的差异化优势，丰富投融资主体和资金来源，鼓励商业性金融和合作金融在农村产业领域开展投融资业务，促进政策性金融、商业性金融与合作金融有效协同配合。优化财政资金的投入结构，引导社会金融资本的流向和流量。对启动运营成本高、经济收益小，但外溢效应大、公益性强的农村公共产品产业给予更为有力的财政投资支持。适度整合农村金融资源，引导金融机构开发支持农业科技创新的金融产品和服务。

（二）拓宽资金筹集渠道

尽管中国农村金融市场化改革不断推进，但由于政府主导农村金融改革模式的"路径依赖"，在未来一定时期内，财政资金引导、国有金融资本主导的投融资机制仍会是农村产业领域中最重要的部分。农村产业领域的资产证券化、保险、产业基金、融资租赁和各类互联网金融形式等投融资机制创新虽然较多，但都在极大程度上依赖财政资金和国有金融资本的大力支持，民间资本参与不足、话语权弱且局限于少数特定产业领域，农村金融财政化的问题在一定时期内仍会继续存在，市场在农村金融资源配置中的决定性作用在短期内仍难以充分发挥。一方面，这些创新的投融资机制仍处于起步阶段，资金来源单一，业务体量较小，只能发挥"星星之火"的作用，对改善农村金融供给大环境的作用较小；另一方面，由于农村产业领域具有一定的独特性，这些投融资机制的发展难以完全复制其在其他领域的运行经验，因而其有效运行模式仍在"试错—纠正"的探索阶段，结合当前监管层严控金融风险的大背景，其也采取了较为审慎的发展态度，业务模式设计相对保守，选择服务对象的标准比较严格，业务覆盖面较小。在金融监管体制逐步完善的背景下，以民营资本为主导的互联网金融也已结束了近十年的野蛮生长。由于其资金成本较高，业务模式依赖于高水平的技术支持，对金融科技相关的硬件和软件都具有刚性需求，因此在当前农村产业领域普遍的技术条件下，其技术优势尚无法得到充分利用，暂时还是只能在某些小众领域发挥作用。

同时，农村金融改革越来越重视市场在资源配置中的作用，财政和信贷在农村金融市场的相互作用逐渐协调。特别是近年来，由于金融科技水平的提高，金融机构借助互联网、物联网等技术创新，以及农村产业供应链上各经营主体间建立互联合同等制度创新，开始推广更注重信贷申请方经营现金流状况的涉农信贷产品，部分农业经营主体面临的信贷供给环境得到改善，但是这类业务涉及的信贷资金体量仍比较小，覆盖产业范围有限，难以满足大多数农村产业经营主体的信贷需求。

此外，由于中国农村金融配套服务机制发育仍很不成熟，农业融资担保服务、农村产权登记交易服务覆盖范围有限，业务规模较小，农业产业领域的社会信用信息登记和查询服务系统仍在逐步建立完善中，财务管理服务、内部经营管理咨询和法律服务等更是只有少数经营主体才有能力获取和使用。无论是对农村产业投融资服务的供给方还是需求方，农村金融配套服务体系的完善对涉农投融资机制作用的有效发挥都意义重大。在制度设计上，农业融资担保服务、农村产权登记交易服务、社会信用信息登记和查询服务的有效配合，能够在很大程度上改善涉农信贷抵押担保不充分、改善信息不对称，降低涉农产业领域投融资项目的不确定性，降低相关金融机构提供投融资服务的成本，也降低农村产业经营主体得到投融资服务的门槛，改善其对金融服务的可得性和满意度。同时，专业的财务管理、内部经营管理咨询和法律服务能够揭示经营主体的经营状况和信用风险，并给出专业性更强的应对方案，这能促进金融产品的合理定价与融资需求的合理满足。特别是对迫切希望进入资本市场融资的农村中小金融机构、对财务管理能力和业务经营能力普遍低下的农村产业经营主体来说，更是能有效帮助其进行更加科学的财务和经营管理，从而提高经营效率，降低经营风险。

应完善中央和地方多层级农村产业投融资平台建设机制和产业发展基金运行机制，促进农村产业领域直接融资市场发育，培育涉农龙头企业在股票和证券市场的融资能力，推进涉农企业股份制改造，支持符合条件的涉农企业发行上市、新三板挂牌和融资、并购重组，完善资本市场准入制度，降低农业高新技术企业进入资本市场融资的门槛，畅通农业企业投资进入退出通道。合理引导农村产业基金、私募、创业投资等机制，为乡村振兴筹集社会资金。

同时，还应完善农村产业投融资机制的风险控制机制，建立农业金融支持的风险保障机制，通过建立农村信用担保基金、融资担保基金等为涉农信贷提供风险保障。建立农业风险分散机制，激发农业保险经营模式创新，提高政策性农业保险和商业性农业保险的运行效率，促进建立农村产业领域保险与信贷的联动机制，提升保险在涉农产业领域的作用。

此外，应进一步加快农村社会信用体系建设，建立农村产业经营主体信用数据库，积极应用大数据技术、人工智能技术等在国家层面建立广覆盖、多维度、全数据的社会征信体系。通过多种渠道投入资金和人力支持信用平台建设，在保障数据安全的前提下实现征信信息在"三农"领域的适度共享。

（三）金融支撑乡村振兴

中国涉农信贷资金供给与农村及农民的信贷需求存在一定程

度上的不匹配。2008—2017年的十年间，农村金融机构人民币贷款余额占全部金融机构人民币各项贷款余额的比重基本稳定在11.6%—12.9%之间，近三年其占比每年下降1—2个百分点，农村（县及县以下）贷款和农业贷款的占比同期也出现明显下降（见表10-6）。2009年以来，农业贷款占比更少，始终没超过5%，这意味着第一产业借助不足5%的信贷支持贡献了不低于7.9%、年均为9.2%的国内生产总值。诸多研究显示，农户的信贷需求是普遍的，特别是专业大户、家庭农场、农民合作社、农业产业化龙头企业等新型农业经营主体对长期、大额投融资需求非常旺盛。而2009年以来，农户贷款占全部金融机构人民币各项贷款的比重始终没有超过7%，这意味着大量的农户投融资需求受到抑制或得不到满足。尽管涉农信贷资金供给的绝对量连年增长，但是其相对于"三农"领域日益增长的信贷需求亦说仍然严重不足。

表10-6 2008—2017年农村金融机构贷款余额与占比

年份	农村金融机构人民币贷款余额/万亿元	农村金融机构贷款余额占全部金融机构各项贷款余额比重/%	农村（县及县以下）贷款占全部金融机构各项贷款余额比重/%	农户贷款占全部金融机构各项贷款余额比重/%	农业贷款占全部金融机构各项贷款余额比重/%	涉农贷款占比之和/%
2008	3.7	11.6	—	—	—	—
2009	4.7	11.8	18.63	5.03	4.85	28.50
2010	5.7	11.9	20.46	5.43	4.80	30.69
2011	6.68	12.2	22.17	5.66	4.45	32.28
2012	7.8	11.6	21.60	5.38	4.06	31.04
2013	9.16	12.0	22.57	5.87	3.97	32.42

（续表）

年份	农村金融机构人民币贷款余额/万亿元	农村金融机构贷款余额占全部金融机构各项贷款余额比重/%	农村（县及县以下）贷款占全部金融机构各项贷款余额比重/%	农户贷款占全部金融机构各项贷款余额比重/%	农业贷款占全部金融机构各项贷款余额比重/%	涉农贷款占比之和/%
2014	10.57	12.9	23.79	6.56	4.16	34.52
2015	12.03	12.8	22.99	6.54	3.73	33.27
2016	13.42	12.6	21.58	6.64	3.43	31.65
2017	14.98	12.5	20.90	6.74	3.25	30.89

注：农村金融机构包括农村信用社、农村合作银行、农村商业银行。
数据来源：根据中国人民银行网站和国家统计局网站公布的数据计算得出。

同时，在农村一二三产业融合发展的大趋势下，农村各类经营主体投融资需求的多样性、多层次性、差异性日益强化，而政策性金融、商业金融与合作金融在农村产业投融资领域的协同配合机制仍不完善，使得涉农信贷资金供给和需求不能有效对接。特别是政策性金融手段的不当使用，会在一定程度上扭曲农村金融市场，使市场不能有效发挥资源配置的作用，从而导致商业性金融与合作金融被挤出，金融资源被低效配置，甚至对社会信用环境产生破坏性的影响。

此外，金融机构在农村金融市场上有绝对的市场势力，其对信贷投放对象有极强的选择权。特别是商业性涉农金融机构出于规避风险和降低成本的考量，特别重视信贷申请者的抵押担保资质、财务信息披露和社会信用记录。农业产业化龙头企业因为具有较好的抵押担保资质、相对规范的财务管理体系和相对完善的社会信用记录而受到涉农金融机构青睐，容易获得信贷资金。一些省市级龙头企业获得的涉农信贷资金占当地涉农信贷资金总量的比重极大，甚至被"劝贷"，而专业大户、家庭农场和农民合作社由于缺少这些而一直难以摆脱"贷款难、贷款贵"的困境。

因此，应继续加大涉农信贷资金的投放规模，通过增加支农再贷款、差异化的利率政策和存款准备金政策引导商业性金融的资金流向农村金融市场，充分调动各类金融机构在农村产业领域开展涉农信贷业务的积极性，鼓励涉农金融产品和服务创新发展，鼓励更为灵活的抵质押机制和融资担保机制创新，引导金融机构根据不同产业的特点提供差异化的投融资服务，满足不同农村一二三产业各类经营主体的多层次投融资需求，丰富乡村振兴的金融资金供给，全面助力乡村振兴发展。

主要参考文献

白文固：《东汉庄园经济说质疑》，《青海师范大学学报》（哲学社会科学版）1984年第3期。

陈成文：《牢牢扭住精准扶贫的"牛鼻子"——论习近平的健康扶贫观及其政策意义》，《湖南社会科学》2017年第6期。

陈佳贵：《中国工业化进程报告：1995—2005年中国省域工业化水平评价与研究》，社会科学文献出版社2007年版。

陈立鹏、马挺、羌洲：《我国民族地区教育扶贫的主要模式、存在问题与对策建议——以内蒙古、广西为例》，《民族教育研究》2017年第6期。

董欢：《乡风文明：建设社会主义新农村的灵魂》，《兰州学刊》2007年第3期。

杜栋：《"紧紧扭住教育这个脱贫致富的根本之策"——学习习近平教育扶贫相关论述的体会》，《党的文献》2018年第2期。

高强、宋洪远：《农村土地承包经营权退出机制研究》，《南京农业大学学报》（社会科学版）2017年第4期。

高强、徐雪高：《农业供给侧结构性改革背景下的农地确权》，《理论探索》2017年第3期。

高松：《电商扶贫之路如何走得更顺畅》，《人民论坛》2017年第 32 期。

公丕明、公丕宏：《精准扶贫脱贫攻坚中社会保障兜底扶贫研究》，《云南民族大学学报》（哲学社会科学版）2017 年第 6 期。

龚晨：《中华优秀传统文化传承融入党的建设》，《重庆邮电大学学报》（社会科学版）2012 年第 3 期。

郭爱玲：《在城乡一体化发展中推动农村历史文化传承》，《发展》2014 年第 3 期。

何军、唐文浩：《政府主导的小额信贷扶贫绩效实证分析》，《统计与决策》2017 年第 11 期。

何智勇：《乡风文明不能掉队》，《新余日报》2018 年 1 月 24 日。

洪秋妹、常向阳：《我国农村居民疾病与贫困的相互作用分析》，《农业经济问题》2010 年第 4 期。

黄树鹏：《传承发展提升乡风文明，走乡村文化兴盛之路》，《农村经济与科技》2018 年第 29 期。

江丽：《城镇化背景下乡村文化的传承与创新》，《郑州航空工业管理学院学报》（社会科学版）2016 年第 6 期。

孔祥智、张效榕：《新一轮粮食价格改革：背景与方向》，《价格理论与实践》2017 年第 1 期。

孔祥智、高强：《改革开放以来我国农村集体经济的变迁与当前亟需解决的问题》，《理论探索》2017 年第 1 期。

孔祥智、刘同山：《论我国农村基本经营制度：历史、挑战与选择》，《政治经济学评论》2013 年第 4 期。

孔祥智：《崛起与超越——中国农村改革的过程及机理分析》，中国人民大学出版社 2008 年版。

孔祥智等：《中国农机购置补贴政策评估与优化研究》，中国农业出版社 2016 年版。

李春亭、颜明：《云南健康扶贫的现状分析、实施困境与路径完善》，《云南民族大学学报》（哲学社会科学版）2018 年第 3 期。

李继东、张建武：《现代庄园经济的兴起与我国农业的创新——广东庄园经济发展的启示》，《中国农村经济》2000 年第 10 期。

李明：《传承优良家风民风，记住美丽乡愁》，《四川省社会主义学院学报》2017 年第 2 期。

李帅：《争议光伏扶贫》，《能源》2016 年第 10 期。

李小云：《扶贫能让穷人致富吗？》，http://www.sohu.com/a/232581140_774978。

李兴洲：《公平正义：教育扶贫的价值追求》，《教育研究》2017 年第 3 期。

刘在刚：《提升村民素质，加快乡风文明建设》，《青岛日报》2018 年 2 月 16 日。

鲁可荣、胡凤娇：《"何"风润心田，斯路传薪火》，《学术评论》2017 年第 4 期。

马炳玉：《传承好家风 争做文明人》，《平凉日报》2018 年 1 月 8 日。

马华、马池春：《乡村振兴战略的逻辑体系及其时代意义》，《国家治理》2018 年第 3 期。

马晓河、兰海涛：《工业化中期阶段的农业发展政策研究：国际经验与中国的选择》，《农业经济问题》1999 年第 8 期。

马悦：《焕发乡风文明新气象》，《浙江日报》2018 年 3 月 13 日。

莫元圆：《我国精准扶贫所面临挑战及对策研究》，《市场研究》2016 年第 1 期。

楠楠：《乡村振兴，乡风文明是保障》，《紫光阁》2018年第3期。

倪洪兴、吕向东：《国际农产品市场走势与我国主要农产品国际竞争力现状研究》，载陈锡文、韩俊主编《农业转型发展与制度创新研究》，清华大学出版社2018年版。

欧庭宇：《加快新农村乡风文明建设的思考》，《中国国情国力》2016年第3期。

彭超：《我国农业补贴基本框架、政策绩效与动能转换方向》，《理论探索》2017年第3期。

任保平：《工业反哺农业：我国工业化中期阶段的发展战略转型及其政策取向》，《西北大学学报》（哲学社会科学版）2005年第4期。

市委宣传部、市文明办联合调研组：《以公共文化建设促乡风文明》，《天津日报》2007年10月3日。

宋洪远、高强：《农村集体产权制度改革轨迹及其困境摆脱》，《改革》2015年第2期。

汤敏：《中国农业补贴政策调整优化问题研究》，《农业经济问题》2017年第12期。

王才忠：《以乡风文明助力乡村振兴》，《湖北日报》2018年4月17日。

吴理财、刘磊：《乡风文明是乡村振兴的应有之义》，《政策》2018年第4期。

肖剑忠：《在传统文化中育文明乡风》，《杭州（周刊）》2017年第6期。

徐补生：《让好家风促乡风文明》，《山西日报》2017年10月30日。

许成科：《打造淳朴文明的良好乡风》，《西安日报》2018年4

月9日。

于法稳：《实施乡村振兴战略的几点思考》，《国家治理》2018年第3期。

张莹：《让文明乡风助力乡村振兴》，《农村工作通讯》2017年第22期。

赵碧原：《如何营造乡风文明》，《中国党政干部论坛》2018年第2期。

朱启臻：《乡风文明是乡村振兴的灵魂所在》，《农村工作通讯》2017年第24期。

后 记

  中共十九大提出乡村振兴战略并将其写进党章，作为党中长期奋斗的目标之一。这一决策对于实现城乡融合和农业农村现代化具有重大意义。乡村振兴战略的执行，会使中国顺利跨越中等收入陷阱，从世界上最大的发展中国家向发达国家迈进。从长期看，这将是发展经济学研究的重要课题；从近期看，说清楚如何理解和执行乡村振兴战略，是当代学者尤其是农业经济管理学科的学者义不容辞的责任。为此，我们受广东人民出版社的委托编写了本书。同时，本书也是我主持的研究阐述党的十九大精神国家社科基金专项课题"实现小农户和现代农业发展有机衔接研究"（18VSJ062）的部分研究成果。

  本书分为十章，除了第一章为导言性质，概述乡村振兴战略的主要内容及我们的理解外，其余各章分为两大部分：第二至六章分别讨论了这一战略"五句话"中的每一句话；第七至十章则从不同角度探讨了乡村振兴战略实施的条件和策略。由于水平有限，而且这一战略刚刚提出半年的时间，成功的案例还不多，我们很难准确理解和把握乡村振兴战略的实质，还请广大读者及同行予以谅解、指正。

本书由我统稿，每一章的执笔人都在各章的扉页标题下予以标注。

2018 年 6 月 7 日

广东人民出版社　党政精品图书

围绕中心，服务大局，做最具高度、深度和温度的主题出版物

扫码关注更多主题出版物

中宣部主题出版重点出版物

《中华人民共和国通史》（七卷本）
- 全国第一部反映中华人民共和国70年光辉历程的多卷本通史性著作
- 中央党校、中央党史和文献研究院权威专家倾力打造

《账本里的中国》
一册册老账本，串起暖心回忆，讲述你我故事，体味民生变迁。

《乡村振兴的九个维度》
权威作者，贴近现实，可操作性强

《如何做一名合格的共产党员》
中央党校权威专家阐释"党性"精萃

《新时代基层党建工作丛书》
手把手为基层党务工作者提供实用宝典

这不仅是一本专业著作
更是读者的高效阅读解决方案

建·议·配·合·二·维·码·一·起·使·用·本·书

本书特配线上阅读资源：

党建学习
听"党建学习"音频，随时随地地学习党章等相关内容。

阅读助手
为读者提供专属阅读服务，满足个性阅读需求，促进多元阅读交流。

获取资源步骤

第一步：微信扫描本页二维码
第二步：添加出版社公众号
第三步：点击获取你需要的资源或者服务

微信扫码
领取本书阅读资源